ARCHAEOLINGUA

Edited by

ERZSÉBET JEREM and WOLFGANG MEID

Series Minor

12

FRANCISCO MARCO SIMÓN

DIE RELIGION IM KELTISCHEN HISPANIEN

BUDAPEST 1998

ARCHAEOLINGUA

Editors:
ERZSÉBET JEREM and WOLFGANG MEID

Cover Photograph:
Golden diademe from Mones (Piloña, Asturias)
Museo Arqueológico Nacional, Madrid

ISBN 963-8046-24-4
HU-ISSN 1216-6847

1998

ARCHAEOLINGUA ALAPÍTVÁNY

H-1250 Budapest, Úri u. 49

Translation from Spanish by Markus Albrecht
and Peter Gusenbauer, revised by Wolfgang Meid
Word processing, desktop editing and lay-out
by András Kardos and Erzsébet Jerem
Printed by Amulett KFT Budapest

Inhaltsverzeichnis

Vorbemerkungen

Jeder Versuch einer Annäherung an die von den Völkern des indogermanischen Hispanien überlieferten religiösen Ausdrucksformen muß mit einigen methodischen Vorüberlegungen beginnen. Sowohl die Beschaffenheit des vorhandenen Dokumentationsmaterials als auch die Wesensmerkmale der in dieser Studie behandelten Völker sowie schließlich die der Sache angemessene methodologische Einstellung zu den Phänomenen der Religion müssen Berücksichtigung finden.

Art der Quellen

Mit der späten Überlieferungszeit und der Spärlichkeit der verfügbaren Informationsquellen beginnen bereits die ersten Schwierigkeiten. Ein einigermaßen zufriedenstellendes Wissen über die indigene Religion verdanken wir nämlich paradoxerweise vor allem der Verwendung der Schrift im Zuge des Romanisierungsprozesses, d.h. des kulturellen Kontaktes der einheimischen Bevölkerung mit der übrigen mediterranen Welt während römischer Präsenz, Eroberung und Kolonialisierung. Verschiedene Autoren, wie z.B. Goody (1977, 1986), haben die Bedeutung des Übergangs von der durch mündliche Überlieferung gekennzeichneten Kultur zur Schriftlichkeit gerade auf religiösem Gebiet hervorgehoben. Es ist gut möglich, daß es bei einigen der uns interessierenden Völker, wie z.B. den Keltiberern, bereits vor der Ankunft der Römer Eliten gab, die der iberischen Schrift kundig waren[1], welche als ihre "nationale" Schrift angesehen werden muß, genauso wie es das gallo-griechische Alphabet für die Bewohner Südfrankreichs war. Auf jeden Fall festigt sich der Gebrauch der Schrift mit der Anwesenheit der Römer, die in erster Linie ihre eigene Schrift verbreiteten, welche – mittels der in ihr abgefaßten Inschriften – Hauptgrundlage unserer Informationen über die Namen der Götter bzw. über bestimmte Rituale ist.

Die Schrift diente somit unter den einheimischen Völkern dazu, dem religiösen System zu größtmöglicher Ausdrucksstärke zu verhelfen, und dies zu einem Zeitpunkt, als der Romanisierungsprozeß, zumindest in seiner ersten Phase, schon eingesetzt hatte. Daher verbietet uns die Verwendung eines allochthonen Mediums für den Ausdruck der eigenen Glaubensvorstellungen, von einer eigentlichen vorrömischen Religion zu sprechen. Schon in chronologischer Hinsicht ist dies inadäquat (der Großteil der Inschriften stammt erst aus der

---

[1] Untermann 1995, 197. Über die Verbreitung der Schrift im Westen Europas und ihren Ausdruck als Symbol der Macht siehe Woolf 1994.

römischen Kaiserzeit), auch wenn nicht wenige der Daten dem kulturellen Erbe der vorrömischen Ära angehören.

Neben diesen Informationen, die in der Struktur der einheimischen Gesellschaft ihren Ursprung haben, liegt uns eine weitere Art literarischer Dokumentation vor, die wir Dritten verdanken. Ich beziehe mich hier auf die Texte der griechisch-lateinischen Autoren, die in bezug auf geographische Bestimmung, Wesen der verschiedenen Völker oder Komponenten, die für ihre Religiosität als wesentlich anzusehen sind, einen außerordentlichen Stellenwert haben. Doch müssen diese Texte mit kritischen Augen betrachtet werden, da sie uns aufgrund der für die griechisch-römische Anthropologie charakteristischen Polarität zwischen der Kultur des Autors einerseits und dem vermeintlichen Barbarentum der der griechisch-römischen Zivilisation nicht teilhaftigen Einheimischen andererseits, eine einseitige Sicht vermitteln (Marco 1993; Kremer 1994). Ein gutes Beispiel ist Strabon, dessen geographische Schriften ein einziges Loblied auf die zivilisatorische Leistung des augustäischen Roms sind (Prontera 1984; Thollard 1987). Andererseits beschäftigt sich ein Großteil unserer Autoren fast ausschließlich mit den Episoden der römischen Eroberung, deren dramatischen Höhepunkt nach 200jährigem Kampf der Sieg über Kantabrer und Asturer zwischen 29 und 19 v. Chr. darstellt.

Zusätzlich zu diesen beiden Arten schriftlicher (epigraphischer und literarischer) Information liegen uns ikonographische Zeugnisse vor, deren Interpretation sich aufgrund der mehrdeutigen und vielschichtigen Symbolsprache als schwierig erweist. Die Entschlüsselung des verwendeten ikonographischen Codes stellt somit eines der Hauptprobleme dar, denen der Historiker gegenübersteht. Wenn sie schon nicht zahlreich sind, so gibt es doch einige außerordentlich interessante ikonographische Zeugnisse. Auf jeden Fall erscheint diese Art der Quellen umso wertvoller, je spärlicher die schriftlichen Überlieferungen sind, welchen bei jedem Versuch der Annäherung an ein Religionssystem der Vorzug zu geben ist.

Natürlich dürfen wir die durch archäologische Ausgrabungen ans Licht gekommenen Zeugen der Geschichte nicht außer acht lassen, die uns besonderen Aufschluß über Kultstätten, Riten und Bestattungsbräuche geben, d. h. auf die mehr „zeremoniellen" Formen der Religiosität (Geertz 1966, 28), die zwar leichter zugänglich, aber deswegen nicht immer leicht zu deuten sind. Abgesehen von den dadurch gewonnenen entscheidenden Hinweisen auf die eigentliche Sozialstruktur ist die Bedeutung dieser Quelle gerade für die Zeit vor der römischen Präsenz in diesen Gebieten groß.

Kein Hinweis darf also in diesem schwierigen Rekonstruktionsversuch des religiösen Hintergrunds der autochthonen hispanischen Bevölkerung unberücksichtigt bleiben; andererseits lassen die späte Entstehungszeit einiger unserer Hauptquellen und der fragmentarische Charakter der gesamten Dokumentation den Vergleich mit anderen Religionssystemen sinnvoll erscheinen, vorausgesetzt natürlich, daß sich dieser Vergleich nicht auf isolierte, sondern auf strukturell bedeutsame Elemente stützt. Dies bedeutet, daß bestimmte Elemente der einheimischen Religiosität verständlicher werden, wenn sie in einem weiteren Kontext betrachtet werden; im konkreten Fall vor dem Hintergrund der Kultur der europäischen Kelten in ihrer Gesamtheit sowie anderer alter Religionssysteme. Dabei darf man allerdings nicht vergessen, daß die vergleichende Methode ein Hilfsmittel der historischen Forschung ist und daß man folglich auf die Anwendung bestimmter Modelle verzichten muß, wenn dies nicht durch die Natur des zu untersuchenden Gegenstandes gerechtfertigt erscheint. Um ein hinlänglich bekanntes Beispiel zu geben: eine Sache ist es, das Erklärungsmodell von Dumézil (1958, 1977) mit seiner funktionalen Dreiteiligkeit *(idéologie tripartite)* der indogermanischen Religion[2] im Prinzip zu akzeptieren, eine ganz andere ist es aber, zu versuchen, dieses in seiner Gesamtheit automatisch auf das Pantheon der hispanischen Indogermanen anzuwenden. Die Einteilung verschiedener so wenig bekannter Gottheiten wie die der autochthonen Bevölkerung gemäß der dreifunktionalen Ideologie des französischen Forschers erscheint zwar oberflächlich gesehen attraktiv, bedeutet aber eine willkürliche Vereinfachung, und es stellt sich daher als unmöglich dar, die verschiedenen Gottheiten, von denen wir meist nicht mehr wissen als ihren Namen, simplifizierend den Funktionen der Herrschaft, des Kriegswesens und der Fruchtbarkeit zuzuordnen.

Indogermanen und Kelten in Spanien

Das Thema dieser Arbeit bezieht sich auf die *Religion* – und nicht die Religionen – der hispanischen Indogermanen. Dieser bewußt so gewählte Ausdruck bedarf einer Erläuterung: Die Verwendung des Singulars bedeutet nicht, daß von der Existenz eines einheitlichen Systems von Glaubensvorstellungen, Werten und Ritualen bei den verschiedenen untersuchten Völkern ausgegangen wird. Es gibt sicherlich regionale Varianten und Unterschiede auf jeder Ebene ihrer Religionsstruktur, und manchmal sind diese sehr ausgeprägt, was wir an einigen Quellen sehen können. Jedoch gibt es über diese Unterschiede hinaus auf dem gesamten Gebiet sehr wohl einige gemeinsame religiöse Verhaltensweisen und Tendenzen, die zwar bei weitem nicht nur diesen Menschen ausschließlich zu eigen, aber doch für sie charakteristisch sind. In diesem Sinn kann man von Religion sprechen, und so spricht man von keltischer, griechischer

---

[2] Darüber zuletzt Polomé 1996.

oder römischer Religion, obwohl weder Griechen noch Römer noch Kelten ein so klar umrissenes und durchstrukturiertes Religionssystem aufzuweisen hatten, wie wir es bei den „Schriftreligionen“ finden. Es handelt sich daher um eine operative Verallgemeinerung, die nicht weniger willkürlich ist, als jene des systematischen Gebrauchs eines lateinischen Wortes mit einem in der römischen Kultur klar definierten semantischen Feld wie z.B. *religio*, um auf die Gesamtheit der Beziehungen – gleich welchen Volkes – zum Übernatürlichen hinzuweisen.

Der Begriff “indogermanisch” ist ein linguistischer Terminus, und in diesem Sinn beziehen wir uns in der Folge auf Völker, die eine solche Sprache gesprochen haben. Handelt es sich nun um eine oder um mehrere verschiedene Sprachen? Die Frage ist nicht unbedeutend, denn davon hängt die eigentliche Charakterisierung der betreffenden Völker ab. Das Problem der Indogermanisierung – genauer gesagt Keltisierung – der Iberischen Halbinsel mit allem, was sie für die Entstehung der ersten historischen Völker dort bedeutete, bleibt auch in Zukunft eine der wesentlichen Fragen der hispanischen Altertumskunde, wie das vor einigen Jahren in Madrid veranstaltete Kolloquium über Paläoethnologie gezeigt hat (Almagro Gorbea – Ruiz Zapatero 1992). Man könnte sagen, es gibt ein grundsätzliches Problem beim Versuch des Vergleichs der Schriftzeugnisse – basierend auf deren gesichertem indogermanischen Charakter in einem Gutteil der Halbinsel – mit den archäologischen Befunden. Nichts untermauert die sich auf die Grundschemata Bosch Gimperas (1942) stützende traditionelle Sichtweise, welche die Keltisierung der Halbinsel als Resultat von in zwei großen Wellen (um 900 und 570 v. Chr.) und in kleineren Bewegungen erfolgenden Einwanderung von Völkern jenseits der Pyrenäen sieht. Die Ausgrabungen spiegeln keinen Wechsel in der materiellen Kultur der Eisenzeit (ab 700 v. Chr.) wider, welcher der Einwanderung neuer, keltischsprachiger Völker zugeschrieben werden könnte, sehr wohl aber eine substantielle Kontinuität bezüglich des Substrats der ausklingenden Bronzezeit. Und ungeachtet verschiedener Faktoren, über die Autoren wie z.B. Lenerz de Wilde (1991) einen guten Überblick geben, trifft man auf der Iberischen Halbinsel auf keine typischen Spuren der La-Tène-Kultur, wie sie für das mitteleuropäische Keltentum ab 450 charakteristisch ist (die für manche Vertreter der jüngeren Geschichtsschreibung nicht zu rechtfertigende Vernachlässigung der hispanischen Kelten im Zusammenhang der europäischen Keltike mag dadurch teilweise ihre Erklärung finden).

Heute muß man bei der Klärung des Problem von anderen Grundlagen ausgehen als jenen, die zur traditionellen Erklärungsweise mittels Annahme von „Invasionen“ führten; und hierfür scheint das von Hawkes (1973) in bezug auf die Keltisierung der Britischen Inseln verwendete Konzept der “akkumulativen Keltizität” besser geeignet. In diesem Sinne wäre die Ausbreitung der keltischen

Kultur auf der Iberischen Halbinsel als ein komplexer Prozeß der Akkulturation zu sehen mit einer Reihe von Interdependenzen, unter denen der Assimilation vielleicht größere Bedeutung zugemessen werden muß als dem mehr oder weniger gewaltsamen Eindringen ethnischer Gruppen. Auf diese Weise erklären Autoren wie Almagro Gorbea (1993) den Ursprung der keltiberischen Kultur bzw. den Prozeß der Keltisierung auf der Halbinsel.

Die literarischen griechisch-lateinischen Quellen lokalisieren spezifisch als keltisch bezeichnete Völker (unberücksichtigt bleiben dabei Keltiberer und Berones, ihre Nachbarn in der Region La Rioja) im Südwesten der Iberischen Halbinsel – wo sie schon Herodot 2, 33 im fünften Jahrhundert v. Chr. erwähnt – und im galizischen Nordwesten. Was ist nun aber unter „keltisch" zu verstehen? Der Begriff ist keineswegs eindeutig und vereinigt in sich je nach Gegenstand der konkreten Untersuchung eine Reihe unterschiedlicher Bedeutungen; Ruiz Zapatero (1993) hat uns zu diesem Thema eine aufschlußreiche historiographische Studie geliefert. Trotz interessanter Versuche verschiedener Autoren wie García Moreno (1993), das Wesen der keltischen Völker anhand ihrer soziopolitischen Organisation (Gentilverbände, Gruppen mit kriegerischen Aufgaben und Initiationsriten, gesellschaftliche Hierarchisierung mit einem auf Klientelwesen aufgebauten Adelsstand) zu bestimmen, bleiben wenig Zweifel darüber, daß sich die Keltizität am besten durch die Sprache definiert. Neben der Sprache ist die Religion eines der verläßlichsten Kriterien. Hier gibt es charakteristische Züge, die den verschiedenen Teilen des antiken keltischen Raumes gemeinsam sind. Eine so interessante Quelle wie Plinius bezeugt dies für die in dieser Arbeit behandelten Völker in Baeturien im Süden der Guadiana: *Celticos a Celtiberis ex Lusitania advenisse manifestum est sacris, lingua, oppidorum vocabulis* (*NH* 3, 13). Das heißt, daß die Kelten dieser Gegend ihren Ursprung in den aus Lusitanien stammenden Keltiberern hatten, was aus ihrer Religion, ihrer Sprache und ihren Städtenamen ersichtlich sei.

In der Gesamtschau des indogermanischen Hispanien (das in etwa jenem Gebiet entspricht, in dem wir Toponyme mit dem typisch keltischen Lexem *-briga* finden, das eine befestigte Höhensiedlung oder Bergfestung bezeichnete[3]), zeichnen sich zwei unterschiedliche kulturelle Sphären ab, die ihren Niederschlag in den überlieferten Inschriften aus der römischen Epoche finden. Der offensichtlich älteren gehören die historisch als Lusitaner überlieferten Völker und ihre nordwestlichen Nachbarn an, deren indogermanische Sprache archaischere und, nach Auffassung der Mehrheit der Linguisten, nicht-keltische Züge trägt. Mit diesem ersten indogermanischen Element, das unter Umständen

[3] Es ist mit deutsch *Burg* sprachlich verwandt. Zur Verbreitung von *-briga* in Hispanien siehe Rix 1954.

bereits gegen Ende der Bronzezeit präsent war, bringen einige Autoren auch andere Völker, wie z.B. die Asturer, Kantabrer, Vettonen oder Karpetaner, in Verbindung. Ein zweites, bereits spezifisch keltisches Element findet sich im Zusammenhang mit der Herausbildung der keltiberischen Kultur und ihrer Ausbreitung ab dem sechsten oder fünften vorchristlichen Jahrhundert (Lorrio 1997; Burillo 1998). Diese Ausbreitung wird sowohl durch die klassischen Autoren (die bereits erwähnte Textstelle bei Plinius ist ein gutes Beispiel) als auch durch sprachliche Belege dokumentiert. Wie auch immer, ein Merkmal wird in den unterschiedlichsten Quellen bezeugt: die enorme Mobilität dieser vorrömischen Völker und die noch ausgeprägtere Dynamik der keltischen Völker, deren Vordringen mit bewaffneten Überfällen und konstanten Infiltrationen, wie dies beispielsweise bei den im Ebrotal für eine relative späte Zeit dokumentierten Galliern der Fall ist (Burillo 1988; Marco 1997 c), das Ende für zahlreiche andere Völker bedeutet.

Das Keltiberische präsentiert sich als keltische Sprache archaischen Typs, sowohl was das Lautsystem als auch verschiedene morphologische Aspekte betrifft, und J. de Hoz (1988) hat den Begriff "hispano-keltisch" geprägt, um auf die keltischen Elemente der Halbinsel zu verweisen, die außerhalb des eigentlichen keltiberischen Raums auftreten. Das Hauptproblem in diesem Panorama der auf der iberischen Halbinsel gesprochen indogermanischen Sprachen stellen drei lusitanische Inschriften dar[4], die in einer Sprache verfaßt sind, die von einigen Linguisten – Untermann (1987) und Prosdocimi (1991) – als keltisch, von anderen aber – und zwar von der Mehrheit – als nicht-keltisch, wohl aber indogermanischen Ursprungs, betrachtet wird (Gorrochategui 1987, 1991).[5] Als einige charakteristische Merkmale des Lusitanischen können genannt werden: Bewahrung des im Keltischen normalerweise geschwundenen indogermanischen Lautes **p*, z.B. in *porcom* (Akkusativ) im Gegensatz zu irisch *orc* "Ferkel", in Ethnonymen wie *Praestamarci*, Anthroponymen mit *pent-* (wie *Pentovius* oder *Pintius*); Endung *-oi* des Nominativs Plural der *o*-Stämme gegenüber der keltiberischen Endung *-os*; Bewahrung des Diphthongs *eu* (der im Keltischen zu *ou* wurde); Kopulativ-Konjunktion *indi*. Die Vertretung der indogermanischen aspirierten stimmhaften Verschlußlaute durch stimmlose Spiranten (Beispiel die Form *ifadem* der Inschrift vom Cabeço das Fráguas) ist ebenfalls ein Merkmal, das im Keltischen so nicht auftritt.

---

[4] Es handelt sich um die Inschriften vom Cabeço das Fráguas (*Abb. 3 e*), Lamas de Moledo und Arroyo del Puerco (letztere verschollen): Tovar 1985.

[5] Die beiden Begriffe "keltiberisch" und "lusitanisch" verwenden wir natürlich im gebräuchlichen Sinn, ohne damit die Existenz von Sprachen behaupten zu wollen, die von ihren Sprechern tatsächlich in diesem Sinne verstanden worden wären.

Was die Religion betrifft, so ist es vielleicht besser, das Problem nicht mit den oppositären Begriffen Keltizität – Nicht-Keltizität anzugehen, sondern mit dem „Grad an Keltizität", wie ihn Prosdocimi (1991) aus linguistischer Sicht vorgeschlagen hat. Diese Keltizität ist im Westen der Halbinsel geringer als beispielsweise im keltiberischen Raum, aber das vorhandene Wissen über die Religion der lusitanisch-galizischen Völker rechtfertigt letzten Endes doch eine einheitliche Fragestellung, denn selbst wenn verschiedene Substrat-Komponenten vorliegen, so treten doch zweifellos andere, die wir für eindeutig keltische halten, in den religiösen Ausdrucksformen der Völker des lusitanisch-galizischen Bereichs auf.

Die Komponenten des religiösen Systems

Wie jede Religion, so ist auch jene der Völker des indogermanischen Hispaniens ein soziales Phänomen und kann als solches nur über die Gesellschaften, die sie hervorbringen, erschlossen werden. In diesem Sinn ist das Religiöse als kulturelles Element zu verstehen, ein Element, das sozusagen weder natürlich noch autonom, noch auf objektiv Existierendem basierend, noch auf andere Kategorien menschlicher Erfahrung zurückführbar ist. Denn was die Religion als soziales Phänomen ausmacht, ist ihre Integralität: es handelt sich, wie Geertz (1966, 26 ff.) anmerkt, um ein kulturelles System, das durch eine Reihe von Symbolen, die als Modell der Realität und für die Realität fungieren, der sozialen Orientierung dient: diese Symbole rufen eine Reihe von Seelenzuständen und Motivationen – ein *Ethos* – hervor, und sie stehen als praktikable Zeichen für ein bestimmtes Weltbild. Somit trägt die Religion, als ein von traditionellen Bildern mit außerordentlicher Überzeugungskraft repräsentiertes Symbolsystem, nicht nur dazu bei, die Realität zu erklären; sie ist ein wesentliches Element, diese Realität zu formen. Daher rührt ihre enorme Bedeutung in so traditionellen Gesellschaften wie den von uns hier untersuchten.

In Übereinstimmung mit diesen Überlegungen erwartet man bei einem strukturierten religiösen System, daß zwischen den verschiedenen Elementen, aus denen es sich zusammensetzt, eine Beziehung besteht, die wir zusammenfassen könnten als die Überzeugungen, die eine Weltsicht bestärken, das Wertesystem, das diese Überzeugungen zum Ausdruck bringen, und die Ritualisierung dieser Werte. Das Problem besteht darin, daß das ungenügende Dokumentationsmaterial uns in der Erforschung der letzten Realität der Glaubensdinge zu Außenstehenden macht. Wir können somit nur einige uns wesentlich erscheinende Grundzüge der Weltsicht der autochthonen Bevölkerung darlegen, um dann mit der Beschreibung der Werte, die diese Weltsicht widerzuspiegeln scheinen, und insbesondere der äußerlichen Aspekte der Religiosität, von den rituellen Stätten bis zu den Opfergaben und den Kultbildern, gesicherteres Terrain zu betreten.

Die Gottheiten

Mit wenigen Ausnahmen, auf die wir später noch zurückkommen werden, ist uns die überwiegende Mehrheit der Götternamen durch die lateinische Epigraphik bekannt, und stammt somit aus einer Zeit, in welcher der mit der römischen Präsenz auf der Halbinsel verbundene Prozeß der Akkulturation bereits im Gange war. Aus einer ersten Übersicht über die geographische Verteilung der Theonyme ergibt sich eine doppelte Feststellung:

1) Als erstes fällt auf, daß im iberischen Raum im weiteren Sinn (d. h. im Süden und Osten der Halbinsel, einschließlich des Gebiets des Landesinneren bis zur Mitte des Ebrotals) einheimische Namen für Gottheiten fast vollständig fehlen. Dies kann zur Gänze erklärt werden durch das zeitlich frühere Einsetzen der religiösen Akkulturation in diesen Gebieten, die durch das Wirken der mediterranen Einflüsse, die zur Herausbildung dessen, was wir "iberische Kultur" nennen, geführt haben, für die Romanisierung gewissermaßen schon "aufbereitet" worden waren (Groenman – van Waateringe 1979). Dies führt dazu, daß nicht nur in den epigraphischen, sondern auch in den literarischen Quellen – die in diesem Raum zahlreicher sind als im Landesinneren – die erwähnten Gottheiten, gemäß der charakteristischen Vorgangsweise der *interpretatio*, systematisch mit lateinischen – oder gegebenenfalls mit griechischen – Theonymen wiedergegeben werden.

2) Anschließend aber springt ein zweiter Punkt ins Auge, und zwar was die Gebiete im Landesinneren des indogermanischen Hispanien betrifft: Festzustellen ist ein sehr klarer Kontrast zwischen dem westlichen und nordwestlichen Gebiet der Halbinsel, aus dem der größte Teil der überlieferten über 300 einheimischen Götternamen stammt (Albertos 1983, 1986), und den Gebieten, die den beiden Meseten und Keltiberien entsprechen. Dieser Kontrast scheint der linguistischen Dualität zu entsprechen, die für das indogermanische Hispanien bezeugt ist (*Abb. 1*): ein Großteil der einheimischen Götternamen erscheint im galizisch-lusitanischen Gebiet, wo – wie wir gesehen haben – eine indogermanische Sprache gesprochen wurde, die von anderer Art und wahrscheinlich anderer Herkunft war als die Variante des Keltischen, die wir aus den keltiberischen Texten kennen (oder die zumindest über einen einen weniger klaren Grad an Keltizität verfügte).

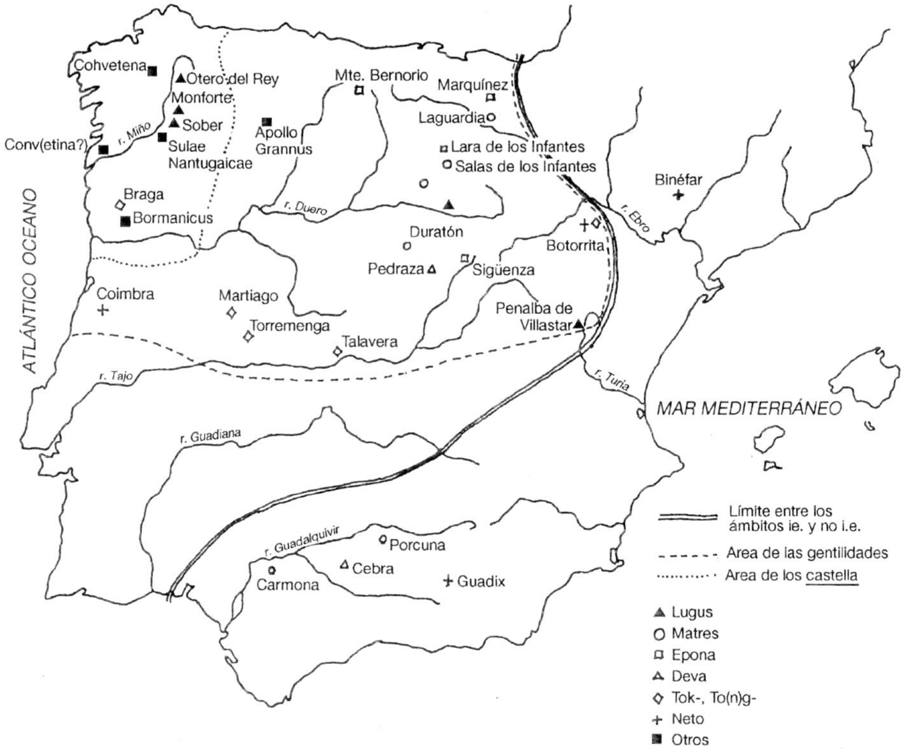

Abb. 1. Keltische Hauptgottheiten der Iberischen Halbinsel (nach F. Marco).

Nun stellt sich die Frage, welche Faktoren dafür ausschlaggebend waren, daß die von uns üblicherweise als galizisch oder lusitanisch bezeichneten Völker die Namen ihrer Gottheiten vergleichsweise häufiger mittels der lateinischen Epigraphie ausdrückten als die übrigen Völker des indogermanischen Raums der Halbinsel. Zwei Merkmale scheinen geeignet, diese Situation zu erklären, und beide scheinen miteinander in Beziehung zu stehen: Einerseits sind die kulturellen Kontakte des östlichen Gebiets (Keltiberien und Umgebung) mit dem Mittelmeerraum zweifellos älteren Datums, wie eindeutig von Rom angeregte Münzprägungen mit Legenden in einheimischer Schrift bereits aus dem zweiten Jahrhundert v. Chr. bezeugen (Untermann 1975; Villaronga 1994) oder wie dies aus den keltiberischen Bronzen ersichtlich ist (de Hoz 1986 b; Meid 1994, 1996; Beltran – de Hoz – Untermann 1995), deren Aufschriften ebenfalls die iberische Schrift verwenden, die von den hispanischen Kelten – in einem der Adaptierung des griechischen Alphabets durch die Kelten im Süden Galliens ähnlichen Prozeß – wahrscheinlich bereits vor der eigentlichen Präsenz der Römer in diesem Gebiet verwendet wurde[6]. Es erscheint schlüssig, anzunehmen, daß diese Kontakte die Intensität der einheimischen Theonymie verringerten, und daß die sprachliche Umdeutung der traditionellen Gottheiten früher einsetzte als im entfernteren Nordosten. Andererseits zeigen die galizisch-lusitanischen Völker einen ausgeprägteren Hang zur Reduktion ihrer Götter auf typische Lokalgottheiten: dies belegen zahlreiche Epitheta im Zusammenhang mit der lokalen Toponymie. Sieht man von Vettonien und dem südlichen Lusitanien ab, so stimmen jene Gebiete, in denen solche durch sprachlichen Bezug auf auf eine Örtlichkeitsbezeichnung charakterisierte Theonyme gehäuft auftreten, mit dem Gebiet der *castella* überein (das sich durch das umgekehrte C der Inschriften kennzeichnet). Abgehoben davon findet man in Keltiberien und den zwei Meseten eine Personennamengebung, in der nicht nur die Filiation, sondern auch der Gentilname im Genitiv Plural angezeigt werden (González 1986). Diese doppelte Referenz des Individuums ist übrigens auch in den irischen Quellen bezeugt, wie de Hoz (1986 b) hervorgehoben hat.[7]

Es ist deshalb wahrscheinlich, daß diese wahrnehmbare Polarität im Innern des indogermanischen Hispanien auf den geringeren Grad an Keltizität des westlichen Teils zurückzuführen ist (oder, wenn man so will, auf das stärkere Gewicht des nicht-keltischen Substrats). Dessen ungeachtet haben wichtige Bestandteile der galizisch-lusitanischen Theonymie – und auch bei der Anthroponymie ist dies der Fall – relativ klaren keltischen Charakter.

---

[6] Untermann vertritt in dieser Hinsicht die Existenz lokaler Schreibstätten in verschiedenen Zentren Keltiberiens, die die Handelsbeziehungen mit den Handelszentren der Mittelmeerküste fördern sollten.

[7] Dieser Reichtum der einheimischen Theonymie in den nordwestlichen Gebieten der Halbinsel stellt Thesen wie jene von Albertos (1975, 56 ff.) und Alföldy (1993, 16-17) in Frage, welche die Persistenz der einheimischen Gottheiten im Innern der Halbinsel in Zusammenhang mit der Kontinuität der traditionellen Formen der Sozialorganisation sehen, konkret gesagt der „suprafamiliären“ Einheiten, deren Schützer diese Gottheiten gewesen seien. Tatsächlich scheinen die göttlichen Epitheta sich mehr auf die castella als auf die gentilizischen Verbände zu beziehen, die im galizischen und lusitanischen Raum nicht in Erscheinung treten. Jedenfalls zeigt die indigene Theonymie so bemerkenswerte Fälle der Fortdauer wie die Inschrift aus dem Jahre 399 betreffend Deus Erudinus (*Abb. 3c*) aus Torrelavega, Kantabrien (Blázquez 1962, 211 ff.), und in einer jeglichen Zone (wie es der Fall ist in den portugiesischen Regionen von Minho, Tras-os-Montes und Biera Alta) ist die Ausbildung eines Systems von Abbreviaturen zu bemerken, welche den Gläubigen der betreffenden Kulte verständlich waren (Tranoy 1984, 449).

Da uns Materialien aus früherer Zeit fehlen, wissen wir nicht, in welchem Maße der römische Einfluß das einheimische "Pantheon" destrukturierte. Für andere Gebiete des europäischen Keltentums, insbesondere für Gallien, konstatieren verschiedene Autoren den Glauben an eine polyfunktionale Gottheit, mit universalistischen und abstrahierenden Zügen, die als Resultat des Romanisierungsprozesses in verschiedene andere aufgespalten wurde (Marco 1990, 160 ff.). Gewiß, es scheint klar, daß mit der Romanisierung eine – zumindest veränderte – Hierarchisierung der Götter einsetzte, im Sinne stärkerer Konkretion und Spezifikation, wie wir sie im griechisch-römischen Pantheon vorfinden. Aber die Götter unterscheiden sich durch ihre Funktion, und von dieser wissen wir in der Mehrzahl der Fälle wenig, da wir die Gottheiten fast ausschließlich durch ihren in der Inschrift erscheinenden Namen kennen.

Die etymologische Frage

In dieser Situation wirft sich das Problem der Etymologie auf. Klar scheint, daß der Rekurs auf die Etymologie als Instrument zur Erschließung der Funktion der Gottheit große Risiken in sich birgt, vor allem, wenn er auf mechanische Weise, und ohne im einzelnen zu differenzieren, durchgeführt wird. Wie es die Regel in der Vergleichenden Sprachwissenschaft ist, muß sich eine wissenschaftliche Etymologie auf zwei Grundpfeiler stützen: Übereinstimmung in der Form und in der Bedeutung. Diese zweite Bedingung ist nicht oder nur schwer zu erfüllen, wenn wir es mit einem Eigennamen oder einem Wort zu tun haben, dessen appellative Bedeutung wir nicht kennen, und genau das ist bei den Theonymen, die wir in den Inschriften vorfinden, der Fall. Daraus ergibt sich die Bedeutung der Untersuchung der Epitheta, die die Haupttheonyme begleiten (eine von Olmsted 1994 auf die gallischen Gegebenheiten angewandte Methode), und, noch konkreter, die von Untermann (1985) betonte Notwendigkeit, die Wechselbeziehung zwischen diesen Epitheta und den anderen onomastischen Systemen des indogermanischen Hispanien zu belegen, damit das funktionale oder semantische System der Götternamen erhellt werden kann. Aber die Untersuchung besagter Theonyme stellt eines der schwierigsten Probleme für die Sprachwissenschaftler dar, deren Forschungsergebnisse für uns Historiker die Ausgangbasis bilden. Und es ist bekannt, daß eine unterschiedliche Zuordnung zu einer Wurzel – die aus mehreren möglichen zur Disposition stehenden sinnvollen Varianten gewählt wurde – oder eine bestimmte, innerhalb verschiedener und gleichermaßen vernünftiger Vergleichsmöglichkeiten getroffene Auswahl die semantische oder funktionale Deutung des Götternamens sehr stark konditioniert, so daß das Verständnis des Wesens des betreffenden Gottes stark von der Etymologie abhängt, die man seinem Namen unterstellt. Diese Schwierigkeiten sind sehr augenscheinlich bei den zahlreichen Theonymen im Westen und Nordosten Spaniens, die – wie wir sehen werden – besonderen Charakter haben. Aber selbst wenn eine bestimmte Etymologie gewiß scheint und wir es in dieser Hinsicht mit zwei ähnlichen Götternamen zu tun haben, so können diese in zwei verschiedenen sozialen Umfeldern Götter mit sehr unterschiedlichen Funktionen bezeichnen. Aus all dem ergibt sich die Notwendigkeit, auf alle verfügbaren Informationen zurückzugreifen, sowie die Zweckmäßigkeit bzw. Notwendigkeit einer interdisziplinären Arbeitsweise unter Beteiligung von Spezialisten aus verschiedensten Gebieten. Aber auch unter dieser Voraussetzung ist der Rekurs auf die Etymologie unverzichtbar, wenn wir, wie es so oft der Fall ist, von der Gottheit nur den Namen kennen.

Interpretatio: Das Problem der Übersetzung

Das lateinische Wort *interpretatio* erscheint zum ersten Mal in der berühmten Schrift *Rhetorica ad Herennium* aus dem ersten vorchristlichen Jahrhundert: *Interpretatio est quae non iterans redintegrat verbum, sed id commutat quod positum est alio verbo quod idem valeat* (4, 28, 33).

Es handelt sich hier also um eine explikative Vorgangsweise, die – ohne ein Wort durch Wiederholung zu reproduzieren – die Aussage durch ein anderes Wort, das den gleichen Sinn hat, wiedergibt. Der Begriff erscheint in einem Text von Tacitus (*Germ.* 9), wo er spezifisch auf die Religion der Naharvalen angewendet wird und als Assimilation der beobachtbaren Sachverhalte der fremden Kultur an Begriffe oder Vorstellungen der eigenen Kultur verstanden wird, so wie dies bei den klassischen Autoren der Fall ist. Es handelt sich um einen Übersetzungsvorgang – in unserem Fall der Namen der einheimischen Götter – der schon für die griechische Welt charakteristisch ist (so wurde *Amon-Ra* von Herodot 2, 42 „Thebanischer Zeus" genannt). Nun aber impliziert diese Übersetzung eine mehr oder weniger starke Deformierung, die in der für einen großen Teil der griechisch-lateinischen Autoren typischen Polarität zwischen der (eigenen) „Kultur" und dem (fremden) „Barbarentum" ihre Ursache hat, was von Strabon sehr gut belegt wird.

Das der *interpretatio* inhärente Problem besteht ganz einfach in der so hergestellten Vermittlung zwischen den religiösen Wirklichkeiten der autochthonen Völker und dem aus literarischen Schriften und Inschriften stammenden Wissen über sie. Und ebenso, wie versucht wurde, die Sicht des Prozesses der Akkulturation zu simplifizieren („Romanisierung" als Reise in nur eine Richtung, von der römischen Welt in die Welt der Einheimischen) – wodurch die Heterogenität der Welt der Indigenen, ihre aktive Rolle im erwähnten Prozeß der Akkulturation oder die Vielfalt ihrer Antworten auf die Stimuli von außen unterbewertet wurde –, hat man oftmals etwas als *interpretatio Romana* bezeichnet, was dies in Wirklichkeit nicht ist oder nicht sein kann.

Ein charakteristisches Beispiel dafür ist die bekannte Cäsar-Passage (*Bellum Gallicum* 6, 17), die Merkur, und dann Apollo, Mars, Jupiter und Minerva als jene Götter angibt, die bei den Galliern die größte Verehrung genießen. Aber bei einer Inschrift, die ein Einheimischer beispielsweise dem Gott *Mars Cosus* widmet, ist dies nicht der Fall: hierbei handelt es sich vielmehr um ein Modell dessen, was wir als *interpretatio indigena* bezeichnen können, denn es ist der Einheimische, und nicht der Römer, der hier die Assimilation – in all ihren Abstufungen – einer fremden Gottheit (Mars) an seine eigenen theonymen Parameter vornimmt.

Das heißt also, daß das bloße Erscheinen lateinischer Götternamen keinerlei Beweis für römische Interpretation darstellt, sondern daß häufiger sogar das Gegenteil der Fall ist. Wie auch immer, der "römische" oder "einheimische" Charakter der Adaptierung hängt nicht so sehr von der sprachlichen Zuweisung des Götternamens als vielmehr davon ab, wer diese Adaptierung vornimmt. Wir haben es also mit einem doppelten Assimilationsprozeß zu tun, wobei im allgmeinen die einheimische Assimilation häufiger und – in manchen Fällen – älter als die "römische" ist. Allein im Hinblick auf den Gebrauch der lateinischen Sprache durch den Einheimischen, der die Übersetzung vornimmt, könnte man von *interpretatio Latina* sprechen, um den doppelten Assimilationsprozeß zu erfassen.[8]

Dieser Prozeß der *interpretatio*, den wir für die Namen angeführt haben, betrifft auch die Bilder, mit der zusätzlichen Schwierigkeit, daß Text und Bild nicht immer übereinstimmen. Ein Beispiel soll dies illustrieren: Wie Lavagne (1979) in einer anregenden Arbeit darlegt, findet sich in der Narbonensis ein sehr klarer Unterschied zwischen der ausgeprägt klassischen Ikonographie und der Epigraphie, in der sich ein deutlicher Fortbestand der einheimischen Gottheiten manifestiert.

Ein Charakteristikum der so betrachteten doppelten *interpretatio* ist die Ambiguität, die bestimmten Ausdrücken innewohnt; ein anderes die Spontaneität, wenn man berücksichtigt, daß Rom, mit der bezeichnenden Ausnahme des

---

[8] Zu diesen Fragen Marco 1996 und im Druck 1. Über *deus* als Indikator Raepsaet-Charlier 1975. Zur doppelten *interpretatio* siehe Bover 1951, 13 ff. Die Schwierigkeit der Interpretation in diesem Bereich wurde von Guyonvarc'h – Le Roux-Guyonvarc'h 1951, 13 ff. unterstrichen. Die besondere Rolle der *interpretatio Celtica* wurde von verschiedenen Autoren hervorgehoben: Grenier 1954, 328-335; Benoit 1959; Thevenot 1962; Chevallier 1983; Green 1986; Hatt 1989, 8. Betreffend die Iberische Halbinsel siehe Lambrino 1965, 232-233.

Kaiserkults, keine Politik der Katechese oder des religiösen Imperialismus verfolgte.

Aber das Ergebnis dieses Prozesses, der uns aus verschiedenen Quellen bekannt ist, von denen viele aus späterer Zeit stammen, ist ein religiöses System, das wir nun nicht mehr einfach als autochthon bezeichnen können (und klarerweise ebensowenig als römisch, außer im Bereich der offiziellen öffentlichen Verehrung des Kaisers oder der kapitolinischen Trias), sondern das vielmehr "romano-keltisch" genannt werden muß, um mit der Verwendung dieses Qualifikativs auf das – wie wir sehen werden, vorherrschende – einheimische Element zu verweisen. Und dies trotz des Konservativismus, der die religiösen Systeme im allgemeinen und jenes der autochthonen Völker Hispaniens im besonderen kennzeichnet, und ungeachtet der weiterhin fortdauernden Bedeutung der mündlichen Überlieferung, verstanden als sozio-linguistische Einrichtung, die eine zentrale Rolle für die Aufrechterhaltung der Kultur spielt, der sie angehört.

Ausgehend von den von Scarlat Lambrino (1965, 232-33) – bzw. von Thévenot (1955) für Gallien – erarbeiteten Kriterien wird angenommen, daß der typische Prozeß der *interpretatio Romana* (die realiter *interpretatio indigena* ist) mehrere Stadien durchläuft, und zwar folgende:

a) Erwähnung des einheimischen Theonyms (z.B. *Cosus*);
b) Hinzufügung des römischen Theonyms als Qualifikativ *(Cosus Mars)*;
c) Inversion beider Namen, mit dem einheimischen als Epitheton *(Mars Cosus)*;
d) römischer Name mit dem vorangestellten Terminus „Gott“ *(deus Mars)*;
e) Niederschrift nur des römischen Namens bei den aus einem einheimischen Gebiet stammenden Theonymen *(Mars)*.

Diese Vorgangsweise erscheint methodologisch einwandfrei, setzt aber das Postulat homogener Assimilation seitens der Einheimischen voraus. Hinweise darauf sind jedoch den uns zur Verfügung stehenden Materialien nicht zu entnehmen; vielmehr wird aus ihnen ersichtlich, daß sich der Assimilationsprozeß in diesem Gebiet nicht gleichförmig vollzog, verschiedene Varianten aufwies und auch zu unterschiedlichen Ergebnissen führte. Zudem werden in besagter Interpretation nicht nur Informationen aus sehr unterschiedlichen Gebieten behandelt, sondern es wird auch der Chronologie der Inschriften sehr wenig Beachtung geschenkt, was nicht dazu angelegt ist, die vorgeschlagene zeitliche Abfolge zu untermauern.

Naturalistischer Primitivismus und individualisierte Entitäten

Die traditionellen Religionen entwickeln Kulte, die, wie man weiß, aufs Engste mit den Erscheinungsformen der natürlichen Umwelt der betreffenden Gruppe verknüpft sind. Man spricht hier von naturalistischen Kulten, und die Kultstätte befindet sich, wie wir sehen werden, immer im Freien, an Orten mit spezieller, von bestimmten topischen Wesensmerkmalen abhängiger Bedeutung.

Dies alles hat seine Richtigkeit und ist vor dem religiösen Hintergrund, der uns hier beschäftigt, wesentlich. Nun aber sind die "primitivistischen" Interpretationen nicht ausreichend dokumentarisch belegt: sie haben zu einer Reihe von Vorstellungen geführt, die in der traditionellen Geschichtsschreibung als sicher galten, jedoch aus den uns zur Verfügung stehenden Materialien nicht hervorgehen. Man hat von der "kultischen Verehrung des Wassers, der Berge, der Bäume" gesprochen, oder von der Verehrung verschiedener Tiere, wie des Stiers, des Pferdes, des Wildschweins oder des Hirsches, so als ob diese Tiere oder die verschiedenen Elemente der Natur die spezifischen Objekte der religiösen Verehrung wären. So sind auch die Bemerkungen verschiedener Autoren (Varro, *RR* 2, 1, 19; Columella 6, 27; Plinius, *NH* 8, 166; Vergil, *Georg.* 3, 272 ff.; Silius Italicus 3, 378 ff. und 16, 363 ff.; Justin 44, 3, 1) über den einzigen Mythos, der uns aus dem hier untersuchten Gebiet des indogermanischen Hispanien überliefert ist, als „Windkult" interpretiert worden: es handelt sich dabei um den Mythos der lusitanischen Stuten, die in der Umgebung von Olisipo vom Wind *Favonius* befruchtet werden, worauf sie windschnelle Fohlen werfen, die nicht länger als drei bis sieben Jahre leben. Bermejo (1982, 87 ff.) hat diesen Mythos mit ähnlichen Elementen, die in der griechischen Literatur zu finden sind, in Zusammenhang gebracht, um aufzuzeigen, daß er eine mythische Zeugungstheorie indogermanischer Herkunft enthält, die jener Griechenlands ähnlich ist, die sich durch die Ungleichheit des Status von Mann und Frau charakterisiert.

Wenden wir uns nun aber wieder jenem konkreten Punkt zu, der uns hier interessiert: in Wirklichkeit dienen diese Tiere oder natürlichen Erscheinungsformen nur dazu, die Manifestation des Göttlichen zu materialisieren, einer Gottheit mit personalisierten Zügen, wie aus dem Dokumentationsmaterial – beginnend bei den Götternamen der Inschriften – hervorgeht. Es gibt keine "Gottheit Stier" oder "Gottheit Pferd" oder "Gottheit Berg": diese Symbole dienten vielmehr der Vergegenständlichung, durch sie wurde die unsichtbare Gottheit sichtbar gemacht. Ein schönes Beispiel für das Gesagte findet sich in der berühmten Stelle bei Plinius über die Herabholung der Mistel bei den Galliern (*NH* 16, 95):

„Die Druiden – so nennen sie ihre Magier – halten nichts für heiliger als die Mistel und den Baum, auf dem sie wächst, wenn es nur eine Eiche ist. Sie wählen an sich schon die Eichenhaine und verrichten kein Opfer ohne das Laub dieses Baumes, so daß sie ihren Namen 'Druiden' nach einem griechischen Wort (δρῦς) erhalten haben könnten. Sie glauben nämlich, daß alles, was daran wächst, vom Himmel komme und *ein Zeichen* dafür sei, *daß der betreffende Baum von einem Gott selbst erwählt sei*" (unsere Hervorhebung).

Im Anschluß an diese Textstelle wird die Abnahme der Mistel – die vom Priester mit einer Goldsichel durchgeführt wird – und das Opfer zweier weißer Stiere geschildert.

Wie wir bereits in einer anderen Arbeit erwähnten (Marco 1993 a), zeigen die autochthonen Gesellschaften des indogermanischen Hispanien religiöse Strukturen, in denen der Prozeß der Individuation des Göttlichen bereits stattgefunden hat. In der Folge werden wir sehen, wie der Begriff *nemeton* in der keltischen Welt die Kultstätte schlechthin bezeichnet, die sich im Wald, oder genauer, auf einer Waldlichtung befindet. So wie dies in anderen Teilen des alten Keltengebiets der Fall ist (mit der Erscheinung der Göttin *Nemetona*, die dem einheimischen Mars, bzw. der in der Epigraphie dem lateinischen Gott assimilierten Gottheit, zugeordnet wird[9]; oder mit den *Matres Nemetiales* in Grenoble, CIL II 2221), führt auch die indigene hispanische Bevölkerung eine Individuation der charakteristischen heiligen Stätte durch, und zwar mit Gottheiten wie *Nimmedus Aseddiagus*, der für Ujo (Mieres) belegt ist, oder *Nemedus Augustus* von der Cueva de la Griega in Pedraza (Segovia) (Marco 1993 a, 1993 b). Dieser Prozeß ist auch für die Germanen charakteristisch, wie dies Tacitus (*Germ.* 9) auf bewundernswerte Art beschreibt:

> „Im übrigen glauben sie, daß es der Größe der Himmlischen nicht entspreche, Götter in Wände einzuschließen oder sie irgendwie der menschlichen Erscheinung anzugleichen. Sie weihen ihnen Lichtungen und Haine, und mit göttlichen Namen benennen sie jenes Geheime, das ihnen nur in der Verehrung erscheint."

Da die religiösen Handlungen weiterhin im Wald stattfinden, führt die religiöse Vorstellung vom Wald als heiligem Raum, dessen Mysterium die *unsichtbare* Präsenz der Gottheit verbirgt, auf einer zweiten Stufe zur Identifikation mit dieser, was seinen Ausdruck im Übergang von einem Appellativum – *nemeton* – zu einem Theonym findet, das von der Epigraphie zu

---

[9] In Inschriften aus Bath (CIL VII 36: *Loucetio Marti et Nemetona(e)*, Altrip (CIL XIII 6131: *Marti et Nemetonae*) oder Trier (CIL XIII 7253: *Marti et Nemetonae*). Über den heiligen Hain zuletzt Brunaux 1993.

Beginn der römischen Kaiserzeit aufgenommen wird. Um einen ähnlichen Prozeß handelt es sich möglicherweise bei der Gottheit *Drusuna*, deren Name in zwei neuen, von Gómez Pantoja und García Palomar (1995) veröffentlichten Inschriften von San Esteban de Gormaz (Soria) vorkommt – vorausgesetzt, der Gottesname steht (wie es möglich scheint) in Verbindung mit idg. **drūtos* aus der Wurzel **deru-*, **drū-* „hart"; „Holz", aus der auch Bezeichnungen für die „Eiche" gebildet sind (griech. δρῦς), und für die sich in der keltischen Lexik und Onomastik zahlreiche Belege finden. Ähnliche Schlußfolgerungen wie die von mir im Fall von *Nemedus* getroffenen finden sich in einer neueren Studie von Villar (1996) über die lusitanische Gottheit *Reva* und ihre Epitheta.

Die besprochenen Fälle sind von großer Bedeutung, da sie einerseits das Weiterwirken ursprünglicher einheimischer Vorstellungen bis über den Beginn des Romanisierungsprozesses hinaus bestätigen, andererseits aber auch ein anderes Charakteristikum dokumentieren, das vielen Gottheiten des von uns behandelten Gebiets gemein ist: die Reduktion universalistischer oder allgemeingültiger Prinzipien auf die einer Lokalgottheit. Diese topikale Reduktion kann anhand des *Nimmedus Aseddiagus* von Mieres illustriert werden (Marco 1993a), und zwar eben durch das das Theonym begleitende Epitheton, und scheint vor allem ein Charakteristikum des nördlichen lusistanischen und galizischen Gebietes zu sein, auch wenn dafür Beispiele in den anderen von uns hier betrachteten Gebieten zu finden sind. Und dieser lokale Charakter vieler Götter erklärt eine im Dokumentationsmaterial augenscheinlich werdende Tatsache: Für die Mehrzahl der uns vorliegenden Götternamen liegen uns jeweils nur ein oder zwei Belege vor, so daß es schwierig erscheint, eine Klassifikation der Gottheiten bezüglich ihrer Zuständigkeitsbereiche zu erstellen. Die Mehrheit der Götter zeugt von einem lokalen, räumlich beschränkten Kult, und viel mehr kann auch über die Schutzbeziehung der betreffenden Gottheit zu der sie verehrenden Gruppe nicht gesagt werden (unter Berücksichtigung auch der bereits erwähnten eingeschränkten Möglichkeiten etymologischer Deutung).

Untermann (1985) und de Hoz (1986 a) haben die einheimischen Gottheiten in diesen westlichen Gebieten systematisch untersucht und folgende Einteilung vorgenommen:

a) einfache Theonyme ohne Ephiteta: *Togae*, *Regoni*;
b) Epitheta, die als Theonyme verwendet werden: *Bormanico*, *Turiaco*;
c) zweiteilige – der gebräuchlichste Typus – oder dreiteilige Invokationen: *Cossue Nedoledio*, *Munidi Eberobrigae Toudopalandaigae*;
d) einheimische Theonyme mit lateinischem Epitheton: *Nemedo Augusto*;
e) lateinischer Gattungsname, begleitet von einem einheimischen Theonym: *Deo Aerno*, *Laribus Cerenaecis*;

f) lateinisches Theonym, begleitet von einem einheimischen Epitheton: *Iovi Ladico*, *Marti Cariocieco*;
g) Kombinationen mehrerer Typen: *Dea Ataecina Turibrigensi Proserpina*.

Es handelt sich um mehrere Ausdrucksweisen, die die unterschiedlichen Etappen und Ergebnisse des Kulturkontakts und dessen Auswirkung auf die religiösen Systeme widerspiegeln. Ein Kennzeichen dieser Gebiete sind die verschiedenen Schreibweisen eines Theonyms *(Cossue, Coso, Cosu...)*. Jedenfalls verweisen die Sprachwissenschaftler darauf, daß die Interpretation der Theonyme als historische Zeugnisse ziemlich problematisch ist. J. de Hoz (1986 a) merkt an, daß es nicht einfach ist, für einen großen Teil der Namen der westlichen Gottheiten eine glaubhafte keltische Interpretation zu finden, sofern es sich nicht um konkrete Fälle wie *Nemedo*, *Reva* oder *Regoni* handelt. Die in den Namen erscheinenden Diphthonge (z.B. in *Palandaigae*, *Tatibeaici* etc.) passen nicht ins Gesamtbild der keltischen Theonymie.

Geographische Distribution der Theonyme

Wir haben bereits darauf hingewiesen, daß es uns die Beschaffenheit des vorliegenden Belegmaterials nicht ermöglicht, eine Klassifikation der Gottheiten in bezug auf ihre funktionale Zuordnung durchzuführen, da wir von den meisten nur den Namen kennen. Nur in sehr spezifischen Fällen ist es uns möglich, die wesentlichen Züge der göttlichen Personen genauer zu beschreiben. Zudem läßt uns das, was wir von der keltischen Religion im allgemeinen wissen, beispielsweise vom Versuch Abstand nehmen, das keltische Pantheon mittels der Dumézilschen Kategorien der funktionalen Dreiteiligkeit (Dumézil 1958, 1977) zu organisieren. Wie ist es nun möglich, den bekannten Text von Lukan (*Phars.* 1, 444 ff.) über die grundlegende Triade der Gallier – *Teutates*, *Esus* und *Taranis* – mit dem Cäsar-Text (*B.G.* 6, 17) in Übereinstimmung zu bringen, der – nach der *interpretatio Romana* – als Namen der am meisten verehrten Götter Merkur, Apollo, Mars, Jupiter und Minerva angibt? Erinnern wir uns an die in den Berner Scholien zu Lukans *Pharsalia* (Zwicker 1934, 50) geäußerten Zweifel: einige Autoren stellen Esus dem Mars gleich, andere dem Merkur; die einen identifizieren Taranis mit Dispater, die anderen mit Jupiter; Teutates wird mit Mars identifiziert, aber auch mit Jupiter...

Unter einem anderen Blickwinkel scheint es ratsamer, das aus verschiedenen, insbesondere den epigraphischen, Quellen bekannte Material über die einheimischen Götter unter Berücksichtigung der geographischen Reichweite ihrer Kulte zu strukturieren. Somit können wir in dem von uns untersuchten Gebiet vier Schichten unterscheiden:

1) Gottheiten, die in anderen Regionen des alten Keltengebiets bezeugt sind. In diesen Punkt schließen wir die Bemerkung von Strabon über den unbenannten Gott oder die verschiedenen Ausdrucksformen für den einheimischen Mars, und auch so charakteristische Götter wie *Lugus*, die *Matres* oder *Epona*, mit ein.
2) Götter, die in anderen Regionen der Halbinsel verehrt wurden, die sich nicht unbedingt mit dem indogermanischen Raum der Besiedlung decken.
3) Charakteristische Gottheiten des galizisch-lusitanischen Bereichs.
4) Götter mit lokalem oder auf eine kleine Region begrenzten Kult.

(Wenn nicht näher erläutert, finden sich die Belegangaben für die Theonyme in den von María Lourdes Albertos erstellten Verzeichnissen.)

Außerhalb der Iberischen Halbinsel belegte Götter

Ein Gott ohne Namen: Strabon 3, 4, 16.

Beginnen wir unsere Überlegungen zu den von den Einheimischen verehrten Gottheiten mit einem bekannten Text des Geographen (3, 4, 16):

„Einige sagen, daß die Kallaiker keine Götter hätten (ἔνιοι δὲ τοὺς Καλλαΐκοὺς ἀθέους φασί), daß aber die Keltiberer und ihre nördlichen Nachbarn einen namenlosen Gott (ἀνωνύμῳ τινὶ θεῷ) verehrten, indem sie bei Vollmond die ganze Nacht hindurch vor dem Eingang ihrer Häuser tanzten.“

Schon Bermejo (1982, 13-20) übte überzeugende Kritik an der Bemerkung über den „Atheismus“ der Gallaeker, die in offenkundigem Widerspruch zur großen Zahl von Theonymen steht, die – wie bereits erwähnt – im Nordosten der Halbinsel zu finden sind. Bermejo sieht darin den typischen Ausdruck einer hellenistischen Geisteshaltung, die unter Religion nur die Religion des eigenen Volkes oder assimilierbarer Völker versteht, während die Religionen jener Völker, die einen beträchtlichen Grad an Barbarei aufweisen und aufgrund wesentlicher Unterschiede nicht assimiliert werden können, unter dem Begriff „Atheismus“ zusammengefaßt werden.

Was den unbenannten Gott der Keltiberer betrifft, so stimmen traditionelle Auslegungen, z.B. Caro Baroja (1976, 197), Blázquez (1962, 28) oder Domínguez Monedero (1985, 66), darin überein, daß es sich um den Mond handle, dessen Name tabu sei, und diese lunare Gottheit ist sogar mit dem angeblichen Matriarchat der Völker im Norden in Zusammenhang gebracht worden. Diese Auslegung ist meiner Meinung nach nicht nur unzureichend, sondern auch offensichtlich falsch; sie ist Gegenstand einer anderen Arbeit (Marco 1987, 58-59 sowie Marco, im Druck 2), wo ich eine alternative

Erklärung angeboten habe, die im allgemeinen unserem Wissensstand über die religiösen Überzeugungen der Kelten sehr viel besser entspricht.

Strabons Erwähnung des namenlosen Gottes zeugt in erster Linie von einer ausgeprägten hellenistischen Geisteshaltung in bezug auf die bereits erwähnte anthropologische Polarität von Zivilisation und Barbarei. Seit Herodot reiht der griechische Diskurs die Komponenten dessen, was wir „Religion" nennen, unter die *nómoi* ein, das heißt, unter die traditionellen Bräuche, die je nach Volk variieren, was den Eindruck erweckt, daß alle Völker dieselben Götter verehrten: was sich ändert, sind die Namen dieser Götter und die Rituale (Rudhardt 1992; vgl. auch Diodorus Siculus 1, 25, 1; 2, 38, 3–39; 4, 43, 3; etc.). Somit wären die Götter überall ähnlich, und folglich identifizierbar (hier finden wir die Grundlage für die Vorgangsweise der *interpretatio*), auch wenn einige Völker nur einige von ihnen benennen und verehren. In diesem Zusammenhang ist die Erklärung Herodots der allmählichen Ausbildung der griechischen Religion von Interesse (2, 52 ff.). Der halikarnassische Autor sagt, daß die Pelasger zwar ihre Götter verehrten, ihnen aber keinen Namen gaben: sie nannten sie kollektiv „Götter". Später erfuhren sie aus Ägypten ihre Namen, und die ersten Dichter, Homer und Hesiod, trugen dazu bei, jene Götter, die nun anhand ihrer Namen unterschieden werden konnten, genealogisch einzuordnen…

Bei Anwendung dieser Sichtweise auf den Text von Strabon fällt auf, daß dieser den Hinweis auf den Gott ohne Namen bei den Keltiberern und ihren nördlichen Nachbarn dazu nützt, das Barbarentum dieser Menschen zu unterstreichen: wie bei den Pelasgern Herodots wären also auch bei ihnen die *nómoi* wenig entwickelt, da sie, laut Strabon, nicht das nötige Niveau erreicht hatten, ihren Göttern Namen zu geben (was, so die zu ziehende Schlußfolgerung, erst durch die Ankunft Roms als Repräsentant der höheren Zivilisation möglich wurde). Selbst der Atheismus der Galizier müßte unter diesem Blickwinkel im wörtlichen Sinn als ein Mittel Strabons verstanden werden, einen noch primitiveren Zustand der Barbaren, die fern der Mittelmeerküsten leben, hervorzuheben.

In zweiter Linie lassen es die Informationen Strabons möglich erscheinen, daß dieser Gott ohne Namen die Wesenszüge des von Cäsar als *Dispater* interpretierten Gottes trägt (Boucher 1976), dieses atavistischen Gottes, für dessen Nachkommen sich die Gallier hielten (und der dem irischen *Dagda* entsprechen würde, dem Gott der Druiden, der – wie der peninsulare Gott Strabons – „keinen Namen hat": Le Roux – Guyonvarc'h 1978, 327 ff.). Der Cäsartext (*BG* 6, 18) gibt an, daß die Gallier in Abhängigkeit von diesem Glauben die Zeit nicht mit der Zahl der Tage, sondern der Nächte maßen, weshalb sie die Jahrestage und den Beginn der Monate und Jahre von der Nacht an berechneten. Diese Angaben Cäsars werden von den gallo-römischen

Kalendern, z.B. jenem von Coligny (Duval – Pinault 1986; Le Contel – Verdier 1997) oder von wesentlichen Ritualen der keltischen Religion – wie der von Plinius geschilderten Abnahme der Mistel – vollkommen bestätigt.[10]

Die Existenz von bei Vollmond ausgeführten Ritualen impliziert nicht zwangsläufig eine Verbindung mit dem Mond. Aus dem bekanntesten Bereich der römischen Religion wissen wir, daß Jupiter, dem *deus summus* des Himmelslichts, die Iden geweiht waren, jene Tage des Monats, in denen der Mond in vollem Licht stand. Die Verbindung der beiden – solaren und lunaren – Aspekte des Himmelsgottes nimmt im römisch-keltischen Jupiterkopf von Felmingham Hall (Norfolk) Gestalt an, mit Nimbus, Strahlen und Mondsichel (Toynbee 1964, 65). Dieser kosmische Charakter ist auch dem keltischen *Sucellus* eigen: Die ikonographische Darstellung von Vienne zeigt ihn mit Wolfsfell auf den Schultern, mit Gefäß und Schlägel, was auf sein chthonisches Wesen verweist, auf seinem Kopf aber trägt er eine Sonnenscheibe, von der fünf Strahlen ausgehen, die wiederum in Scheiben münden (Boucher 1976, Abb. 2). Letzten Endes ist es ein Gott mit diesen Attributen, ein höchster Herrscher und Gebieter der Zeit, wahrscheinlich auch der Unterwelt, den die von Strabon erwähnten hispanischen Völker verehrten.

Der einheimische Mars

Neben anderen Erwähnungen, die wahrscheinlich Ausdrücke für die assimilierte autochthone Gottheit sind, wird das lateinische Theonym in fast einem Dutzend Inschriften von klar einheimischen Epitheta begleitet. Es handelt sich dabei um: *Mars Borus* (zwei Inschriften: Monsanto – Indanhana a Nova, Beira Baixa – und Castelo Branco), *Mars Cariociecus* (Tuy), *Mars Sagatus* (Astorga), *Mars Semnus Cosus* (Denis), *Mars Tarbucelis* (Montariol, Braga), *Mars Tilenus* (Los Villares, Léon). Vgl. López Monteagudo (1989 b, 327 ff.), García Fernández-Albalat (1990, 333 ff.).

Besondere Bedeutung hat die Inschrift von Astorga, in der *Mars Sagatus* erwähnt wird (*AE* 1968, 230). Es handelt sich um eine Weihinschrift, die im dritten Jahrhundert von niemand Geringerem als einem römischen Prokurator orientalischer Herkunft den autochthonen und griechisch-orientalischen Gottheiten gleichermaßen gewidmet wurde und eines der schönsten Beispiele des religiösen Synkretismus der Halbinsel darstellt: *Serapidi Sancto Isidi Myronimo Core Invictae Apollini Granno Marti Sagato Iul(ius) Melanio Proc(urator) Aug(ustorum) v(otum) s(olvit)*. *Mars Sagatus* – ebenso wie *Apollo Grannus* ein

[10] Die Zeitrechnung nach Nächten (und was die Jahre betrifft, nach Wintern) galt auch für die Germanen und ist sicher ein Erbe aus der gemeinsamen indogermanischen Vorzeit.

klares Beispiel der *interpretatio Romana* des Julius Melanio zu Ehren des einheimischen Gottes – steht in Beziehung zu einem Gott *Saga*, der in einer Inschrift von San Vicente de Alcántarra (CIL II 731) erwähnt wird, und beide Theonyme, *Saga* und *Sagatus*, wiederum stehen in Verbindung mit der Bezeichnung für das typische autochthone Kleidungsstück *sagum*, das auch, wie wir von Strabon (3, 3, 6) wissen, dazu diente, die Körper der von den Lusitanern geopferten Menschen zu bedecken *(siehe unten)*. Es ist also anzunehmen, daß es sich um eine Gottheit handelt, die mit dem für diese Völker charakteristischen Opfer zur Erkundung der Zukunft in Verbindung zu bringen ist.

Albertos (1985, 472) verbindet den *Mars Tarbucelis* der in Braga erhaltenen Lapidarinschrift mit einem *castellum Tarbu*, und den zweiten Teil des einheimischen Epithetons mit dem Toponym *Ocelum* („Anhöhe, Erhebung"; mit der Bedeutung auch des „Hervorragenden"). Was nun das Element *tarbu* betrifft, so könnte es in Verbindung stehen mit dem keltischen Wort für Stier (gallisch *tarvos*), das bekanntlich im Monument der *Nautae Parisiaci* in der Verbindung *Tarvos Trigaranus* („Stier mit drei Kranichen") erscheint und die Abbildung eines Stiers unter einem Baum mit drei Vögeln – ähnlich wie auf der Darstellung aus Trier – begleitet (Hatt 1989, 126 ff). Andererseits findet sich der Stier als wesentliches Element des Rituals der Königswahl in Irland *(tarbfess)*.

Der Bezug des Stiers zu Mars wird ikonographisch durch die Statuette "aus den Pyrenäen" dokumentiert, deren keltischer Charakter von Blanco (1957, 516) und Blázquez (1975, 67-69) hervorgehoben wird. Die Gottheit zeigt auf dem Panzer die Abbildung eines Stieres und – was bedeutender ist – sie trägt einen Helm mit drei Stierhörnern (*Abb. 2*). Letztgenannter Autor hat die Verbindungen des Mars, als Gott der Gesundheit und der Krankheit, zur Landwirtschaft hervorgehoben. Derselben Meinung war Lambrino (1965), der darauf verwies, daß die Rolle des Mars als Beschützer der Ernten sekundär in den Vordergrund getreten sei, nachdem die Gottheit infolge der endgültigen Befriedung der Region durch die Römer ihren kriegerischen Charakter verloren hätte.

Die Silberplakette mit der *Mars Tilenus* gewidmeten Inschrift wurde in der unmittelbaren westlichen Umgebung des Monte Teleno gefunden, wo man folglich eine dieser Gottheit geweihte Kultstätte erwarten müßte, ebenso wie man vermutet, daß sich auf dem Monte Larouco eine andere, *Reva Laraucus* gewidmete, befand. Ebenso wird der in S. Martiño de Viloria (El Barco de Valdeorras, Orense) bezeugte Gott *Tillenus* (García Fernández-Albalat 1990, 337) in Verbindung mit dem erwähnten heutigen Namen des Gebirgszugs in Verbindung gebracht, der sich zwischen den beiden Fundstellen erhebt.

Eine Inschrift von Lugo trägt die Widmung *Regoni M. S.* Sollte die Auslegung von Blázquez (1992, 123) zutreffend sein – er liest die Abkürzungen als *M(arti) S(acrum)* –, so hätten wir es mit einer weiteren Erwähnung des

Abb. 2. Mars „aus den Pyrenäen" (Photo: F. Marco).

einheimischen Mars zu tun, wodurch gerade dessen Souveränität ausgedrückt würde, wie dies auch bei *(Ermaei?) Devori* von Outeiro Seco (Chaves) der Fall ist (Albertos 1956). Trotzdem würde es sich hierbei – mit dem lateinischen Namen nach dem einheimischen, und der gewählten Form der Abkürzung – um eine in der Gesamtschau der Theonyme recht ungewöhnliche Ausdrucksform handeln; es erscheint folglich angemessener, diese Buchstaben als Abkürzung einer Votivformel oder auch des Namens des Widmenden zu interpretieren. Der Name *Rego* verweist jedenfalls auf die Rechtssouveränität, und möglicherweise bezeichnet er eine Gottheit, die Pakte und Verträge garantiert.

Der kriegerische Charakter des einheimischen Mars wurde mit seiner Verbindung zu *Cosus* wie auch der Erwähnung verschiedener ihn begleitender einheimischer Epitheta begründet (so zum Beispiel von Bermejo 1986, 101 ff., oder García-Fernández de Albalat 1990). Nun aber scheint diese Verbindung auf die Inschrift von Denia reduziert (die von einem Soldaten der *Legio VII*, der wohl seinen Dienst im Nordwesten geleistet hatte, dem *Mars Semnus Cosus* gewidmet ist: CIL II 5960), denn die Inschrift *Cososo Deo Marti*, die üblicherweise Braga zugeordnet wurde, stammt in Wirklichkeit aus Aquitanien (CIL XIII 1353). Was die einheimischen Epitheta betrifft, so ist es durchaus nicht sicher, daß sie sich – zumindest ausschließlich – auf die kriegerische Funktion der Gottheit beziehen. Einige, wie z.B. *Mars Cariociecus* von Tuy (García-Fernández de Albalat 1990, 335-36), enthalten ein suffixales Element, das eher auf den lokalen Charakter der Gottheit hinweist, was ebenso für *Tarbucelis* gilt, wie Albertos (1985) anführt.

Der solare Charakter des einheimischen Mars scheint durch einen Text von Macrob (*Sat.* 1, 19, 5) bestätigt: er berichtet davon, daß die Akzitaner ein strahlenförmiges Bildnis des Mars verehrten, der als *Netos* angerufen wurde: *Martem solem esse quis dubitet? Accitani etiam, Hispana gens, simulacrum Martis radiis ornatum maxima religione celebrant, Neton vocantes.*

Blanco (1957, 14) vertrat die Meinung, daß jene Gottheit, der die Bergvölker im Norden der Halbinsel Hekatomben opferten und die von Strabon (3, 3, 7) dem griechischen Ares gleichgesetzt wurde, keinem anderen als dem Himmelsgott entspreche, der in verschiedenen indogermanischen Götterwelten vertreten ist, und daß sie in Verbindung mit Bergen wie dem Teleno zu sehen sei. Die besagte Gottheit sei nach der römischen Eroberung einerseits an Mars, andererseits an Jupiter assimiliert worden. Ebenso erklärte Blázquez (1962, 126) die enge Verbindung des *Mars Tilenus* mit einem Berg, und zwar ausgehend von den astralen Wesenszügen des keltischen Mars, der gewisse Attribute des Herrscher-Magier-Gotts in sich aufgenommen hätte, wobei gleichzeitig auch seine Funktion als Psychopompos verstärkt worden wäre. Guadalupe Lopez-Monteagudo hat ihrerseits ausgeführt, daß die astrale Natur des einheimischen Mars seine Verbindung sowohl mit dem Stier als auch mit den Eberskulpturen erkläre, in denen astrale Symbole vorkommen, und daß diese Verbindung bereits chthonische Beziehungen impliziert. Auch wenn ich, anders als diese Autorin, nicht der Meinung bin, daß nahezu die Gesamtheit aller Opferrituale, die wir aus literarischen oder ikonographischen Quellen kennen, mit dem einheimischen Mars als chthonischer oder kriegerischer Gottheit in Verbindung gebracht werden darf, so besteht doch kein Zweifel daran, daß sie in ihrer Schlußfolgerung recht hat: Es handelt sich um einen Gott, dessen Wesen nicht sehr klar definiert ist und dessen vielfältige Zuständigkeitsbereiche es verbieten, ihn auf eine spezifische Funktion festzulegen.[11]

Ein Kommentar zu Lukan (Zwicker 1934, 50) verweist darauf, daß Taranis-Jupiter den Galliern als Himmesherrscher und großer Kriegsgott galt, den sie traditionell mit Menschenopfern besänftigten, auch wenn er später mit Tieropfern zufriedengestellt worden sei. Wir können in einer solchen Erwähnung den Widerhall verschiedener Praktiken sehen, vom für das Keltentum charakteristischen Enthauptungsritual bis zu den von verschiedenen Autoren *(siehe unten)* angeführten Hekatomben; auf jeden Fall wird aber dadurch der Versuch vereitelt, die uns verfügbare Information mit dem römischen Pantheon in Einklang zu bringen. Vielleicht kann eine Erklärung für diesen Kommentar, für den Astralcharakter des Kriegsgotts oder auch für die in der Epigraphie zum Ausdruck kommende Verbindung zwischen einer für die sakralen Handlungen sehr bedeutsamen Topographie (wie z.B. den Bergen) und den an Jupiter und Mars assimilierten einheimischen Gottheiten, im Ansatz von Le Roux – Guyonvarc'h (1991, 193) gefunden werden: diese Autoren sehen die spezifische Eigenheit der keltischen Gottheiten.in der Verdrängung der kriegerischen durch die Magier-Herrscher-Funktion.

---

[11] López Monteagudo 1989 b, 127 ff.; desgleichen Lambrino 1965, 236. Diese Plurifunktionalität unseres einheimischen Mars, die – nach dem, was wir von ihm wissen – schwer in das Korsett einer bestimmten Funktion, wie wir sie bei den römischen Göttern zu sehen gewohnt sind, zu pressen ist, wird in gleicher Weise durch das Wesen der griechischen Götter unterstrichen. In der gleichen Weise wie dieselben Epitheta verschiedenen Göttern gemeinsam sind, werden die gleichen Funktionen verschiedenen Göttern zugeordnet, und fast alle Götter präsentieren zugleich soziale und politische, agrarische und kosmische Aspekte: „Der griechische Gott scheint so eine nicht nachvollziehbare Einheit aufzuweisen, die alle Formen und alle Notionen transzendiert, mit welchen man ihm sich annähern oder ihn erfassen möchte. Und kein Gott läßt sich, über seine zahlreichen Aspekte hinaus, in eine bestimmte Form zwängen; vielmehr neigt das ihm eigene Göttliche dazu, die Grenzen der göttlichen Persönlichkeit zu überschreiten." Daher rührt das charakteristische Fließen zwischen Einheit und Vielfalt, zwischen menschlicher Gestalt und dem Unerkennbaren (Rudhardt 1992b, 101-105).

Tatsächlich gibt es keine einhellige Erklärung für den einheimischen Mars. Vielleicht könnte das Beispiel Galliens für die hispanische Halbinsel herangezogen werden. Man kann annehmen, daß der lokale Schutzgott eines bestimmten Volkes oder Territoriums von den Einheimischen mit dem römischen Mars identifiziert wurde, dem vielleicht mit den Reitereliten assozierten Kriegsgott (wie im Falle des im Nordosten Galliens verehrten *Mars Mullo*, oder von *Segomo* – dem „Siegreichen" – im Heiligtum von Bolards in Burgund, wo zahlreiche Pferde-Reiter-Terracotten gefunden wurden). In der weniger spannungsgeladenen Zeit nach der Etablierung der *pax Romana* wurde das ursprüngliche Bild des einheimischen Gottes in Gestalt des Mars wiedergegeben, aber – wie Inschriften und ikonographische Zeugnisse belegen – mit Betonung seiner Überlegenheit (*Rigisamus* „der sehr Königliche", ein dem *Rego* aus Lugo ähnliches Beiwort) und seines Licht- und Sonnencharakters (*Loucetius*, dem hispanischen *Netos* fast äquivalent), aber auch seiner Verbindung mit dem Schutz der Gemeinschaft, der Fruchtbarkeit der Erde und des Wassers: dies ist auch der Grund für seine Assimilation an *Teutates*, den „Gott des Stammes", die in den Kommentaren zu Lukan und auch in verschiedenen Inschriften vorgenommen wird. Und all dies stützt sich auf eine einheimische Gottheit mit eminentem Schutzcharakter, die äußerst heterogene Züge aufweist, die zeitlich weit zurückreichen und schwer zuzuordnen oder zu analysieren sind (Hatt 1989 hat in diesem Zusammenhang von den "präkeltischen Mars-Gottheiten" gesprochen).

Letzten Endes darf man also den einheimischen Mars – unabhängig davon, ob er nun mit lateinischen Epitheta versehen ist oder nicht – nicht auf eine Gottheit zweiter Rangordnung reduzieren, denn seine ihm zugewiesenen Attribute waren wahrscheinlich sehr viel weiter und umfassender (wie jene des unbenannten Gottes, von dem Strabon gesprochen hat), und verweisen auf einen "nationalen" Charakter – und hierin besteht sehr wohl Übereinstimmung mit der Bedeutung der lateinischen Gottheit für die Römer; ebenso erscheint er als Beschützer der Gemeinschaft gegenüber Gefahren von außen, aber auch, in seiner agrarischen Variante, als Garant der Fruchtbarkeit – kurz und gut, er überwindet die (falsche) Dichotomie zwischen dem Kriegsgott Mars und dem Fruchtbarkeitsgott Mars. Es ergibt sich der Eindruck – in Übereinstimmung mit dem, was in Gallien (mit Erwähnungen wie *Mars Dunatius*, *Vesontius*, *Cemelenus*, *Vintius*...) geschieht – daß Mars (und möglicherweise auch andere Gottheiten wie *Bandua* oder *Cosus* im Nordosten) als Gott der Gemeinschaft oder der *oppida* in Erscheinung tritt, nachdem er die namengebenden Gottheiten durch die *interpretatio* absorbiert hat. Wie Fabre (1993) angemerkt hat, findet sich in Comminges ein gutes Beispiel dieses Prozesses: die gleiche Familie widmet dem einheimischen Gott *Erge* und dem Mars *(Deus Mars*, *Mars Deus)* Weihinschriften, was die Umbenennung desselben beweisen würde.

Lugus

Bezieht man sich auf zwei unterschiedliche Datenreihen, die einerseits aus der alten Toponymie und Epigraphik, andererseits aus den mythologischen Texten Irlands stammen, so erscheint *Lugus* als eine der pankeltischen Gottheiten schlechthin.

Natürlich sind die durch die lateinische Epigraphik erhaltenen Reste der Verehrung dieser Gottheit selten: insgesamt etwa zehn Inschriften, mit nur drei Beispielen jenseits der Pyrenäen, in Nîmes (CIL XII 3080), Avenches (CIL XIII 5078) und Bonn (CIR 469). Diese Spärlichkeit der Daten hat, neben dem Fehlen direkter Erwähnungen des *Lugus* in den uns erhaltenen literarischen Quellen über die Religion der Gallier, dazu geführt, daß ein einzelner Forscher, der sich mit diesem Thema befaßt, den von einer ganzen Generation von Philologen und Archäologen vertretenen Pankeltismus in Frage stellen kann. Erinnern wir uns aber auch daran, daß die Knappheit des Belegmaterials ebenso für die anderen wichtigen keltischen Götter gilt, deren Namen wir von Lukan kennen: *Teutates*, *Esus* und *Taranis* (*Taranus* oder *Tanarus* in den wenigen erhaltenen Inschriften). Der Grund dafür ist bereits erwähnt worden: nur von sehr wenigen keltischen Göttern sind uns die Namen bekannt, da sie in der Epigraphie – nach der üblichen Vorgangsweise der *interpretatio* – an die römischen Götternamen assimiliert wurden.

Aber auch wenn die inschriftlichen Belege für Lugus sehr spärlich sind, so findet man sie doch an sehr weit voneinander entfernten Orten des westlichen Teils des Römischen Imperiums – außer in Hispanien (Tovar 1981; Marco 1986) in der Narbonensis und den beiden Germanien; und dies bedeutet, daß auch nach Beginn der Kaiserzeit die alte keltische Gottheit von Galizien bis zum Unterlauf des Rheins weiterhin verehrt wurde. Andererseits läßt die antike Toponymie vermuten, daß wir es bei Lugus sehr wahrscheinlich mit der bedeutendsten Gottheit der keltischen Religion zu tun haben. Dies scheinen die mehr als dreißig im europäischen Keltenraum erhaltenen Toponyme *Lug(u)dunum* zu beweisen (Loth 1914): der Name der Hauptstadt der Drei Gallien (des heutigen Lyon; ein *Genius Luguduni* wird in CIL XII 5687 dokumentiert) wiederholt sich in *Lugdunum Clavatum*, *Lugdunum Convenarum* (St. Bertrand de Comminges, eine von den Resten des Heers des Sertorius, die sich teilweise nach Pompeii begaben, gebildete Gemeinschaft), *Lugdunum Vocontiorum* (im zwölften Jahrhundert als *Mons Lugdunus* erwähnt, heute Montlahue, Drôme), *Lugdunum Batavorum* (Leiden), *Ludunum* und *Luguvallium* (Carlisle) im Norden Englands, usw. Die vom antiken Toponym sich herleitenden modernen Ortsnamen reichten bis nach Schlesien (Liegnitz). Entgegen der etymologischen Auslegung des Kaisers Claudius von *Lugu-dunum* – „glänzender Hügel“ (Seneca, *Apoc.* 7, 2, 9–10; Flobert 1968) – folgt die gegenwärtige Geschichtsschreibung mehrheitlich der

Interpretation von d'Arbois de Jubainville: "Hügel oder Festung des Lugus" (Even – Le Roux 1952).

Das Theonym wird aus (einer *g*-Variante) der Wurzel *leuk-* ("glänzen, leuchten") erklärt, die für die indogermanischen Sprachen umfassend bezeugt ist (Pokorny 1959, 687). Die Bedeutung wäre folglich „leuchtend". Und tatsächlich erscheint in dem zweiten von mir erwähnten Überlieferungsstrang, nämlich jenem der irischen Epik, diese Gottheit, der irische *Lug*, mit Sonnenattributen: er führt den Beinamen *grianainech* "Sonnenantlitz", das niemand direkt schauen konnte (de Vries 1977, 60). Die irischen Texte, die sich auf die mythische Schlacht von Mag Tured *(Cath Maige Tured)* beziehen, stellen *Lug* als Hauptgottheit dar, die den Sieg des Göttergeschlechtes der *Túatha dé Danann* über die *Fomoire*, die Kräfte des Bösen, sichert – wobei es sich um eine keltische Variante des bekannten mythologischen Themas vom „Götterkampf" handelt, der in anderen indogermanischen Kulturen (im Germanischen) von den Asen und Vanen, oder (in Indien) von den Devas und Asuras bestritten wird (Guyonvarc'h 1978, 51; Meid 1997, 60-62). *Lug* ist *sam-il-dánach* „der in allem kundig ist, der alle Fähigkeiten zugleich hat" (Markale 1985, 89-90). Das Epithcton unterstreicht den polyfunktionalen Charakter der Gottheit und ist deshalb von großer Bedeutung, weil es in semantischer Hinsicht mit der Charakterisierung des Merkur übereinstimmt, des von den Galliern am meisten verehrten Gottes – laut Cäsar, der ihn (*BG* 6, 17) *omnium inventorem artium* nennt.

Ausgehend von diesem für die cäsarische *interpretatio* grundlegenden Text ist der *Lugus* der alten Inschriften mehrheitlich mit dem gallo-römischen *Mercurius* identifiziert worden, der mit einer Fülle von mehr als fünfhundert Zeugnissen in der lateinischen Epigraphie der imperialen Epoche die am häufigsten bezeugte Gottheit darstellt. Aber diese Assimilation ist unzulänglich, auch wenn sie eine reale Basis hat. Erinnern wir uns an das Sonnenattribut des *Lug* in Irland, und daran, daß eines der charakteristischen Epitheta für den gallischen Mars *Loucetius* oder *Leucetius* ist, dessen Wurzel uns auf *Lugus* verweist. Alles in allem übertrifft *Lugus* in der keltischen Religion alle anderen Götter, denn ihm ist keine spezifische Funktion zugeordnet, vielmehr vereint er alle Funktionen in sich. Das nahezu vollständige Verschwinden des Theonyms in der lateinischen Epigraphie – was auch bei den übrigen keltischen Göttern, von *Teutates* bis *Cernunnos*, der Fall ist – kann mit der repressiven römischen Politik gegenüber dem Druidentum als belebendem Element des Widerstands gegen Rom erklärt werden. Es ist in diesem Zusammenhang nicht unwichtig zu erwähnen, daß der Gründungs- und Versammlungstag des *Concilium Galliarum*, jener von Augustus im Jahre 12 v. Chr. in Lugdunum ins Leben gerufenen alljährlichen Versammlung der in den gallischen Provinzen lebenden römischen Bürger, der 1. August ist: auch die Feier eines der vier größten Feste im keltischen Jahreszyklus fiel auf diesen Tag, das des *Lugnasad* oder der „Versammlung von Lug", ein patriotisches und königliches Fest in Irland. Diese Maßnahme muß folglich als Ausdruck der geschickten Politik des Augustus betrachtet werden, der damit den althergebrachten Lugus-Kult durch den Kaiserkult zu ersetzen suchte (Zecchini 1984, 77 ff.).

Auf der Iberischen Halbinsel, genauer in Keltiberien, befindet sich der interessanteste dem Lugus zugeeignete kultische Ort, von dem wir Kenntnis haben: die Kultstätte von Peñalba de Villastar (Teruel). Besondere Bedeutung kommt der größten der Felsinschriften zu, die aus dem ersten Jahrhundert v. Chr. (oder auch dem ersten Jahrhundert n. Chr.) stammt und in keltiberischer Sprache abgefaßt, jedoch abweichend von anderen keltiberischen Inschriften in lateinischer Schrift geschrieben ist (*Abb. 3a*):

ENIOROSEI
VTA TIGINO TIATVNEI
TRECAIAS TO LVGVEI
ARAIANOM COMEIMV
ENIOROSEI EQVEISVIQVE
OGRIS OLOCAS TOGIAS SISTAT LVGVEI TIASO
TOGIAS

Der Text wurde verschieden interpretiert. Die Übersetzungsversuche von Tovar (1955-56, 168) und anderen sind heute sämtlich überholt. Aufgrund von Vermutungen, daß es sich bei *equeisui* um ein Fest handeln könnte, vergleichbar mit dem Monatsnamen *Equos* im gallischen Kalender von Coligny, haben wir in einer anderen Studie (Marco 1986, 752-53) – mit allem Vorbehalt und unbeschadet zukünftiger Ergebnisse der linguistischen Forschung – darauf hingewiesen, daß die Felsinschrift von Villastar möglicherweise die erste und einzige antike Erwähnung eines Festes ist, das dem des Lugnasad gleichzusetzen ist, das seinen Höhepunkt am 1. August erreichte; dieses Fest begann zwei Wochen vor dem genannten Datum, und somit im Monat *Equos*, dem neunten Monat des keltischen Jahreszyklus, der, wie wir wissen, am 1. November beginnt. Diese Interpretation ließe sich dadurch erhärten, daß der Terminus *Lugo* (die wahrscheinliche Erwähnung der Gottheit) auch im Kalender von Coligny genannt wird (Duval – Pinault 1986, 399, 425; Lambert 1994, 109 ff.), und zwar im Monat *Anagantio*, der in das letzte Jahr dieser fünf Jahre und zwei Schaltmonate umfassenden Mond-Sonnen-Berechnung fällt. Diese kalendarische Berechnung stellt übrigens das einzige Dokument dar, das uns von der astronomischen Wissenschaft der Druiden aus der Zeit vor der Romanisierung erhalten ist. Nach der letzten Deutung der Inschrift durch Meid (1994, 31-37; 1996, 8-18) handelt es sich jedoch bei *eniorosei* und *equeisui* um Epitheta des Lugus im gleichen

Kasus (*Luguei,* Dativ), die den Gott als „auf dem Berg wohnenden" (*montānus*) und „Pferdegott" (oder „Reitergott") (*equēs*) charakterisieren, was beides in der irischen Überlieferung von Lug und im Brauchtum des Lugnasad seine Parallele findet. Der erste Teil der großen Felsinschrift bezieht sich nach Meid auf eine Prozession der Lugus-Verehrer zum Bergheiligtum (das, was im irischen Lugnasad ebenfalls geschieht), der zweite Teil auf die Errichtung eines Kultgebäudes (*togias*)[12] für Lugus und seine Kultgemeinde (den *thiasus*).[13]

Neben den Funden von Villastar gibt es einen Altar in Uxama (CIL II 2818), der von einer Schustergilde den *Lugoves* gewidmet ist (*Abb. 3b*); der Name erscheint im Plural, wie in den Inschriften in Nîmes und Avenches. Das andere Kerngebiet kultischer Fundstücke befindet sich im Nordosten (Marco 1986, 741), mit drei Altären, die den *Lugoves Arquienos* gewidmet sind (Sinoga, Oteiro del Rey; San Martín de Liñarán, Sober; S. Vincente de Castillones); darüber hinaus gibt es eine weitere mögliche Widmung an die *Lugoves* im Bereich der *Cantabri Vadinienses* (CIL II 6338) (*Abb. 1*). In Atapuerca (Burgos) ist eine *Lugunis Deabus* gewidmete Weihung zum Vorschein gekommen (Solana et alii 1995, 193-94). Schließlich interpretiert Correa (1981) den Anfang der Inschrift von Fonte Velha (Bensafrim, Lagos), *l.o.Co.o.Po.n.i.i.a.r.a.Po.o.*, als weitere Ausdrucksform von *Lugus* im Dativ Plural, dem ein Epitheton folgen würde, das mit dem Ethnikon *Nerii* in Verbindung stünde: dies würde bestätigen, daß die Gottheit auch im Südosten Hispaniens verehrt wurde.

Diese Erwähnungen der Gottheit im Plural dokumentieren zwei Phänomene, die uns vom Keltentum generell, und vom spanischen Keltentum im besonderen, bereits bekannt sind: einerseits handelt es sich um die Vervielfachung des Göttlichen, die normalerweise durch Triaden realisiert wird, als Wiederholung, die der Steigerung der Intensität des Namensinhalts dienen soll (Vendryes 1935; Lambrechts 1954, 70 ff.); andererseits wird dadurch eine „universale" Gottheit wie Lugus auf topische Varianten reduziert, d. h. auf Gottheiten mit lokalem oder räumlich begrenztem Kult. Bereits Albertos (1956) wies darauf hin, daß die *Arquieni*, die sich als Epitheta in den Inschriften von Lugo – und als mögliches Theonym nur in einer anderen Inschrift von Alvarelhos (Maia, Oporto: CIL II 2373) – finden, sich von einem *Arquius* ableiten, der als keltiberisch betrachtet

---

[12] *togias* (Plural wie lat. *aedēs*) entspricht altir. *tuige* und ist etymologisch verwandt mit lat. *toga, tectum*, deutsch *Dach*. In der Bedeutung entspricht wahrscheinlich gallo-lat. *attegia* in einer Inschrift, die ein civis Tribocus dem Merkur errichtet hat: *Deo Mercurio attegiam teguliciam compositam... posuit*; CIL XIII 6054 (Niederbronn).

[13] de Hoz wiederum hat kürzlich (1996, 22) in der Inschrift, zusätzlich zu Lugus, einen weiteren Gott, Equeisos, sowie eine hypothetische Stadtgottheit (Eniorosei) der Stadt Orosis postuliert, welche wir von iberischen Münzprägungen kennen.

werden muß. Nun finden wir aber (Blázquez 1962, 105 ff.) in Keltiberien eine weitere Widmung an einen Gott *Arco*, im Singular (Dat. *Arconi*), der sich von den *Arquieni* von Lugo, d. h. von Lugus, nicht zu unterscheiden scheint, mit dem möglicherweise das Toponym von *Arcobriga* in Verbindung gebracht werden muß (welches, nach dieser Auslegung, dasselbe bedeuten würde wie *Lugudunum*).

Neben den Anthroponymen (wie *Lugarius*, von den Turduli Veteres, wahrscheinlich ein höherer einheimischer Beamter, der im Jahre 9 n. Chr. einen Pakt der Gastfreundschaft mit den Römern unterzeichnete; Ferreira da Silva 1986, 311-313) oder keltiberischen Gentilnamen, die sich vielleicht auf diese Gottheit beziehen, scheinen auf sie die *Lougei* im Namen der *Civitas Lougeiorum* der *tabula hospitalis* von El Caurel (Carbedo, Lugo) hinzudeuten, die aus dem Jahre 1 n. Chr. datiert und die auf eine ihrer Untergemeinschaften verweist, die laut Dopico (1988) in der Region Bierzo ihren Ursprung hat, und auch die *Luggoni*, ein Asturervolk, das zu beiden Seiten der kantabrischen Gebirgskette siedelte (*Lougonoi* bei Ptolemaios 2, 6, 32). Die im Norden Angesiedelten, die *Luggoni Arganticaeni*, haben ihren Namen im heutigen Argandenes (Piloña) verewigt. Ihre Hauptstadt heißt *Paelontium*, was der antike Name von Beloncio sein könnte (Infiesto, Piloña), und befindet sich genau im jenem Gebiet, in dem die mit einer sehr reichen Ikonographie versehenen Golddiademe von Mones gefunden wurden *(siehe unten)*. Der andere Teil der Lugonen siedelte in der Gegend von León, und Tranoy (1981, 49) hat darauf hingewiesen, daß diese geographische Trennung einer ethnischen Gruppe auch für andere keltische Völker bezeugt ist, so zum Beispiel für die Biturigen (Kuber und Vivisker). Erinnern wir uns schließlich daran, daß Ptolemaios (2, 3, 8) ein Volk *Lougoi* in Schottland erwähnt, und daß ein Ethnicum *Lugnenses* in CIL XII 7640 bezeugt ist.

Die wahrscheinliche Verbindung zwischen dem Gentilnamen *Lugones* und dem Gottesnamen *Lugus* wirft die Frage nach dem möglichen theonymen Charakter von Gentilnamen und verschiedenen Toponymen auf. Letztere werden wir hier nicht behandeln (trotz der Bedeutung, die hier die heutigen Reste beispielsweise in der asturischen Region haben). Es erscheint aber interessant, auf einige Parallelen hinzuweisen, die aus dem Bereich des antiken Keltentums bekannt sind. So beispielsweise auf die Verbindung zwischen den *Bedunicenses* (CIL XII 2972) und *Mars Budenicus* (CIL II 2973), zwischen den *Cossuanetes* (als *gens Alpina* erwähnt in CIL V 7817) und *Cososus Deus Mars* (CIL XIII 1353), oder zwischen der irischen Göttin *Brigit* und den *Brigantes*, *Brigiani* oder *Brixenates* (CIL V 7817). Wir verfügen sogar über Belege für diese Verbindung auf der Basis der *interpretatio Romana* der besagten Göttin (*Minervius vicus Brixianorum*, CIL V 4421, 4450-4451).

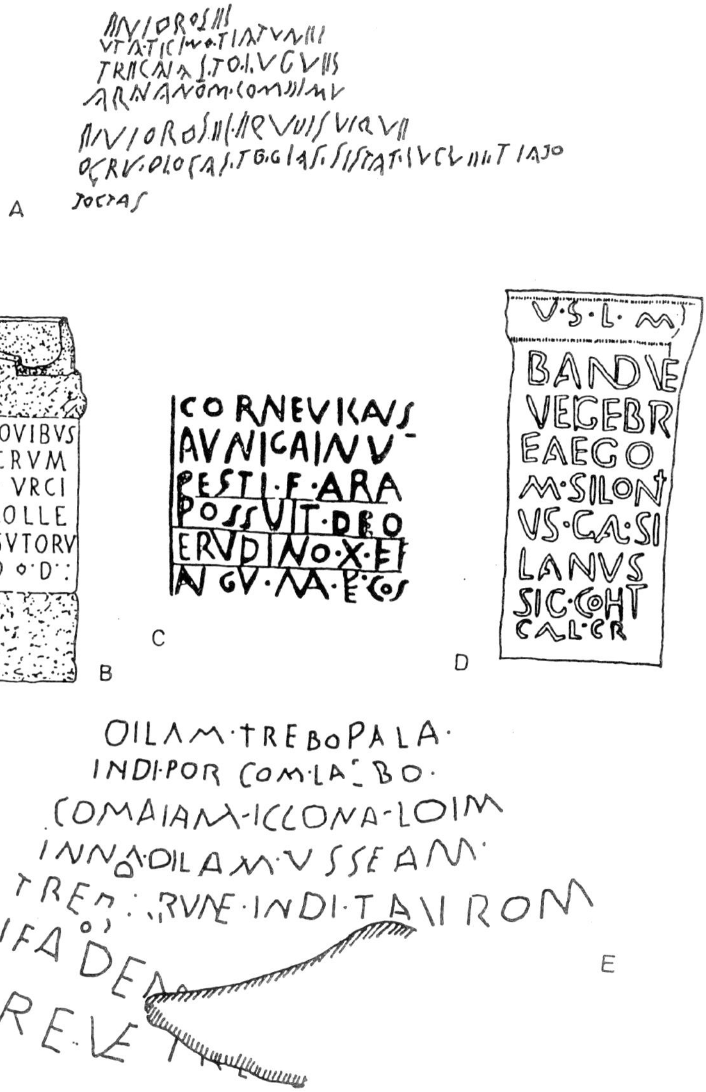

Abb. 3. Weihinschriften in keltiberischer, lusitanischer und lateinischer Sprache (nach J. M. Blázquez). A. Große Felsinschrift von Peñalba de Villastar (nach A. Tovar); B. Den Lugoves gewidmete Inschrift aus Uxama (nach T. Ortego); C. Inschrift für Erudinus (Torrelavega, Cantabria) (nach A. García y Bellido); D. Inschrift für Bandua Veigebraegus (Rairiz da Veiga); E. Inschrift vom Cabeço das Fráguas (nach A. Tovar).

Andere Götter

Für Hispanien gibt es keine kultischen Zeugnisse, die direkt mit den bei Lukan (*Phars.* 1, 444 ff.) erwähnten drei großen Gottheiten *Teutates*, *Esus* und *Taranis* in Verbindung zu bringen wären. Allerdings hat Sevilla (1979) eine Reihe von Toponymen in Nordspanien untersucht, die möglicherweise auf diese keltischen Götter verweisen. Dies wäre der Fall für *Tárano*, *Taranes*, *Taraño*, *Taraniello* (verwandt mit keltisch **taranos* = kymr. *taran* „Donner", der Grundlage auch des Theonyms *Taranis*), für *Bendueños* (Lena, Asturien), in der mittelalterlichen Form als *Vendonios* belegt, was auf das gallische Theonym *Vindonnus* hinweist, das auch als Epitheton von Apollo (etymologisch verwandt mit dem Adjektiv **vindos* "licht, weiß", als Anspielung auf einen Sonnengott) vorkommt, von dem verschiedene lateinische Inschriften im Quellenheiligtum von La Cave (Côte d'Or) im Gebiet der Lingonen erhalten sind; und zuletzt für die Sierra de *Aramo* (Asturien), ein Homonym des in *Aramon* (Gard) verehrten gallischen *Aramo*.

Derselbe Autor hat die Namen *Cermoño*, *Cermuño* (Asturien) und *Cernuño* (Ávila) mit dem auf dem bekannten Pariser Altar und auch sonst abgebildeten Gott *Cernunnos* in Verbindung gebracht, für dessen ikonographische Darstellung mit Hirschgeweih auf einigen numantinischen Keramiken Blázquez (1975, 55) eintrat. Ebenso findet man in der *Terra Sigillata*-Werkstatt von Bronchales (Teruel) Menschenfiguren mit Hirschgeweihen (Atrián et alii 1980, 121). Allerdings scheinen diese Zeugnisse für ein Festhalten an einem Kult um *Cernunnos* auf der Iberischen Halbinsel nicht ausreichend. Es ist allgemein bekannt, daß der Name dieses Gottes nur ein einziges Mal auf einer Abbildung bezeugt ist, und zwar eben auf jenem Pariser Altar der *Nautae Parisiaci* aus der Zeit des Kaisers Tiberius, wo Kopf und Schultern eines bärtigen Gottes zu sehen sind, der ein Hirschgeweih trägt, dessen beide Enden mit je einer Torques behangen sind (Hatt 1989, 128). Und dieser eine, heute kaum mehr lesbare Name *Cernunnus* wurde zur Benennung ähnlicher Figuren herangezogen, die in vielfältigen Darstellungen auftreten: von der Felszeichnung in Paspardo (Val Camonica, Italien: Green 1992, 169) bis zu einer der Platten des berühmten Kessels von Gundestrup (Hatt 1989, 78-79), wo er mit gekreuzten Beinen in Buddhastellung dasitzend als „Herr der Tiere" (unter diesen befindet sich eine gehörnte Schlange) zu sehen ist, oder auch in verschiedenen gallo-römischen Reliefs. Die Ikonensprache der Darstellungen von Cernunnos zeigt ihn zusammengefaßt als Paradigma für den Überfluß, die Zeugungskraft und die Wiedergeburt, die Fruchtbarkeit und die Wohltätigkeit; und seine in einem gewissen Sinn uneinheitliche Ikonographie mit dem Hirschgeweih betont seine enge Beziehung zur Tierwelt. Auch sprachlich bedeutet *Cernunnos* „der

Gehörnte". Als eines seiner charakteristischen Tiere finden wir die gehörnte Schlange – die Fruchtbarkeit symbolisierend – in Darstellungen auf Grabstelen aus Burgos oder La Rioja (Abásolo – Marco 1995, 337), auf einer zweisprachigen Münze von Osicerda sowie auf der äußerst interessanten Vase von Arcóbriga (Marco 1993 e). Trotz allem können wir aber keinen sicheren Beweis für einen auf der Halbinsel betriebenen Kult um eine Gottheit mit den ikonographischen Merkmalen von Cernunnos erbringen.

Nach (kaum richtiger) Meinung von Cardim gehen die Theonyme *Vasegus* (Soure, Colimbra) und *Dominus Corougia Vesucus* (Minhotães, Barcelos) – hier nur die dritte Namenskomponente – auf idg. **u̯esu-* „gut" zurück, angeblich (aber nicht tatsächlich) die gleiche Wurzel wie in *Esus*, nach Lukan einer der drei Hauptgottheiten der Gallier. Eine mit den ersterwähnten beinahe identische Form finden wir in *Vosegus*, einer mit Wäldern und Bergen eng verknüpften gallischen Gottheit (CIL XIII 6027, 6059, 6080), die dem rheinischen Gebirgszug der Vogesen den Namen gegeben haben soll, und die in der Kultstätte von Le Donon, die im Einflußbereich von drei Stämmen (Triboci, Leuci und Mediomatrici) lag, verehrt wurde. *Vosegus* enthält wahrscheinlich das Präfix gall. *vo-* aus indogerm. **upo*. Das zweiterwähnte Theonym läßt sich eher mit dem in Agoncillo (Rioja) verehrten *Visucius* (Espinosa 1986, 30-31) in Verbindung bringen. Es fehlt zwar das erste Element dieses Namens; aber die Tatsache, daß es sich – wie einige Inschriften im Rheingebiet zeigen (Holder III, 406 ff.) – um ein Epitheton von Mercurius, aber auch von Mars (als Beiname für ihn selbst bzw. für seine Gemahlin *Visucia*) handelt, spricht dafür, daß er diesen Zweck auch auf der unvollständigen Inschrift in Rioja erfüllen konnte. Sprachlich lassen sich *Vesucus, Visucius* mit altir. *fiach* „Rabe" in Verbindung bringen – ein Vogel, der als Attribut von Mercurius–Lugus (und dessen germanischem Äquivalent Wodan) bekannt ist.

In Keltiberien gibt es noch einen wichtigen Punkt, der bedauerlicherweise noch nicht geklärt werden konnte. Auf einer zur Zeit verschollenen Inschrift (Aguilera – Gamboa 1909, 120) aus Arcóbriga (Monreal de Ariza) las Fita *Mercurio Ocnioroco*. Da die Möglichkeit der Überprüfung nicht gegeben ist, können wir nur die Hypothese aufstellen, daß der zweite Teil des Theonyms *Ogmio*... ist; falls die Inschrift ansonst weitgehend richtig gelesen wurde, ist dies eine durchaus legitime Annahme. Folglich würde die Inschrift *Mercurio Ogmio* lauten, womit der vielseitige Gott Mercurius, den die Römer verschiedenen Anzeichen zufolge mit Lugus identifizierten, mit *Ogmios* gleichgesetzt worden wäre. Das ergäbe dann ein Götterpaar des Typs *Mars Teutates*. Demnach hätten die Gallier einer von den Griechen Herakles genannten Gottheit den Namen *Ogmios* gegeben (Egger 1943; Martin 1946; Olmsted 1994, 404), einem Gott, der der Beschreibung Lukians von Samosata (*Prel. Herakl.* 1 ff.) zufolge die

Züge eines „Philosophen“ (= Druiden) aufweist: einer Gottheit der Unterwelt und Psychopompos – wie es der griechische Autor ganz deutlich formuliert –, deren Macht eher auf der Beredsamkeit als auf der physischen Kraft beruht. Eine im Museum von Bonn aufbewahrte Stele aus Nikenich (Espérandieu 1908, no. 7758) illustriert in vollkommener Art und Weise den Text Lukians über Ogmios; mit einem Herkules, der an einer Kette zwei – ohne Zweifel Verstorbene verkörpernde – Individuen schleppt, genau so wie Lukians Ogmios an feinen, an seiner Zunge befestigten Ketten Menschen nach sich zieht. Dieses Element findet man auf einigen keltischen Münzen der aremorikanischen Veneter (Benoit 1952; 1953). Wenn man bedenkt, daß der Großteil der Weihinschriften des keltiberischen Gebietes außer Jupiter nur Herkules gewidmet ist, müßte darin – wie ich bereits an anderer Stelle anmerkte (Marco 1993f.) – der mittels des lateinischen Theonyms interpretierte kultische Ausdruck einer einheimischen Gottheit zu finden sein.

Wassergottheiten

Andere „pankeltische“ Theonyme stehen in Verbindung mit dem Element Wasser, das auf die antike und im speziellen auf die keltische Gesellschaft immer eine große Faszination ausübte. Die enorme Bedeutung des Wassers gründet sich darauf, daß es immer als Lebens- und Fruchtbarkeitsspender gesehen wurde (auch wenn es manchmal Zerstörung brachte). Brunnen oder Quellen, Bäche, Flüsse oder Seen betrachtete man außerdem als wichtige Zugangsmöglichkeit zur anderen Welt, woher auch die Opfergaben (Waffen, Kessel, Wertgegenstände) sowie Menschen- und Tieropfer an den verschiedenen Gewässern rühren.

Dies erklärt die Bedeutung der Quellenheiligtümer, die Gottheiten der Heilkunst geweiht sind (Bourgeois 1991 und 1992; Landes 1992; Scheid 1992; Pérex – Bazzana 1992) wie der als Apollo interpretierten, von dem Cäsar (*B.G.* 6, 17) sagt, daß er von den Galliern gleich nach Merkur verehrt wurde und daß er Krankheiten heile. Die Rolle des Wassers definiert sich durch zwei komplementäre Eigenschaften, die von Aupert (1992) gut herausgestellt wurden: da es einerseits vom Himmel kommt und sichtbare Auswirkungen auf die Fruchtbarkeit der Erde hat, ist es ein Agens himmlischer Götter; andererseits sprudelt es auch aus dem Boden und ist dadurch Träger neuer, durch chthonische Gottheiten verliehener Kräfte. Somit erklärt sich, daß es sich bei den Göttern der Heilkunst sowohl um himmlische (Apollo, Mars Leucetius) als auch um chthonische (Mercurius mit der gehörnten Schlange, sowie die Matres) handelt.

Das Heiligtum der *Fontes Sequanae* in Gallien (Deyts 1985) kann als ein religiöses Zentrum für eine Vielzahl von Pilgern angesehen werden, die von sehr weit herkamen und deren zahlreiche Opfer- und Votivgaben (in Form von Statuen, Köpfen und Körperteilplastiken von Männern und Frauen) von der

Archäologie ans Licht gebracht wurden. Dadurch können bedeutende Rückschlüsse nicht nur auf die Religiosität, sondern auch auf die damals existierenden Krankheiten gezogen werden. Gewiß standen nicht alle Heilrituale mit dem Wasser in Verbindung, so wie auch nicht alle Heilkultstätten mit Quellen oder Flüssen zu tun haben. Wir wissen von Votivgaben, die an Bäumen aufgehängt wurden, die, wie man glaubte, von Naturgottheiten der Fruchtbarkeit bzw. Mächten der Unterwelt heimgesucht wurden. Ein Beispiel für eine Heilkultstätte, die nichts mit Wasser zu tun hat – sie liegt auf einer Höhe von 1100 Metern, wo dieses charakteristische Element nicht vorkommt – ist das *fanum* von Vidales (Lozère, Frankreich), wo man anatomische *ex-voto*'s und Teile zweier Statuen von Muttergottheiten ausgegraben hat.

Auf der Iberischen Halbinsel können wir auf die für uns außerordentlich wichtige Fundstätte von Votivgaben in Garvão (Ourique, Baixo Alentejo) zurückgreifen; hier fand man einerseits Weihgeschenke in Form von Täfelchen, die jenen bereits erwähnter gallischer Kultstätten – an den Seinequellen, Chamalières (Clermont-Ferrand) oder Bourbonne-les-Bains (Marne) – ähnlich sind, aber auch zwei Silberplättchen mit der Darstellung eines menschlichen Kopfes und eines „Oranten“ (Beirão et alii 1987).

Auf der bereits angeführten Inschrift von Astorga werden neben *Apollo Grannus* auch *Mars Sagatus* und andere griechisch-orientalische Gottheiten erwähnt (*AE* 1968, 230). Hier handelt es sich um eines der charakteristischen Epitheta für den einheimischen Gott der Heilkunst, der an Apollo angeglichen (Hatt 1989, 256 ff.) und mit Attributen eines Sonnengottes versehen ist (wie auch der irische Lug, dessen Epitheton – *grianainech* "Sonnengesicht" – sich mit dem des Apollo vergleicht). Dieser ist vorherrschend in den Kultstätten von Grand (in den Vogesen) – von hier stammt eine Inschrift, die offenbar das Ritual der *incubatio* bzw. Heilung mittels eines Traumes, in dem die Gottheit erscheint, bestätigt – und in Aachen *(Aquae Granni)* und genoß, wie verschiedene kultische Zeugnisse beweisen, großes Ansehen, obwohl es ihm – wie uns Dio Cassius (78, 15, 5) berichtet – nicht gelingen sollte, Caracalla zu heilen (was, nebenbei gesagt, Aesculapius und Serapis auch nicht schafften). Trotz allem verrät uns der Text einiges über die wichtigsten Götter der Heilkunst des Imperiums.

Zwei Inschriften aus Caldas de Vizela (Guimarães) erwähnen den Gott *Bormanicus* (CIL II 2402–2403; Díez de Velasco 1998, 53 ff.). Hier handelt es sich um eine Thermalgottheit – die Heilbäder an diesem Ort gehen, wie die römischen Funde zeigen, tatsächlich bis in die Antike zurück –, der in Gallien unter dem Namen *Borvo*, *Bormo*, *Bormanus* oder ähnlichen Ableitungen aus der Wurzel idg. **bher(u̯)-* „aufwallen, sieden, sprudeln“ verehrt wurde. Als Entsprechung von Apollo tritt er als Schutzpatron verschiedener Quellenheiligtümer auf (CIL XII 494, 1561, 2343-44; CIL XIII 2805-2208,

5290, 5911). Während *Bormanus* in Bourbonne-les-Bains (Haute-Marne) neben *Damona* verehrt wird, erscheint er in Aix-les-Bains neben Herkules und in Die (Drôme) gemeinsam mit *Bormana*. Die antike Toponymie bezeugt den Kult um ihn in weiten Teilen keltischer oder parakeltischer Gebiete (*Lucus Bormani* in Ligurien, *Aquae Bormaniae* in Narbonensis, *Bormanon* bei den Jazygen in Dakien, etc.). Sogar bei den Mariandynoi in Kleinasien findet man neben den Nymphen einen Gott *Bormos* (*RE* III, cols. 733-34).

Die gleiche Wurzel wie im Gottesnamen finden wir auch in einer Reihe von Lokalnamen auf der Iberischen Halbinsel: *Bormate* und *Borma* in Albacete, *Bormujos* in Sevilla, *Bormaz* in Soria, *Bormén* in Pontevedra oder *Bormella* nahe Caldas de Vizella, wo die zwei für uns hier interessanten Inschriften zum Vorschein kamen, die – wie es Tranoy (1981, 269-70 richtig sah – Beispiele für zwei unterschiedliche Stadien des religiösen Akkulturationsprozesses darstellen. Die erste Inschrift (CIL II 2402) stammt von einem Einheimischen, einem gewissen Medamus, Sohn von Camalos. Die zweite, eindrucksvollere, hingegen (CIL II 2403) befindet sich auf einer Säule, die wir einem Mann aus Uxama zu verdanken haben. Aufgrund der *tria nomina (C. Pompeius Mo... genus)* und der Erwähnung der *tribus Galeria* auf einer Inschrift, die mit einem Distichon, bestehend aus einer Aufforderung und einer Untersagung *(Quisquis honorem agitas, ita te tua gloria servet; praecipias puero ne linat hunc lapidem)* endet, dürfte es sich dabei um einen römischen Bürger gehandelt haben – auch wenn sein Patronym einheimischer Herkunft ist (Sohn von Caturus).

Möglicherweise hat auch das zweite Namenelement der Weihinschrift zu Ehren des *Mars Borus* auf einem Altar von Monsanto (Indanha-a-Nova; Encarnação 1975, 223 ff.) die gleiche Grundlage wie *Bormanicus*. Die Entsprechung zu *(Apollo) Bormo* bzw. *Borvo* in der irischen Epik ist der Gott der Heilkunst *Dian Cécht*, der in der zweiten Schlacht von Mag Tured die toten Krieger – sofern das Gehirn unverletzt blieb – wieder zu neuem Leben erweckt, indem er sie in die Quelle *Glann* eintaucht („die Reine“; dieser Stamm findet sich auch im Namen der Quellgottheit *Glanis*, der der Stadt *Glanum* bei Saint-Rémy-de-Provence ihren Namen gab: García Fernández-Albalat 1991, 335).

Eine andere mit dem Element Wasser verbundene Gottheit ist *Cohvetena* (Os Curveiros, Firol, Lugo) bzw. *Cuhue(tena?) Berraloegus* (Santa Cruz de Lozo, Paradela, Lugo) (Díez de Velasco 1998, 60-64). Sie ist besser unter dem Namen *Coventina* bekannt, wurde in Narbo verehrt und ist vor allem die Personifizierung der heiligen Quelle von Procolitia (Carrawburgh) am Hadrianswall, wo man zahlreiche ihr geweihte Altäre fand, auf einigen von welchen sie den Beinamen *Augusta* oder *Sancta* führt (Collingwood – Wright 1965, 1523-35). Unter den im Heiligtum von Carrawburgh ausgegrabenen Opfergaben befindet sich auch ein menschlicher Schädel, der vielleicht als symbolischer Hinweis auf den Zugang zur Jenseitswelt über das Wasser zu interpretieren ist (Green 1992, 68).

Eine Inschrift von Condado (Padrenda, Orense) ist den *Suleis Nantugaicis* – so nach der korrekten Lesung von Tranoy (1981, 277) – geweiht. Hier handelt es sich um eine äußerst interessante Doppelgottheit. Den Stamm *sul-* des ersten Namens findet man auch bei den *Matres Suleviae*, deren Kult in vielen Teilen des keltoromanischen Raumes – von Ungarn bis Britannien – bezeugt ist, sowie (Green 1995, 93 ff., 105) bei der im Gebiet der Thermalquellen am Fluß Avon verehrten Göttin *Sulis* (*Aquae Sulis* = Bath); hier fand man einen schon zur Zeit des Kaisers Nero erbauten gewaltigen Gebäudekomplex mit Tempel und zahlreiche dieser Göttin geweihte Altäre mit Opfergaben, sowie eine Vielzahl von Bleitäfelchen *(defixiones)*, die von den Pilgern in das Wasser gelegt wurden (Henig 1984; Cunliffe 1986). Auch *nant-* stellt einen Hinweis auf Quellen und kleine Flußtäler dar (vgl. gall. *nanto* „valle“, kymr. *nant* „Bach“) und findet sich im Namen der gallischen Göttin *Nantosuelta* wieder, die bei dem gallischen Stamm der Mediomatriker die Partnerin von *Sucellus* ist (Holder III 684-86).

Deva (“die Göttin”), eine weitere Wassergottheit, ist – als das erste eindeutig einheimische Theonym in der baetischen Epigraphik (Stylow 1983, 295 ff.) – in einer *Dominae Deavae* geweihten Inschrift von Cabra (Córdoba) sowie im Höhlenheiligtum der segovianischen Cueva de La Griega (Pedraza) bezeugt. Ein ähnlicher Stamm scheint in einem Altar von Cambados (Pontevedra) auf, der an der Küste gefunden wurde und *Deo Dever(o* oder *-io)* geweiht ist (Tranoy 1981, 289). Der Name *Deva* dient zur Bildung verschiedener antiker Hydronyme und Toponyme im nördlicheren Teil des keltischen Territoriums – vor allem in Britannien; man findet ihn aber auch in modernen Namen Nordspaniens – von Pontevedra bis Guipúzcoa – sowie in Namen des keltiberischen Gebiets um Teruel (Sevilla 1982). In Gallien, wo sie in zahlreichen Heiligtümern an Quellen und Flüssen (Cahors, Burdeos, etc.) verehrt wird, wird diese Göttin als *Devona* oder *Divona* („die Göttliche“) erwähnt (Bourgeois 1991-92), und ihre Eigenschaft als Göttin der Heilkunst wird von Ausonius auch literarisch gerühmt (*Ordo* 20, 31: *Salve, urbis genius, medico potabilis haustu, Divona…*).

In Tagilde (Guimarães) wurde am Ufer des Flusses Vizella eine den *Nymphae Lupianae* geweihte Inschrift gefunden (CIL II 6288). Das Epitheton bezieht sich eindeutig auf das Wasser: das Hydronym *Lupia* bezeichnet im germanischen Raum den heute *Lippe* genannten Nebenfluß des Rheins, an dem sich in antiker Zeit zahlreiche Thermalbäder befanden; in Italien war *Lupia*, heute Lecce, ebenfalls durch Thermalbäder gekennzeichnet; aber auch in Frankreich gehen viele Namen von Heilquellen mit *Louv-*, *Lub-* auf diese Wurzel zurück (Albertos 1966, 137-38).

Die Matres

Die Vorstellung einer Mutter Erde, die Fruchtbarkeit und Überfluß spendet und in der Folge vergöttlicht wird, ist für viele Religionssysteme charakteristisch – auch für das keltische. Was in diesem Fall aber wesentlich erscheint, ist die Verehrung der „Muttergottheiten“ (Heichelheim 1930; Bauchhens – Neumann 1987), die in verschiedenen Reliefs – mit unterschiedlichen Fruchtbarkeitssymbolen ausgestattet –, normalerweise in Form einer Triade vorkommen, wobei diese Dreiheit einen entscheidenden Vorgang in der Gedankenwelt der Kelten widerspiegelt: und zwar jenen der Verstärkung der göttlichen Kraft mittels Wiederholung, was am besten in der Zahl Drei zum Ausdruck kommt (Green 1989, 169 ff.) und auch in der irischen Mythologie im Fall der *Macha* bzw. der *Morrígan* sichtbar wird, bei denen die Eigenschaften der Sexualität und der Maternität mit jenen des Krieges verbunden sind (Le Roux – Guyonvarc'h 1983). Die kelto-römische Epigraphie bezeugt die Verwurzelung des Kultes in allen Gesellschaftsschichten in den *Deae Matres* sowie – speziell im Rheingebiet und in der Cisalpina – in den *Matronae*. Die *Matres* (Olmsted 1994, 141 ff., 287 ff.; Green 1995, 105 ff.) wurden häufig an Orten mit Heilquellen verehrt, wie z.B. die Theonyme *Suleviae* oder *Glanicae* erweisen, die in Verbindung stehen mit den Örtlichkeitsbezeichnungen *Aquae Sulis* (Bath) und *Glanum*.

Die zum Teil als *Iunones* interpretierten bzw. mit Minerva, Fortuna, Venus oder Juno gleichgesetzten Matres gaben einigen Örtlichkeiten und Gewässern – wie z.B. der Marne (alt *Matrona*) – ihren Namen und verkörpern eines der wesentlichen Elemente verschiedener keltischer Gottheiten in vortrefflicher Art und Weise: nämlich die Vereinigung eines universellen mit einem sehr ortsbezogenen Merkmal in einer einzigen Gottheit, wobei letzteres seinen Ausdruck in einem Epitheton findet, das sich auf die Bevölkerungsgruppe oder auf den Wohnort bezieht. Tertullian bemerkt, daß jede Region ihren Gott habe (*Apologeticum* 24, 7), was für uns einen wichtigen literarischen Hinweis auf den Prozeß der Spezifizierung des Göttlichen darstellt. Wie schon Aupert (1992) gezeigt hat, finden wir ein sehr anschauliches Merkmal dieser Verteilung der Heilfunktion in den *Prox(s)umae*, den persönlichen Schutzgeistern der Frauen, die vor allem in der Narbonensis und im Rhônetal vorkommen; das sind namenlose Geister, die auf eine Person bezogen sind und nur durch diese eine Persönlichkeit erhalten, wie die den *Proxsumis suis* gewidmeten Weihinschriften zeigen.

Diese für die Matres im allgemeinen geltenden Unterscheidungsmerkmale finden sich gerade in Hispanien zur Gänze bestätigt (*Abb. 1*), wo wir vor allem in Keltiberien und angrenzenden Gebieten auf etwa fünfzehn kultische Zeugnisse zurückgreifen können (Albertos 1983, 483; Gómez Pantoja, im Druck). Neben einfachen Theonymen und Gattungsnamen (*Matribus:* Clunia, Burgos; Yanguas, Soria), gelegentlich in der keltischen Form des Dativ Plural (*Matrubo* in Agreda, Soria) finden wir andere mit einem lokalen (*Matribus Vseis*, Laguardia, Álava; *Tendeiteris*, Clunia; *Monituinicis*, Salas de los Infantes, Burgos; *Brigeacis*, *Gallaicis*, Clunia) oder ihre Macht und Bedeutung unterstreichenden Epitheton (*Matribus Ter Megiste*, Duratón, Segovia) oder in einer Form, welche die Fixierung gerade auf einen bestimmten Ort durch die deiktische Referenz explizit macht (*His Matribus* „Diesen Matres", d.h. „Den hiesigen Matres", Clunia). Auch in der Baetica sind – in dem sehr beschränkten Inventar heimischer Götternamen: Gonzáles 1993) – zwei weitere Zeugnisse kultischer Verehrung vorhanden: auf einem Altar von Obulco (Porcuna: CIL II 2128) sind die *Matres Veteres* erwähnt, deren Verehrung wir von Carrawburgh am Hadrianswall kennen (Birley 1986, 62-64), während eine andere Inschrift, aus Carmona (CIL II 5413), die *Matres Aufaniae* nennt; im letzteren Fall müßte es sich um einen von einem Legionär aus Germanien mitgebrachten Kult handeln, da die Zeugnisse kultischer Verehrung (Green 1992, 146) dort bodenständig sind.

Epona

Wenn auch nicht zahlreich, so gibt es auf der Iberischen Halbinsel doch einige Zeugnisse eines Kultes um eine der interessantesten Gottheiten, die im Gebiet des Alten Europa belegt sind (*Abb. 1*). Von *Epona* sind uns drei epigraphische Zeugnisse überliefert, und zwar aus Sigüenza (Guadalajara), aus Lara de los Infantes (Burgos) und aus Monte Bernorio (Palencia), hier in der Form *Epane*. Die entsprechenden bibliographischen Hinweise können, wie bei allen von uns behandelten Götternamen, den Verzeichnissen von María Lourdes Albertos (1985 und 1986) entnommen werden. Sowohl in Sigüenza (mit der entsprechenden Inschrift) als auch in Marquínez und in Albaina (Álava) wurden Reliefs gefunden, die die Göttin auf einem Pferde sitzend abbilden (Blázquez 1975, 95).

Hier geht es um eine Gottheit, deren Name von dem keltischen Wort für das Pferd in der gallo-britannischen Form, nämlich **epos*, abgeleitet ist und die von Britannien bis zum Balkanraum und Nordafrika belegt ist, wobei dies in besonderem Maße in Burgund und im Rheingebiet – vor allem bei den Aeduern und den Lingonen, den Mediomatrikern und den Treverern – der Fall ist (Oaks 1986; Green 1995, 184 ff.). Schließlich war sogar Rom das Zentrum eines am 18. Dezember begangenen Rituals, wobei auch in literarischen Texten auf dieses bei keltischen Gottheiten einzigartige Faktum hingewiesen wird (so etwa bei Minucius Felix in *Octavianus* 28, 7 oder bei Apuleius in *Met.* 3, 27). Ihre in einigen Kultstätten dokumentierte Verbindung mit den *Matres* sowie die

Widmung von Votivgaben wie etwa in Entrains (Frankreich) haben einige Autoren dazu veranlaßt, ihre Heilfunktion hervorzuheben, doch diese Gottheit besitzt eine ausgedehnte und vielschichtige Symbolik. Als Schutzgöttin der Pferde bringen sie verschiedene ikonographische Zeugnisse in Verbindung mit der Fruchtbarkeit, dem Wasser oder auch mit der Welt der Toten.

Mit den Pferden stehen auch andere einheimische Gottheiten in Beziehung. Dies ist der Fall bei *Deis Equeunu(bo)* von La Vid (Pola de Gordón, León), die auf einer Inschrift erscheinen, die zwischen dem zweiten und dritten Jahrhundert datiert werden kann und eine Widmung eines Iulius Reburrus aufweist (Marco, im Druck 3); möglicherweise – trotz zweifelhafter Lesung – auch bei *Ec(iai)su* (Dativ) aus Piernavieja (Cáceres: Albertos 1983, 481). Diese Gottheiten erinnern mit ihrem Namen an die Form *equeisui*, Epitheton von Lugus auf der erwähnten großen Inschrift von Peñalba de Villastar (Teruel).

In verschiedenen Gebieten der Iberischen Halbinsel bezeugte Gottheiten

Außer den bereits erwähnten, in den alten keltischen Siedlungsgebieten jenseits der Pyrenäen bezeugten Göttern liefert uns die geographische Verteilung der Theonyme auch einige Beispiele aus verschiedenen Teilen der Iberischen Halbinsel, und sogar aus Gebieten, die sprachlich gesehen nicht von indogermanischen Stämmen besiedelt waren, obgleich solche nicht weit entfernt wohnten. Als erster wäre hier *Netos* zu nennen (*Abb. 1*), auf den bereits hingewiesen wurde, als wir den von Macrob (1, 19, 5) angedeuteten Bezug des einheimischen Mars zur Sonne erwähnten. Diese Gottheit findet sich in Inschriften aus dem Westen der Halbinsel[14], wie z.B. in Condeixa-a-Velha (Beira Litoral: CIL II 365) und in Trujillo (Cáceres: *ILER* 889). Diese sind sicherlich ein Zeugnis für dieselbe einheimische Gottheit, die auf Seite A der Bronzetafel von Botorrita als *Neito* (Genetiv) erwähnt wird (Beltrán – Tovar 1982, 71; Meid 1993, 100) und die möglicherweise mit der auf dem Monument von Binéfar (Huesca) bezeugten Form *Neitin* das Etymon (Wurzel **nei* „glänzen") gemeinsam hat. Letzteres ist interessant durch seine Bildersprache (Marco – Baldellou 1976). Zwischen diesem Kriegs- und Sonnengott, dessen irische Entsprechung *Néit* sein dürfte (eine sehr archaische Gottheit, die in der

[14] Auch in der Baetica. Es scheint bedeutsam, daß gerade in Guadix, Granada (das alte Acci, dessen Einwohner laut Macrob die Sonne als Netos verehrten), ein Pedestal einer von einer gewissen Fabia Fabiana der Isis gewidmeten Statue zum Vorschein kam – eine Widmung, die (in der Lesung von Alföldy 1993, 11) ausdrücklich *iussu Dei Netis* erfolgte, was auf eine Nominativform Netis deuten würde. Es ist aber auch möglich, daß die Form des Gottesnamens, der absichtlich durch Hammerschläge weggebrochen wurde, *Ne*[*ton(is)*] war (HE 5, 1995, núm. 351).

Mythologie als Großvater von Balor erscheint, dessen Enkel wiederum Lug ist: Le Roux – Guyonvarc'h 1983, 120), und anderen – wenn auch weniger gesicherten – Varianten des Theonyms besteht schließlich möglicherweise ein Zusammenhang. Gottheiten namens *Netaci Veilebricae* finden sich auf einem Altar von Lugo bzw. Padrón, *Nitaecus* tritt als Epitheton von *Reva* auf und *Nidoledius* bzw. *Nidanlua(ecus)* qualifizieren *Cosus* (Fernández-Albalat 1990, 331), wenngleich letztere auch andere etymologische Deutungen erlauben würden). Ein weiteres interessantes Beispiel ist jenes des *Tokoitoś* (Genetiv) ebenfalls auf der Bronzetafel von Botorrita, den schon Tovar (1975, 13) und de Hoz (de Hoz – Michelena 1974, 74 und 98) mit den Theonymen (im Dativ) *Togae*, *Togoti* bzw. – mit nasalem Infix – *Tongo*, *Tongoenabiagoi* aus dem Westen und Nordwesten der Iberischen Halbinsel in Verbindung gebracht hatten (vgl. auch Blázquez 1962, 127; Meid 1993, 122 f.). All diese Namen sind – wie Tovar, Albertos und Blázquez meinen – aus **tong-* „schwören“ zu erklären. Damit hätten wir also eine Gottheit, die als Garant für die Einhaltung von Verträgen bürgen würde, deren Bedeutung in der Welt der Einheimischen nicht nur die *tesserae hospitales*, sondern auch die Personennamengebung (*Tongius, Tonginus, Tongeta...*) sowie die Toponymie erweisen würden (Ptolemaios 2, 6, 38 erwähnt *Tongobriga* – heute Brozas, Cáceres). Bei dieser Gelegenheit braucht man sich nur an die Stelle von Appian (*Iber.* 52) über die Keltiberer von Cauca zu erinnern, die die Götter als Zeugen für ihre Vereinbarungen anriefen. Es kann sein, daß dabei, ohne sie aber zu nennen, auf die Gottheit hingewiesen wurde, wie wir es von den Kelten in Irland kennen (Koch 1991): *tongu do dia toinges mo thúath* („ich schwöre bei dem Gott, bei dem mein Stamm schwört“).

Besondere Erwähnung verdient das sehr interessante Felsmonument des Idolo da Fonte de Braga (CIL II 2419), an dessen Fuß sich eine Quelle befindet, die sich in einen Teich ergießt (*Abb. 4*). An der Felswand ist eine stehende, bärtige, männliche Gestalt sichtbar, die 1,10 m hoch ist, eine lange Tunika trägt und an ihrer rechten Hand einen Gegenstand hält, der heute schwierig zu deuten ist, aber üblicherweise als ein Füllhorn mit Früchten beschrieben wird. Zu seiner Rechten und am oberen Teil des Felsens befindet sich die Inschrift *Celius Fronto Arcobrigensis Ambimogidus fecit*. Noch weiter rechts ist eine Darstellung einer menschlichen Büste zu erkennen, die in einer Nische steht, auf deren Giebel eine Taube und etwas Schlägelähnliches dargestellt sind, und davor befindet sich eine weitere Inschrift mit dem Namen der Gottheit, der dieses Ensemble geweiht ist: *Tongoe Nabiagoi* mit der von Pereira (1985) erfolgreich durchgeführten Korrektur der seit Leite de Vasconcelos traditionell angenommenen Lesung *(Tongoenabiago)*, obwohl Bellino schon Ende des 19. Jahrhunderts eine bessere geliefert hatte. In der linken Ecke der Nische kann man erneut einen Teil des Namens des Widmenden *(Celicus fecit)* lesen, und darunter findet man den Rest

Abb. 4. Monument für Tongus Nabiagus (Braga) (Photo: F. Marco).

davon *(Fronto)*. Es wird erwähnt, daß diese Person – die wohl jene in der Nische dargestellte sein dürfte – aus Arcóbriga abstammt, wobei hier entweder der im Süden Lusitaniens oder aber auch der in Monreal de Ariza (Zaragoza) gelegene keltiberische Ort gemeint sein kann. Die Dativform des Theonyms ist identisch mit jener bereits von der Inschrift aus Lamas de Moledo (Tovar 1985) bekannten und stützt folglich die Ansicht, daß es sich sprachlich um einen rein lusitanischen Ausdruck handelt; ebenso ist dies beim wahrscheinlichen Theonym *Danceroi* aus der Inschrift von Remesiros (CIL II 2476) der Fall, wo Allius Reburrus einen *deus adiutor* bittet, jeden zu bestrafen, der von seinen Ländereien Besitz ergreifen sollte.

Offensichtlich stellt diese stehende Figur die Gottheit dar, von deren Namen wir annehmen, daß er nicht aus einem, sondern aus zwei Bestandteilen besteht: *Tongus Nabiagus*, wovon der zweite Teil mit der Göttin *Nabia* in Verbindung zu setzen ist, die in etwa zwanzig galizisch-lusitanischen Inschriften bezeugt ist und deren Verbindung mit dem Element Wasser durch die Quelle an der Kultstätte von Braga bestätigt wird. Die Grundlage des ersten Namens bildet ebenfalls **tong-* „schwören" (der "Gott der Quelle, auf die man schwört", nach Leite 1905, 256); der Name selbst ist in dem alten Toponym *Tongobriga* (Las Brozas, Norba, Cáceres: CIL II 5564) enthalten.

Eindrucksvoll, aber überaus gewagt, erscheint die Interpretation von Tranoy (1981, 285) bezüglich des Charakters von *Tongus Nabiagus* als eines Synkretismus zweier einheimischer Gottheiten, die durch die zwei Elemente Taube *(Nabia)* und Schlägel *(Tongus)* symbolisiert wären, welche am Giebel über der Nische mit der menschlichen Büste zu sehen sind. Zweifellos ist die Taube in den Religionen des mediterranen Raumes das Symbol für die Fruchtbarkeit und der Schlägel das charakteristische Merkmal des Unterweltsgottes *Sucellos*, der eine der typischsten keltischen Gottheiten ist (Olmsted 1994, 300 ff.). Gewiß ist auch, daß das Füllhorn als Attribut von *Nantosuelta*, der Paredra von Sucellos, gilt, der mitunter sogar mit besagtem Füllhorn anstatt des Schlägels dargestellt wird. Jedoch kann man daraus weder schließen, daß Nabia hier die Rolle der gallischen Nantosuelta übernimmt, noch daß Tongus die Entsprechung zum gallischen Sucellos sei. Viel eher handelt es sich hier um zwei verschiedene Welten, und es erscheint ratsamer, davon auszugehen – genauso wie es mit der Opferschale der *Bandua Araugelensis* (siehe im Folgenden) geschehen kann –, daß ein eindeutig klassizistisches und der traditionellen Welt der Einheimischen fremdes bildliches Element – wie es das Füllhorn ist – übernommen wird, um auf eine eigene Schutzgottheit *(Tongus Nabiagus)* anspielen zu können, die ebenfalls für die Fruchtbarkeit zuständig war, was dieses ikonographische Motiv symbolisiert.

Lusitanisch-galizische Gottheiten

Andere Gottheiten sind vor allem im Westen der Iberischen Halbinsel bezeugt, d. h. konkret in der Region, wo die sogenannte lusitanische Sprache belegt ist, obgleich die Götter, wie die spärlichen überlieferten Texte gezeigt haben, sich offensichtlich nicht an die Geographie gehalten haben.

Die bedeutendste Gruppe bilden hier die vier Theonyme *Bandua*, *Cosus*, *Nabia* und *Reva* (*Abb. 5*), wobei jedes von ihnen mehrere interessante Epitheta aufweist, die uns wertvolle Informationen über die möglichen Funktionen der Götter liefern, bzw. wenigstens liefern können. Mehrere Autoren unterschiedlicher Richtungen (wie etwa Untermann 1985, 349 ff., de Hoz 1986, 36 ff. oder Ferreira da Silva 1986, 295-96) vertraten die Ansicht, daß diese weit verbreiteten Theonyme nur Appellativa und keine Eigennamen sein könnten, also vergleichbar mit den lateinischen Bezeichnunen *deus/dea*, *lar* oder *genius*. Die Grundlage für solche Hypothesen bildet die von Toutain (1920, 166) vertretene Deutung des Wortstammes *band-* als Entsprechung von lateinisch *dominus*. Nach dieser Interpretation dürfte es keine Gottheit geben, die an verschiedenen Orten bezeugt ist (wie etwa *Bandua*), sondern es gäbe so viele unabhängige Götter wie Erwähnungen von Epitheta belegt sind. Aber es scheint mir nicht so, als könnte

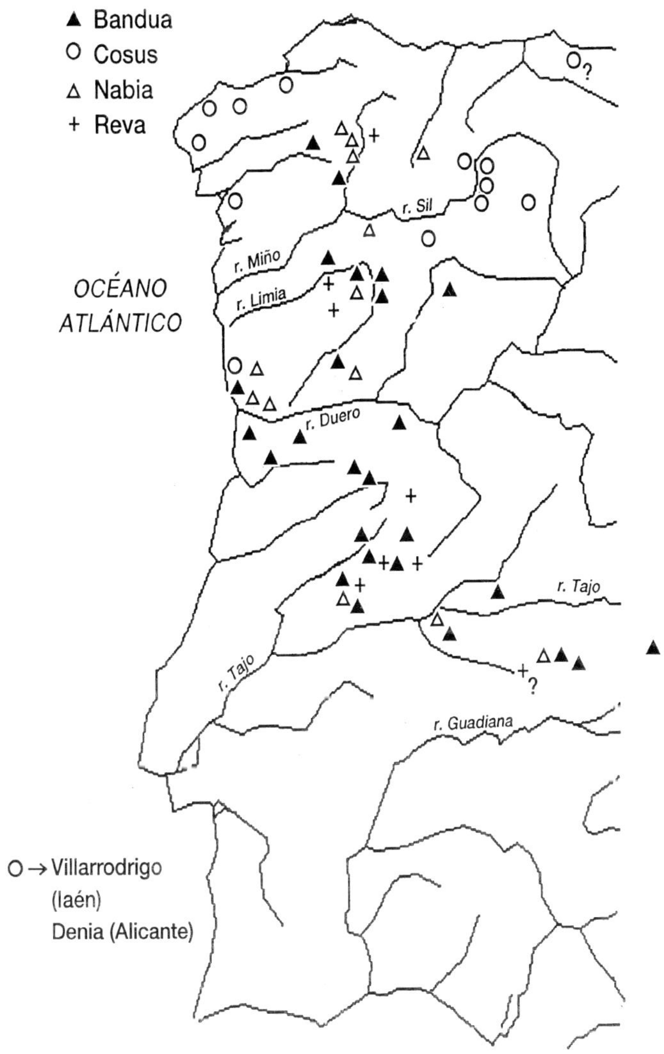

Abb. 5. Karte: Galizisch-lusitanische Gottheiten (nach F. Marco).

das uns zur Verfügung stehende Material diese These stützen, vor allem dann nicht, wenn wir die Frage im weiteren Kontext des gesamten keltischen Siedlungsraumes in Europa behandeln. *Cosus* ist zum Beispiel jenseits der Pyrenäen in der Form *Cososo* (Dativ) als ein Epitheton von Mars belegt (CIL XIII 1353). Aber ohne von der uns hier interessierenden geographischen Verteilung abzugehen, scheint es schwierig, Weihinschriften in der Art von *Deo Domino Cossue Segidiaeco* (Arlanza, León: Tranoy 1981, 297), *Deo Domeno Cusu Nemedeco* (aus Burgães, Sto. Tirso: Ferreira da Silva 1986, 288-89; Búa im Druck) oder die bereits bekannte, *Marti Semno Coso* geweihte Inschrift von Denia (CIL II 5960) zu erklären, wenn man davon ausgeht, daß die erwähnten Theonyme Gattungs- und keine Eigennamen sind.

Bandua

Knapp dreißig Inschriften belegen die Gottheit *Bandua* (*Abb. 5*), für deren Etymologie sich seit Michelena eine Ableitung von der Wurzel idg. **bendh-* „binden" durchgesetzt hat, was sie zu einer Gottheit der Verträge und Schwüre machen würde (García Fernández-Albalat 1990, 62 ff., 110 ff.). Der Name läßt sich jedoch auch mit keltischen Wörtern der Bedeutungssphäre „Flüssigkeit" in Verbindung bringen (korn. bret. *banne* „Tropfen", irisch *bannae*, später *bainne* „Tropfen, Flüssigkeit, Milch", mit denen Pokorny 1959, 95 ital. *fons Bandusiae* und den illyrischen Flußgott *Bindus* vergleicht), und verschiedene Autoren wie Cocco (1957), Arias – Le Roux – Tranoy (1979) haben die Möglichkeit vertreten, daß es sich bei *Bandua* um eine Wassergottheit handeln könnte. Dies würde das Hydronym *Banduje* in Portugal und das Toponym *Baños de Bande* (ein Thermalbad) erklären. Im Gegensatz zur Ansicht von Almeida (1965) weist alles darauf hin, daß es sich bei den Dativen *Bandi*, *Bande*, *Bandue*, *Bandua(e)* um lautliche bzw. graphische Varianten des gleichen Gottesnamens handelt.

Eine anscheinend aus Beira Alta stammende und in der Sammlung Calzadilla in Badajoz aufbewahrte silberne Opferschale zeigt eine weibliche Figur, die Opferschale und Füllhorn hält, sowie im Hintergrund ein Feld mit der Darstellung eines Baumes und verschiedener brennender Altäre sowie einer Inschrift *Band(uae) Araugel(ensi)* (*Abb. 6*). Das heißt, daß hier *Bandua* mit den Merkmalen der Tyche–Fortuna dargestellt ist, wobei dies ein außerordentlich interessantes Beispiel für die vollständige Verwendung – einschließlich der Mauerkrone auf dem Haupt – einer allochthonen Ikonographie für eine autochthone Gottheit ist. Hier haben wir also ein Modell der „Juxtaposition" einer völlig exotischen Ikonographie und eines eindeutig einheimischen Theonyms, das durch diese illustriert wird, und das ohne die geringsten Anzeichen einer „Kontamination"; man kann dies auch als eine Nutzbarmachung der fremden Bildersprache in einer neuen kulturellen Umgebung bezeichnen. Man kann das nur dann verstehen, wenn man von der viel abstrakteren Vorstellung ausgeht, welche die Einheimischen vom göttlichen Wesen hatten. Blanco datierte die Opferschale in die Zeit der Kaiser Antoninus oder Severus, also in das zweite Jahrhundert, und spricht wegen der Assimilierung an die römische Göttin von einer Schutzfunktion der Familie bzw. einer dieser ähnlichen Einheit.

Albertos (1974) erklärte das Epitheton *Araugelensis* als eine Zusammensetzung aus zwei Elementen, die in anderen Quellen als Ethnikon (*Aravi*, vielleicht *Arevaci*, mit intensivem *ar-* und einem Stamm **av-* "bewahren, beschützen") und als Toponym *(Ocelum, Ocelodurum, Ocilis)* bezeugt sind und in verschiedenen Teilen des keltischen Gebiets vorkommen. Das zweite Element tritt aber auch als Theonym (*Marti Ocelo* in Luguvallium, Carlisle) auf (Collingwood – Wright 1956, no. 309) und findet sich in Verbindung mit dem keltischen Adjektiv **uxello-* „hoch" in der Toponymie *(Uxellum, Uxama)* sowie in der Theonymie (*Uxellimus* ist in CIL III 5145 als Epitheton von Jupiter belegt). Auf dieser Grundlage wäre eine Interpretation des Epithetons *Araugelensis* im Sinne einer Beziehung zu Anhöhen denkbar; die genauere Bedeutung bleibt aber unsicher

Abb. 6. Patera von Bandua Araugelensis (nach Blázquez).

Allerdings stellt sich bei der Darstellung auf der Opferschale aus der Sammlung Calzadilla das Problem der geschlechtlichen Zuordnung der Gottheit. Zwar ist die Figur auf dem einzigen ikonographischen Zeugnis eindeutig weiblich, doch die verschiedenen Epitheta von Bandua sind immer männlichen Geschlechts. Die Zweifel, die bei Ausdrücken wie *Banduae Lanobrigae* aus Eiras (San Amado, Orense) auftreten könnten, werden bei Erwähnungen wie in der *Deo Banduae* gewidmeten Weihinschrift (CIL II 215) sofort wieder zerstreut. Folglich kann man daraus schließen, daß unter *Bandua* ein männlicher Gott verstanden wurde. Formal wäre *Bandua* dann als ein maskuliner *ā*-Stamm aufzufassen (wie lat. *agricola*). Aufgrund der formalen Zweideutigkeit hätte sich sekundär eine feminine Deutung ergeben können. Bezüglich der silbernen Opferschale aus Cáceres ist noch zu sagen, daß die Figur darauf nicht direkt die eigentliche galizisch-lusitanische Gottheit sein muß, sondern daß sie aufgrund einer gewissen funktionalen Analogie vielleicht in einer allgemeinen Schutzfunktion auftritt.

Unter den Epitheta von *Bandua*, der, wie aus den uns zur Verfügung stehenden Quellen zu schließen ist, in zwei größeren Kultzentren – nämlich in Orense und in der Sierra de la Estrella – verehrt wurde (*Abb. 5*), stechen jene hervor, die das Element *-brigus* beinhalten (*Aetobrigus, Etobricus, Verubricus, Bricus, Lanobriga, Longobricensis*, etc.), was eine sprachliche Keltizität zu bestätigen scheint, die unterschiedlich interpretiert wird. So bringen sie einige Forscher – wie etwa Blázquez (1962, 58-59) – mit *briga* „Anhöhe, Bergfestung", einem der eindeutigsten Bestandteile in der keltischen Onomastik, in Verbindung. García Fernández-Albalat (1990, 116) hingegen neigt, den Vorgaben von Leite de Vasconcelos folgend, eher zu **brigos* "kräftig, tapfer" (irisch *brig*). Nach letzterer Interpretation weisen diese Epitheta auf kriegerische Kraft und Stärke der Götter hin, die im Beinamen *Apolosegus* (?) der Inschrift von Brozas (Cáceres: García Fernández-Albalat 1990, 117) gewiß offensichtlich sind. Dieses Epitheton geht wahrscheinlich auf zwei charakteristische Elemente zurück, nämlich **apelo-* „Kraft" (darauf basieren Anthroponyme und Gentilnamen wie *Apulus*, *Ablondus*, *Ablonius*, *Abilicum*) und **segho-* „überwältigen, Sieg". Drei Steine in Trujillo und Madroñera (Cáceres) sind *Bandue Roudeaeo (Roudeaeco)* geweiht (Albertos 1986, 263), und im nahen Coria sind *Vicani Roudenses* bezeugt (García Fernández-Albalat 1990, 143). Wahrscheinlich können diese Namenteile mit der Wurzel **reudh-* "rot" erklärt werden, auf die keltische Theonyme wie Mars *Rudianus* (CIL XII 341) oder *Rudiobus* (CIL XIII 3071) zurückgehen, welche mit der zweiten der drei Funktionen nach Dumézil in Verbindung gebracht werden können. Blanca García (1990) sieht *Bandua* als typisches Beispiel für die in der indogermanischen Welt fest verankerten Götter, die nach dem Schema von Dumézil die zweite, nämlich die Funktion der

Herrschaft, repräsentieren, welche durch Magie, Nacht und Dunkelheit ausgedrückt wird. Hierher gehören auch Varuṇa, Odin, Romulus sowie der bereits an anderer Stelle erwähnte keltische Ogmios. Kann man letzteren nun mit dem zweiten und nur teilweise erhaltenen Teil der Inschrift von Castelo do Mau Vizinho (San Pedro do Sul, Beira Alta), *Band(i) Og(...)* (Blázquez 1962, 54 ff.) in Verbindung bringen?

Ausgehend von diesen Grundlagen und unter Berücksichtigung einer in Rairiz de Vega (Orense) gefundenen Inschrift kommt die genannte Autorin zu dem Schluß, daß zwischen *Bandua* und den Kriegerverbänden eine enge Verbindung bestanden habe (García Fernández-Albalat 1990, 159 ff.). Auf besagtem Stein soll sich somit die Weihinschrift einer Abteilung von Hilfstruppen an Bandua befunden haben, der als Partner des Mars (*Deo Vexillor(um) Martis Socio Banduae*) bezeichnet wird. Jedoch bestehen durchaus berechtigte Zweifel an der Richtigkeit der Interpretation dieser derzeit verschollenen Quelle, in der die Verbindung der einheimischen mit der römischen Gottheit über einen Terminus, nämlich *socius*, hergestellt wird, was in Anbetracht unserer Vorstellung einer *interpretatio* zumindest erstaunlich anmutet. Wir verfügen zwar über zuverlässige Hinweise auf die Existenz von Kriegerverbänden im Gebiet des indogermanischen Hispanien (*siehe unten*), jedoch scheinen Quellen wie die von Rairiz de Vega nicht dafür geeignet, die Vorstellung von Bandua als Gottheit, um die herum sich solche Gruppen im Westen bilden, zu untermauern. Warum soll man nicht wie Tranoy (1981, 279) in Bandua einen Schutzgott sehen, der die Einhaltung von Verträgen und Bündnissen garantierte und in der Folge möglicherweise eine Rolle als einigende Kraft zwischen den verschiedenen ethnischen Gruppen spielte, die am Kult um ihn teilnahmen?

Cosus

Etwa zwanzig *Cosus* geweihte Inschriften sind uns erhalten; er ist somit die am zweithäufigsten erwähnte galizisch-lusitanische Gottheit. Es scheint mir an dieser Stelle angebracht, an sein Vorkommen als Epitheton von Mars in Gallien zu erinnern (CIL XIII 1353), sowie an die Keltizität zumindest einiger seiner Beinamen. Dies trifft zu für *Segidiaecus*, wiewohl mit der für den Westen typischen Diphthongierung, in der Inschrift von Arlanza del Bierzo, wo er zudem als *deus dominus* definiert wird (Tranoy 1981, 279), dessen Name von der Wurzel idg. **segh-* „überwältigen, Sieg" gebildet ist. Diese Bezeichnung läßt auf die Bedeutung schließen, die dieser Gott im religiösen Leben des Nordwestens der Iberischen Halbinsel innehatte und findet sich auch auf den zwei zu Ehren des *Nemedecus* in Burgães (Sto. Tirso, Douro Litoral) errichteten Steinen (Búa, im Druck). Möglicherweise ist das Epitheton *Nidoledius* (Albertos 1986, 265) aus Noceda del Bierzo (León) eine Variante des früher erwähnten Gottenamens *Netos*.

Ein Teil der inschriftlichen Erwähnungen wurde an Orten gefunden, die vom Zentrum des Kultes um Cosus weit entfernt sind. Eine davon ist die von einem *principalis vexillator* der *Legio VII* dem *Mars Semnus Cosus* geweihte Stele von Denia (CIL II 5960). Eine andere ist die in Las Higuericas (Villarrodrigo, Jaén) gefundene Erwähnung von (Dativ) *Coseni* (Albertos 1986, 265). Ferner ist ein *Deus Cosus Sucivus* bezeugt in Toya – Peal del Becerro, Jaén (*HE* 5, 1995, núm. 520). Blanco (1957) identifizierte Cosus mit Ares, den Strabon im Zusammenhang mit den von den Völkern im Norden der Halbinsel geopferten Hekatomben erwähnte (3, 3, 7); Blázquez (1970) bzw. Bermejo (1986) sahen in ihm die einheimische Variante des Kriegsgottes Mars, der laut García Fernández-Albalat (1990) die gleiche düstere Erscheinung einer Obergottheit hatte wie Bandua. Das bei der Interpretation seiner Epitheta aufgetretene Problem – eine veritable *Crux*, mit der wir bei der Analyse der Theonymie im Westen und Nordwesten der Halbinsel konfrontiert sind – verschärft sich angesichts des Fehlens einer plausiblen etymologischen Erklärung des Gottesnamens selbst und zwingt uns in der Folge zu einer gewissen Vorsicht bei der Spezifizierung seiner Funktionen. Wie bei Bandua handelt es sich auch hier um eine bedeutende Gottheit mit einer Reihe von Funktionen, die wir aufgrund ihrer Vielzahl nicht genauer bestimmen können.

Nabia

Eine weitere der am häufigsten genannten lusitanisch-galizischen Gottheiten ist *Nabia* mit etwa zwanzig Inschriften, die den Kult um sie vor allem im Bereich des Klosters von Braga und im Gebiet um Cáceres (Alcántara, Trujillo und El Gaitán) bezeugen (*Abb. 5*). Die Form *Navia* des Theonyms scheint für die Gegend um Lugo charakteristisch zu sein, wie die Altäre von Guntín und San Miguel de Orbazai zeigen. Diese wurden in Anbetracht der Anthroponomie und bei Berücksichtigung der übrigen Gottheiten dieser Region vorwiegend von Einheimischen gewidmet.

Zumeist wird *Nabia* als Wassergottheit gesehen – so etwa von Blázquez (1962, 177), Coelho Ferreira da Silva (1988, 240 ff.) und anderen –, wobei man sich auf die Angaben von Leite de Vasconcelos (1905, 277) stützt, der diese Göttin bereits mit dem Monument von Quintal do Idolo von Braga – einem eindeutigen Quellenheiligtum – und mit einem angeblichen Sanskrit-Wort *navya-* „Wasserlauf" in Verbindung gebracht hatte. Die Existenz einerseits von *Nava* und Ableitungen im Bereich der von H. Krahe so genannten alteuropäischen Hydronymie (ein in spätindogermanische Zeit zurück-reichendes und von Sprechern indogermanischer Idiome verbreitetes System der Gewässernamenbildung), in Spanien z.B. *Nava* in Burgos (Krahe 1964, 100 f.), ferner *Navia* im Westen Asturiens, *Navea* (Nebenfluß des Sil in Orense), andererseits auch älterer

Gewässernamen mit *-b-* wie *Nabalia* (Eck, Nebenfluß des Rheins), *Nabarcos* (Neber, Großbritannien) sowie *Nablis* (Thüringen) würden diese Interpretation stützen. Blanca García (1990, 285 ff.) hat die Verbindung von *Nabia* mit den Flüssen aus der keltischen Auffassung des Wassers als Zugang zum Jenseits erklärt. Von dieser Perspektive aus wäre Nabia eine Obergottheit, die den Eintritt ins Jenseits mit Hilfe des Wassers ermöglichte. Melena (1984, 240) hingegen vertrat hier eine völlig andere Ansicht. Er nimmt von vornherein an, daß *Nabia* (im Vergleich zu *Navia*) die ältere Form ist, die eine intervokalische Sonorisierung eines ursprünglichen **p* aufweise und mit den *Napeae* – Wald- und Bergnymphen – in Beziehung zu setzen wäre (Vergil, *Georg.* 4, 355); außerdem betont er, daß es in El Gaitán (Cáceres) und in anderen Örtlichkeiten, wo schriftliche Zeugnisse gefunden wurden, keine fließenden Gewässer gäbe, weshalb er Nabia – ähnlich der Diana bei den Latinern – als eine einheimische Göttin der Tallandschaften betrachtet. Ihre Verbindung zu den Wassergottheiten – die im Monument von Braga offensichtlich ist – könnte man jedoch dadurch erklären, daß Täler bei Regenfällen einen Fluß jederzeit aufnehmen können.

Die in das dritte Jahrhundert datierbare Inschrift von Gaitán ist von Victor Sempronius *A. Nabiae* geweiht. Melena hat die Abkürzung *A.* als *A(ugustae)* interpretiert, genauso wie bei dem anderen Altar von Tavalera la Vieja, der *A(ugustae) Treba(runae)* geweiht ist. Folglich hätten wir ein Augustus-Epitheton neben einer einheimischen Gottheit *Nabia*, wie es eben auch bei Trebaruna als *Aug(ustae)* auf der von M. Fidius Macer gewidmeten Inschrift, bei *Nemedus Augustus* von der Cueva de la Griega (Segovia) oder in der Weihinschrift *Nemetibus Aug(ustis)* aus Condeixa-a-Nova vorkommt – alles Beispiele für einen religiösen Synkretismus, der zwischen dem imperialen Rom und den einheimischen Göttern eine Verbindung herstellt. Wie andere – Jupiter geweihte – Inschriften aus der Gegend um Cáceres zeigen, kann die Abkürzung *A.* aber auch problemlos als *A(ram)* gedeutet werden.

Encarnação (1975, 243) wiederum neigt – in einer nicht so auf die spezifische Funktion der Gottheit bezogenen Interpretation – eher zur Deutung als Schutzgöttin im allgemeinen. Ihre Rolle als Obergottheit in den Gebieten, wo sie verehrt wurde, scheint ja offensichtlich zu sein. In einigen Inschriften aus der Haute-Provence (CIL XII 1169, 1170, 1171) wird ein *Mars Nabelcus* erwähnt, wobei es sich um eine Variante des einheimischen Mars handelt, in der die Erhabenheit bzw. die Funktion als Mittelpunkt betont wird.

Von allen Erwähnungen der Göttin *Nabia* ist zweifellos jene der Kultstätte von Marecos (Peñafiel, Porto) am bedeutendsten; hier findet man sie zweimal, wovon sie einmal als *Nabia Corona* – Nymphe der Danigen – erwähnt und mit anderen Gottheiten – wie etwa Jupiter – gleichgestellt wird *(siehe unten)*. Das Epitheton verweist auf einen Gott *Coronus*, der in der Gegend von Guimarães –

etwa 30 km nördlich von Peñafiel – verehrt wurde (CIL II 5562). Tranoy (1981, 281) interpretiert den Nabia betreffenden Teil der Inschrift in zwei Ebenen: als *Nabia Corona*, Beschützerin der Gemeinschaft der Danigen, für die Ernten und die Viehherden zuständige Natur- und Wassergöttin, sowie als überregionale kosmische Obergottheit. Auf letztere dürfte sich die zweite Erwähnung des Theonyms in einer der Inschriften von Guntín (Lugo) beziehen, wo sie unmittelbar vor Jupiter erscheint und mit "Winkelmaß" und Mondsichel assoziiert wird. Zusätzlich zur – in der Inschrift des Heiligtums bezeugten – Integrierung der einheimischen Kulte in das römische Weltbild finden wir in Marecos ein weiteres charakteristisches Beispiel für eine lokale Reduzierung des universellen Wirkungsbereiches einer Gottheit. In einer weiteren, *Nabiae Triforme Coronae* geweihten, Inschrift aus Alba de Tormes (Melena 1984, 256) erscheint wiederum dieses Epitheton, welches von García Fernández-Albalat (1990, 303), der Interpretation von Albertos (1966, 96) folgend, mit gallisch *corio-* "Kriegsheer" in Verbindung gebracht wurde, um so den kriegerischen Charakter Nabias sowie ihre Nähe zu den Kriegerverbänden zu stützen. Die gleiche Form mit anderer Suffigierung finden wir auch noch im Theonym *Mars Corotiacus* aus Britannien (CIL VII 93a) bzw. im Gentilnamen *Coronicum* (CIL II 2745).

Die Schutzfunktion Nabias findet offenbar in einigen Epitheta ihren Niederschlag. Dies wäre der Fall bei *Sesmaca* (San Román de Cervantes, Lugo, in der Nähe des Flusses Navia), das wir als Name für ein *castellum* kennen, oder bei *Arconunieca* (S. Mamed de Lousada, Guntín), dem Schutzgott der Arconuni bzw. Arconunieci. Dieser Beiname steht zu jenen in Beziehung, welche die Lugoves aus Lugo charakterisieren *(siehe oben)* und verweist vielleicht auf den Bären, wenn *arc-* (*Arco-briga*) als eine (nichtkeltische?) Variante des im Keltischen als **art-* (die Göttin *Artio*, *Artobriga*) vertretenen indogermanischen Bärenwortes (vgl. altind. *ṛkṣa-*, griech. ἄρκτος, lat. *ursus*) angesehen werden darf. Der Bär besaß auch in der keltischen Welt enorme Symbolkraft (Green 1992, 34).

Reva

Reva ist die vierte charakteristische Gottheit aus dem lusitanisch-galizischen Gebiet und in neun Inschriften aus zwei verschiedenen Kultzentren bezeugt: die Gegend um Orense (Mosteiro de Ribeira, Castro de Outeiro, Vilardevós) und Beira Baixa (Castelo Branco mit vier Inschriften zusätzlich zu jener von Cabeço das Fráguas, wo sie gemeinsam mit Trebopala und Trebaruna erwähnt wird). Eine letzte Inschrift wurde noch in Ruanes (Cáceres) gefunden. Das Gebiet, in dem sie verehrt wurde, ist hingegen im Süden durch den Guadiana und im Norden durch Miño und Sil begrenzt, wobei in Galizien um Lugo keine

Zeugnisse erhalten sind (auch wenn die Zweifel an den Weihinschriften *Reo Paramaeco* und *Reae* bestehen bleiben, die Untermann (1985) als Zeugnisse für Reva interpretiert); es entspricht somit *grosso modo* dem Bereich, wo die lusitanischen Inschriften bzw. das Anthroponym *Pintamus* zu finden sind (*Abb. 5*).

Vom Namen dieser Gottheit gibt es verschiedene etymologische Erklärungen: als erster brachte sie Fita (1911) mit lateinisch *rīvus* in Verbindung; in die gleiche Richtung ging später Schmoll (1959, 34), welcher, ausgehend von *Reu(u)e*, **Rei̯u̯ōi* (Dativ) als prähistorische Form des Gottesnamens rekonstruierte. Tovar (1985, 245) leitete diesen dann von idg. **reu̯(ə)-*, **rū-* „öffnen" ab, wovon eine Reihe von Termini mit der Bedeutung „offenes Gelände, Ebene, Feld" herrühren (lat. *rūs*). Auf dieser Grundlage und ausgehend von der Gleichsetzung Revas mit der irischen Kampf- und Todesgöttin *Macha* sieht Blanca García (1990, 316 ff.) – wie Tovar – in Reva (unbegreiflicherweise in Anbetracht der männlichen Epitheta) eine weibliche Obergottheit, die eine Verbindung zum „Schlachtfeld" hat, auf dem der Zutritt zum Jenseits möglich ist, während Coelho Ferreira da Silva (1986, 297) sie mit der römischen Göttin *Ceres* gleichstellte. Die auf der Etymologie von Tovar beruhende Interpretation von García Fernández-Albalat erscheint zwar sehr plausibel und würde mit den Angaben von Silius Italicus (*Pun.* 3, 340 ff.) bzw. von Claudius Aelianus (*de nat. anim.* 11, 6) über die für die Keltiberer und Vakkäer typischen Rituale des Aussetzens von toten Kriegern auf dem Schlachtfeld übereinstimmen *(siehe unten)*. Corominas wiederum (1976, 375) ist mit seiner Herleitung des Theonyms aus der Wurzel **reu̯-* der Meinung, daß Reva der Name eines Wesens sein müsse, das bei seinen Bewegungen mysteriöse Geräusche von sich gäbe. Wie man sieht, sind die Auffassungen sehr unterschiedlicher Art und nähern sich z.T. dem Unsinnigen.

Erst vor kurzem hat Villar (1996) eine Studie über *Reva* und ihre Epitheta veröffentlicht, in der er, zu Schmolls Auffassung zurückkehrend, zu dem Schluß kommt, daß sowohl das Theonym als auch der Großteil der Beinamen *(Langanidaegus, Anabaraecus, Reumiraegus, Veisutus)* eindeutig auf Zusammenhänge mit fließendem Wasser hinweisen, die linguistisch zum Teil in die von Krahe *Alteuropäisch* genannte spätindogermanische, voreinzelsprachliche Schicht eingeordnet werden können. *(Langanidaegus) Baraecus* finden wir in CIL II 5276 als Name eines Gottes, und sowohl dessen Grundelement *bara (baria)*, das auf der Halbinsel sehr verbreitet ist, als auch das erste Element *ana* des Epithetons von Reva (*Anabaraecus*) würden sich klar in hydronymische Kontexte fügen, was ebenso für das zweite Element *mira* des Kompositums *Reumiraegus* zutrifft, dessen geographische Verbreitung auf der Iberischen Halbinsel mit jener von keltisch *-briga* (mit dem es in den *Mirobriga* Lusitaniens und Baeturiens gleichzeitig auftritt) in etwa übereinstimmt. *Reva* dürfte daher ursprünglich ein Appellativum zur Bezeichnung von Wasserläufen gewesen sein, das als prähistorischen Prototyp **reiu̯os* aufweist, was lautlich zu **rēu̯os* führte und zu **rēu̯ā* feminisiert wurde (die feminisierte Form findet sich im Namen der Schlucht von Reva de San Martín del Río, Teruel). Ausgehend vom appellativen Charakter zur Bezeichnung des Flusses würde die Vergöttlichung einer Personifizierung gleichkommen: Die Gottheit besteht nun nicht mehr in der eigentlichen physischen Realität des Wassers, sondern geht mit ihm eine personale Einheit mit göttlichem Charakter ein, die in ihm lebt, es schützt und den Menschen spendet. Und die lokale Determinierung dieses Prozesses der Vergöttlichung findet in den Epitheta des Theonyms ihren Niederschlag. Wir sehen also, wie Villar für *Reva* einen Prozeß der Individuation des Raumes ansetzt, der demjenigen ähnlich ist, auf den wir bei *Nimmedus* hingewiesen haben.

Endovellicus

Endovellicus und *Ataecina* sind weitere zwei für Lusitanien charakteristische Gottheiten, die überdies zahlreich belegt sind. Tatsächlich ist erstere die am häufigsten bezeugte einheimische Gottheit Hispaniens. Nicht weniger als 85 Inschriften sind ihr in ihrem Hauptheiligtum in São Miguel de Mota, fünf Kilometer nördlich von Terena (Évora) im Alto Alemtejo, gewidmet, worauf zur Zeit der Römer ein Tempel und später eine christliche Kirche zu Ehren des Heiligen errichtet wurden (Encarnação 1984, 561-631; García 1991, 310-329). Der Gott ist dreiköpfig mit Bart dargestellt und laut Lambrino (1951, 17 ff.) möglicherweise auch auf einem Relief einer unbekleideten Person, das wahrscheinlich im *aedolum* deponiert war, das auf einer der Inschriften erwähnt ist., wobei sich die Zahl der Überreste von Skulpturen auf etwa dreißig beläuft. Die Gesamtheit dieser Materialien, die aus dem ersten Jahrhundert n. Chr. stammen, lassen Endovellicus als eine der bedeutendsten einheimischen Gottheiten der Zeit des römischen Imperiums erscheinen.

Die Weihinschriften zu Ehren dieses Gottes, in denen er als *deus* und *sanctus* bezeichnet wird, betreffen gleichermaßen dem Namen nach Einheimische sowie Latiner, Sklaven, Freigelassene und Freie, vermutlich auch römische Bürger und sowohl Männer als auch Frauen. Genauso wie die verschiedenen existierenden Varianten des am häufigsten vorkommenden Theonyms *Endovellicus (Indovellicus, Endovolicus, Enobolicus, Endovellicus)* spiegeln auch die Namen die sehr unterschiedliche Herkunft seiner Verehrer wider. Auf einer der Inschriften (CIL II 5202) hat der Widmende – wenn auch in der Form *Antubellicus* – einen wahrscheinlich theophoren Namen, der andererseits an den Namen *Andobales* erinnert, den Polybios 10, 18, 7 für das bei Livius *Indibilis* genannte berühmte Oberhaupt der Ilergeten angibt.

Der Kult um Endovellicus wurde vor allem im Gebiet zwischen den Flüssen Sado und Guadiana mit möglicher Ausdehnung bis Huelva betrieben, wo man von der Existenz eines *Andebalo* (Cabezas Rubias) genannten Berges weiß, wo aber bis dato noch keine Kultzeugnisse gefunden wurden. Encarnação (1984, 482) hat verschiedene epigraphische Fragmente als zu einem Loblied auf diesen Gott gehörig identifiziert. In einem davon steht folgendes: *(Fa)ma per gentes (di)cant et flum(i)na* (CIL II 6633), wobei die Figuren darin aus dem dritten Jahrhundert stammen dürften. Diese Bruchstücke sind nicht nur deswegen sehr wichtig, weil sie die Bedeutung der Gottheit und den Fortbestand des Kultes um sie während drei Jahrhunderten veranschaulichen, sondern sie zeigen uns auch die Wege der Ausdehnung dieses Kultes mittels oral tradierter Kultgesänge, was auch für andere weiter verbreitete Gottheiten zutreffen könnte.

Auf einer Seite eines Altares von São Miguel da Mota ist ein Wildschwein sichtbar, ein Tier also, das – wenn wir uns erinnern – in den Skulpturen der mesetischen Eber mit Palmzweig und Lorbeerkranz an den Seiten dargestellt wird. Dieser ikonographische Synkretismus spricht für die Vorstellung von Endovellicus als chthonische Unterweltsgottheit, die durch das Auftreten zweier, den Psychopompos Phosphoros verkörpernde, Wesen mit Flügeln – eines davon mit Fackel – noch unterstrichen wird (es erscheint hier angebracht, darauf hinzuweisen, daß die Wallfahrtskapelle, in der der Großteil der Inschriften von Endovellicus gefunden wurden, dem Heiligen Michael – einem Seelenführer – geweiht ist, und daß am Fuße des Hügels, auf dem diese steht, der Bach *Lucefece* – Lucifer – fließt).

Auf den Inschriften wird die Funktion des Gottes als Orakel mittels *incubatio* durch eine Reihe von Formulierungen belegt, welche wir bereits aus dem Bereich des Asklepios kennen: *pro salute* (CIL II 134, 5207), *ex visu* (CIL II 5201), *ex responsu* (CIL II 130, 6265), *iussu ipsius* (CIL II 5202), *religione iussu numinis* (CIL II 138), *ex imperato Averno*, etc. Eher denn ein simples *numen loci*, wie Toutain (1920, 129 ff.) annahm, oder – nach der These von Leite de Vasconcelos (1905, 130 ff.) – ein mit Aesculap vergleichbarer Heilgott, scheint Endovellicus durch seine Prophezeiungen und Orakel für seine Anhänger ein Unterweltsgott und Wohltäter gewesen zu sein.

Zweifellos handelt es sich hier um ein aus zwei Elementen gebildetes Theonym. Das erste, *endo-*, scheint ein Lokal- oder verstärkendes Präfix indogermanischer Provenienz **n̥dhi-* (vgl. gall. *ande-*) oder **en-dho-* „innen" zu repräsentieren. Das zweite Element, *-beles* oder *-bels* (baskisch *beltz* „schwarz"), dürfte in zahlreichen Personennamen aus dem iberischen Raum, wie etwa dem bereits erwähnten *Endobeles (Indibilis)*, vorkommen. Folglich könnte der Name in Anspielung auf die Unterwelt „sehr schwarz" (oder „sehr dunkel") oder aber „der sich im Dunkel (der Unterwelt) befindet" bedeutet haben. Dann würde es sich sprachlich um eine hybride (indogermanisch-iberische) Bildung handeln. Nun ist aber die iberische Onomastik im Gebiet von Sado und Guadiana in keinem Fall dokumentiert, weswegen wir auf andere, auf dem Keltischen beruhende, Deutungen zurückgreifen müssen, wo auch das Augmentativpräfix *$\text{\textit{n̥dhi-}}$ belegt ist. Eine Möglichkeit wäre die Erklärung des zweiten Elements des Theonyms aus der indogermanischen Wurzel **u̯el-* "wünschen, wollen; erwünscht, gut", wie schon Leite de Vasconcelos (1905, 124) vorschlug, kaum jedoch aus keltisch **vailo-* "Wolf" (irisch *fael*), was im Namen des Gottes *Vaelicus* (Albertos 1966, 124)[15]vorzuliegen scheint.

Letzterer wird in etwa zwanzig Inschriften des vom Zentrum des Endovellicus-Kultes nicht weit entfernten Heiligtums von Postoloboso (Candeleda, Ávila) (*Abb.* 7) erwähnt, wo es angesichts des Toponyms zahlreiche Wölfe gegeben haben dürfte. Bei den Widmenden handelt es sich großteils um Einheimische, wie aus der Angabe des Gentilnamens (*Caraeciqum*, *Menetiqum*, *Pintolancum*, etc.) zu ersehen ist (Fernández Gómez 1973).

Der Wolf ist ein Tier, das in enger Beziehung zu den chthonischen und Unterweltsgottheiten steht. Zu dieser Kategorie gehört der gallische *Sucellus* (Boucher 1976; Green 1989, 46 ff.), der als eines seiner charakteristischen Attribute das Wolfsfell hat. Folglich müßte man annehmen, daß Endovellicus der Funktion nach eine Sucellus ähnliche Gottheit gewesen ist, und daß die Bronzen von La Puebla de Alcocer (Badajoz) mit ihm – und offensichtlich nicht mit Sucellus – in Verbindung zu bringen sind. Kaum vertretbar ist es, wenn man die Grabfässer (*cupae funerariae* – das Faß ist eines der ikonographischen Attribute des gallischen Sucellus) aus dem Südwesten und anderen Regionen der Halbinsel mit einem hypothetischen Kult um Sucellus in Zusammenhang bringen will, wie es verschiedene Autoren taten (Lambrino 1951, 133). Das eine ist eine typisch römische Bestattungsform, die ihren Ursprung außerhalb der Iberischen Halbinsel – und zwar nicht unbedingt in Gallien – hat, und das andere ist völlig unabhängig davon ein ikonisches Element, das zu einem gallischen Gott gehört.

Ataecina

Wie bei der vorhergehenden Gottheit findet man auch hier die meisten Zeugnisse in dem von der Guadiana durchflossenen Gebiet, obwohl der Kult um diese Göttin in sehr unterschiedlichen Regionen der Iberischen Halbinsel (so in Segobriga, Cabeza del Griego, Cuenca) sowie auch außerhalb davon (in Inschriften aus Noricum und aus Sardinien: CIL III 11650 und X 7557) belegt ist. Da aber der Großteil der Zeugnisse lusitanisch ist, ist die Erwähnung in diesem Kapitel gerechtfertigt.

---

[15] Olmsted (1994, 331) denkt hier – und auch in *Vellaunos* – an die Wurzel idg. **u̯el-* „sehen" (Pokorny 1959, 1136).

Abb. 7. Vornehmlichste Heiligtümer im indogermanischen Hispanien (nach Marco).

Eine seit d'Arbois de Jubainville geläufige Deutung ist *Ate-gena* „Wiedergeborene"; sowohl der Name selbst als Personenname als auch die beiden Elemente dieses Kompositums kommen im keltischen Raum häufig vor. Balmori (1935, 214 ff.) wies dagegen darauf hin, daß *Ate-* auf der Iberischen Halbinsel nicht mit Diphthong *ae* vorkommt, in *Ataecina* dagegen ein solcher vorhanden ist, und postulierte daher einen anderen Ursprung des Namens auf der Basis eines alten keltischen Diphthongs. Ausgehend von der stimmhaften Variante *(Adaegina)* stellte Steuding eine Beziehung zu irisch *adaig* "Nacht" her (Blázquez 1962, 146), wodurch, unter Berücksichtigung der Erwähnung der Göttin in zwei Fluchinschriften, die von Toutain (1920, 134 ff.) gelieferte Deutung als Unterweltsgottheit bekräftigt würde. Trotz allem ist der keltische Ursprung dieses Namens nicht gesichert.

In der Epigraphie tritt die Göttin an der Seite von Proserpina auf, wie eine marmorne Inschrift auf Marmor aus dem zweiten Jahrhundert n. Chr. aus Mérida zeigt, auf der von der Göttin Strafe für denjenigen erbeten wird, der etwas aus einer Reihe einzeln aufgeführter Dinge stehlen sollte. Leider ist sie unvollständig und der Name des Eigentümers, der dieses erbittet, ist nicht erhalten (CIL II

462): *Dea Ataecina Turibrig(ensis) Proserpina per tuam maiestatem te rogo oro obsecro uti vindices quot mihi furti factum est quisque mihi imudavit (= immutavit) involavit minusve fecit eas q(uae) i(nfra) s(criptae) sunt tunicas VI [p]aenula lintea II. in[dus]ium cuius I. G. V... ignoro a ... ius VI.*

Diese Gleichsetzung mit Proserpina veranlaßte Leite de Vasconcelos (1905, 161 ff.) dazu, in ihr eine Agrargöttin zu sehen, wobei er einen Zweig aus einer der Inschriften ins Treffen führte; jedoch stellt dieses ikonographische Element eher eine Zypresse dar, weshalb die Gleichstellung mit der römischen Gottheit besser zu bewerkstelligen ist, wenn man davon ausgeht, daß diese einheimische Göttin eine Unterweltsgöttin ist, was andererseits wiederum ihre Erwähnung auf einer Fluchinschrift erklären würde. Ein Fragment einer aus augustäischer Zeit stammenden *terra sigillata* aus Cástulo zeigt im unteren Teil Tellus bzw. Proserpina und im oberen eine andere Gottheit, die von Blanco in glaubwürdiger Weise als eine *interpretatio Romana* von Ataecina gedeutet wurde: dabei handelt es sich um eine weibliche Büste mit nackter Brust und verhülltem Haupt, einem Füllhorn in der Linken und einer Frucht oder einem Glas in der Rechten und unter zwei Zweigen rechts eine Ziege und links möglicherweise ein Kind (Blázquez 1975, 41). Die verschiedenen Bronzetafeln aus dieser Gegend, auf denen Zicklein dargestellt sind *(siehe unten)*, können perfekt mit Ataecina in Verbindung gebracht werden: ein Sklave namens Victorinus widmete der Göttin ein in der Umgebung von Cáceres gefundenes Bronzetäfelchen, auf dem ein Ziegenbock dargestellt ist (CIL II 5298). Und, wenn nicht die zeitliche Differenz wäre, könnte man die in einigen Versen der *Ora Maritima* (241–243) im Gebiet der Straße von Gibraltar angesiedelte Kultstätte ebenso mit der Unterweltsgöttin in Verbindung bringen.

Wie bei Endovellicus fallen die Personen, welche der Göttin die Inschriften widmeten, durch ihre Heterogenität auf: die einheimische Onomastik mit z.B. *Viriatus*[16] koexistiert neben der lateinischen mit dem System der *tria nomina*. Die charakteristischsten Appellativa sind *dea* (oder *domina*) *sancta* – zum Teil ohne das Theonym –, aber in erster Linie sticht das Qualifikativ *Turobrigensis (Turibrigensis)* hervor, das in einem Gutteil der Inschriften dem Gottesnamen beigefügt ist. Tatsächlich finden wir die einzige Herkunftsangabe dieser Göttin geweihter Inschriften auf jener von Bassus, dem Reiter einer *ala Vettonum*, wo auf einem Altar von Caleruela (Toledo) dessen *origo* aus *Turobriga* verzeichnet ist (Abascal 1995, 89). Die Stadt Turobriga, von der wir aus den Angaben von Plinius (*NH* 3, 14) wissen, daß sie in Keltisch-Baeturien liegt, war also – zumindest in der imperialen Epoche, aus der die inschriftlichen Zeugnisse

[16] Man beachte jedoch die von Abascal (1995, 86-87) geäußerten Zweifel bezüglich der Inschrift von Ibahernando (Cáceres), welche als Stifter diesen Namen nennt.

stammen – das Zentrum des Kultes um Ataecina. Das Toponym ist eindeutig keltisch; dabei sollten wir uns in Erinnerung rufen, daß der römische Naturforscher an der gleichen Stelle – noch bevor er die wichtigsten Städte aufzählt – darauf hinweist, daß die *Celtici* von den Keltiberern aus Lusitanien herkommen, wie ihre Religion, ihre Sprache und ihre Städtenamen zeigten.

Leite de Vasconcelos (1905, 161 ff.) hatte Plinius' *Turobriga* in Arucci (Aroche, Huelva) angenommen, was Albertini (1923, 86) bezweifelte und die Schwierigkeit aufzeigte, die eine allzu südliche Lokalisierung mit sich bringen würde, wenn man berücksichtigt, daß der Großteil der Zeugnisse der Göttin weiter im Norden, nämlich in Vettonien, gefunden wurde. Luzón (1975) wiederum ist mit dem Hinweis auf neuere archäologische und epigraphische Funde für Leites Lokalisierung in Aroche eingetreten, obwohl die neuen Beweise nicht restlos überzeugen konnten. In den letzten Jahren sind noch ein Dutzend weitere Zeugnisse des Kultes um Ataecina ans Licht gekommen, die zur Klärung der offenen Fragen beitragen könnten. Eine aus Bienvenida (Badajoz) stammende Inschrift, die eine Gruppe aus Turobriga der *Domina Attaegina* weihte, diente López Melero (1986) dazu, die antike Stadt und den Kult um die Göttin hier anzusiedeln. Diese Lage innerhalb der Ostgrenze von Keltisch-Baeturien – was laut Berrocal mit dem Tal des Flusses Ardila zusammenfallen würde – und in der Nähe von Vettonien würde gut zur geographischen Ausdehnung des Kultes um die Göttin passen, die in Alcuéscar (Cáceres) ein bedeutendes Heiligtum hatte (*Abb. 7*). Aus der Kirche von Sta. Lucia del Trampal stammen an die zehn Inschriften, von denen fünf der Göttin geweiht sind, welche ausnahmslos als *Turibrigensis* bezeichnet wird. Hierbei ist zu beachten, daß die beiden Formen *Attaecina* und *Ad(d)aecina* als Varianten vorkommen. Mit diesem lokalen epigraphischen Komplex erhöhen sich somit die inschriftlichen Belege der Göttin auf 35 (Abascal 1995).

Zum Schluß noch ein paar Inschriften, die die Sammlung an Belegen für den Kult um Ataecina enorm bereichern könnten. Bei der ersten handelt es sich um eine der *Ad(aegina?)* gewidmete Inschrift aus Troviscoso (Monção, Viana do Castelo). Falls die Deutung von J. M. García (1991, 508) korrekt ist – was sich durch den Fund einer weiteren, der *Dea Sancta* gewidmeten Inschrift in unmittelbarer Nähe (Vila Chã, Esposende) zu bestätigen scheint –, dann könnte dieser so weit im Norden des Guadiana-Tals gefundene Beleg durch eine Emigrationswelle in Richtung Norden erklärt werden, von der schon Strabon (3, 3, 5) bezüglich der Turduli und Kelten berichtet. Etwas seltsamer hingegen erscheint die im Rathaus von Úbeda gefundene Grabstele des Caius Valerius Proculinus, auf der vor den üblichen Sigeln der Manes zwei Buchstaben zu sehen sind, die von den Herausgebern als *At(aecinae)* interpretiert wurden (Abascal 1995, 87). Im Falle der Richtigkeit dieser Deutung hätten wir hier ein außergewöhnliches Beispiel der Gleichsetzung einer einheimischen Göttin mit den latinischen Manes. Diese ist zwar in Anbetracht der Eigenschaft der Gottheit als Unterweltsgöttin nicht überraschend, erscheint aber in einer kanonischen römischen Grabinschrift sehr ungewöhnlich. Die Erwähnungen der Göttin in Inschriften aus Cabeza del Griego (CIL II 5287) und aus Sardinien (CIL X 7557) mit den aus Lusitanien stammenden Elementen zeugen jedenfalls von der Mobilität der damaligen Völker.

Trebaruna, Triborunnis

Verschiedene Inschriften aus der portugiesischen Region Beira und aus Cáceres (Coria und Cáparra) bezeugen den Kult um eine in leicht variierenden Formen auftretenden Gottheit *Trebaruna*, *Trebaronna*, *Trebaronis*. Leite de Vasconcelos (1905, 301) ging von einer keltischen Etymologie (*treb-* "Haus" und *rūna* "Geheimnis") aus und meinte, daß es sich um eine Schutzgottheit des Hauses handelte, andere Autoren hingegen – wie etwa Blanca García (1990, 319) und J. M. García (1991, 132) – haben vor allem ihren kriegerischen Charakter und ihre Gleichsetzung mit der römischen Göttin Victoria hervorgehoben, die in diversen Inschriften aus den gleichen Gebieten ebenfalls belegt ist. Lambrino wiederum (1965, 229) sah in ihr eine Schutzgöttin der Stämme und der Siedlungen. Die gleiche Wurzel *treb-* (man denke an die verschiedenen keltiberischen *Con-trebia* genannten Siedlungen, z.B. *Contrebia Belaisca* = Botorrita) findet sich ebenso in der Erwähnung der lusitanischen Göttin *Trebopala* vom Cabeço das Fráguas sowie in Toponymen wie *Tribola* im Unterland Andalusiens.

Auf einem von Encarnação in Freirira (Cascaes) entdeckten Altar (Encarnação 1985b) befindet sich eine der Gottheit *Triborunnis* von Titus Curiatius Rufinus – dem wahrscheinlichen Eigentümer der *villa*, in der der Altar gefunden wurde – gewidmete Inschrift. Tovar (1985, 243) sah im zweiten Element des Theonyms eine Verbindung zu dem Flußnamen *Aronna* und folgerte daraus, daß es sich um einen zusammengesetzten Namen handelte, der etwa "Haus des Wassers" bedeutete, was *Triborunnis* zu einer Schutzgottheit der Geburt machen könnte. Dies ist aber eine kaum plausible Spekulation. Der Umstand, daß der Altar in der Nähe einer Quelle gefunden wurde, dürfte zwar die Verbindung von der Gottheit zum Wasser bestätigen. Dies schließt jedoch eine Interpretation – wie jene von Sacarlat Lambrino (1965, 229) – nicht aus, wonach *Triborunnis* (die südliche, in Portugal und der spanischen Extremadura erscheinende lautliche Variante von *Trebaruna*) eine Beschützerin des natürlichen Lebensraums wäre.[17]

---

[17] Die jüngsten Arbeiten von Prósper (1994) und Villar (1993-95) unterstreichen den aquatischen Charakter von Trebaruna. Die Göttin wäre eine Personifikation des stehenden

Laebus

Laebus heißt eine weitere in der Inschrift vom Cabeço das Fráguas (Guarda) belegte Gottheit, der ein Schwein gewidmet wird (*siehe unten*). Das Theonym findet sich in drei, von zwei Einheimischen und einem Freigelassenen, dem *Laepus* gewidmeten Altärchen aus Granit wieder, die in der – an der gleichen Seite besagten Berges gelegenen – Quinta de S. Domingos de Sabugal gefunden wurden (J. M. García 1991, 333-34). Die Interpretation des Theonyms, die uns Guyonvarc'h (1967) ausgehend von einem Adjektiv **laibos* "verdreht, schräg, falsch" (vgl. lat. *laevus* „links") geliefert hat und die Blanca García (1990, 330) als Grundlage für seine Deutung als düstere Erscheinung einer mit Ogmios vergleichbaren Herrschergottheit hernimmt, ist zwar interessant, aber angesichts der lusitanischen Herkunft des Theonyms kaum haltbar.[18]

Die einheimischen Lares

Aus dem Nordwesten der Halbinsel stammen knapp zwanzig Inschriften, die die Widmung zu Ehren der *Lares Viales* gemeinsamen haben. Verschiedene Gelehrte wiesen darauf hin, daß hinter dieser spezifisch lateinischen Benennung (die Lares sind Schutzgottheiten des Hauses – *Lar Familiaris* mit Kultzentrum im Haus selbst –, der Kreuzwege auf dem Land und in der Stadt, der

Wassers (im Gegensatz zum männlichen *Reva*, der Vergöttlichung des fließenden Wassers); der Name könnte gedeutet werden als „Dorfteich". Was die *Trebopala* vom Cabeço das Fráguas und die in der Inschrift von Garrovillas (Cáceres) erwähnte *Toudopalandaiga* (Blázquez 1962, 81 ff.; Albertos 1986, 269) betrifft, so würden sich diese lusitanischen Gottheiten, ausgehend von Tovars Interpretation (1985, 235), mit ihrem aus indogermanischen Sprachen wohlbekannten Vorderglied **treb-* „Wohnsitz, Siedlung" und **teuto-* „Volksgemeinde", etymologisch durch Bezug auf das Wort *pala* aus den lepontischen Inschriften Norditaliens erklären, welches die generische Bedeutung „Stein, Fels" hat (und in den Inschriften selbst sich auf den Grabstein bezieht). Im Sinne dieser Interpretation wäre *Trebopala* die Gottheit, welche ihren Sitz im Fels hat (Guyonvarc'h 1967, 256; Schmidt 1985, 232). Dieser mehrheitlichen Auffassung gegenüber haben Prósper und Villar kürzlich eine andere entwickelt, die von Krahes Feststellung (1964, 48-49) ausgeht, wonach *Pala* ein häufiger europäischer Flußname ist. Sie schließen daraus, daß das Theonym *Trebopala* bedeuten könnte „welche einen Teich als Wohnsitz hat" (Prósper 1994) oder „Dorfweiher" („la charca del pueblo": Villar 1993-95). Eine mit Trebopala synonyme Bezeichnung wäre *Toudopalandaiga* von Garrovillas (Cáceres), deren komplettes Syntagma *Munidi Eberobrigae Toudopalandaigae* zu interpretieren wäre als „der Munidi des Weihers der Gemeinde von Eberóbriga" (Villar 1993-95, 379).

[18] Hinzu kommt, daß die Form des Namens in der Inschrift vom Cabeço das Fráguas nach neuester Lesung nicht *Laebo* (Dativ), sondern *Labbo* sein soll (Mitteilung von J. Untermann; siehe auch Villar 1993, 210).

Stadtmauern, der Reisen auf dem Land wie auf dem Meer) ein Kult um einheimische Götter stecken könnte. Scarlat Lambrino (1965, 233-34) vertrat die Auffassung, daß ihre Aufnahme in den Bereich der römischen Götter zu Beginn des zweiten Jahrhunderts ein Mittel zur Assimilierung der *numina loci* war. Alarcão, Etienne und Fabre (1969) gingen hingegen von der Keltizität dieser einheimischen Gottheiten aus und meinten, daß der Kult zu Ehren der Lares in der flavischen Epoche eingeführt worden sei, und zwar in einem Prozeß, der ausgehend von der konkreten Bedeutung der Lares in der römischen Religion zur Verehrung einiger Götter uneinheitlichen Sinngehalts und mit ausdrücklicher Schutzfunktion geführt hätte, wie es auch bei *Genius*, *Tutela*, *Fortuna* oder *Numen* geschah. Die Analyse der Personennamen der Widmenden würde den Übergang von einer einheimischen Gesellschaft zu einer romanisierten einheimischen Gesellschaft bestätigen. Aufgrund literarischer Zeugnisse, wie von Strabon 3, 3, 7 (wonach die Einheimischen mit den Kranken auf die Straßen gegangen sein sollen) bzw. des Martin von Braga,[19] *de correctione rusticorum* 7, 17 (wonach es üblich war, auf bestimmte Stellen der Straßen als Opfergabe für einen Gott, den er Mercurius nennt, Steine zu werfen), hat Bermejo (1978, 77-117) die gesamte Beleglage untersucht, wobei er zu der Meinung kam, daß es sich um einheimische Schutzgötter der Straßen und Wege handele.

Uns interessieren aber jene Erwähnungen mehr, in denen die Lares gemeinsam mit einheimischen Epitheta auftreten. Dieses Belegmaterial umfaßt etwa zwanzig weitere Inschriften und stellt damit den bedeutendsten Fall für die *interpretatio indigena* dar. Die geographische Ausdehnung des Kultes umfaßt die portugiesischen Regionen Tras-os-Montes, Beira, Minho und Douro Litoral sowie die spanischen Provinzen Orense und Cáceres. Die Theonyme (Portela 1984; Albertos 1986, 267-68) sind uns im Dativ Singular *(Sefio, Circeiebaeco Proeneiacco, Pemaneieco, Patrio, Coutici, Coutioso, Ocaelaego)* oder Plural *(Cairensibus, Cerenaecis, Cusicelensibus, Erredicis, Ostianis, Patriis, Tarmucenbaecis* – bzw. *Inmucenbaecis* –, *Ceceaecis, Gegeiqis, Anaecis, Aquitibus, Beflacis, Gumelaecuis, Ormonufis, Varicis)* mit einheimischen Beinamen örtlichen Charakters überliefert. Aber es finden sich auch Ausdrücke im Genitiv Plural, womit die beschützte Personengruppe bezeichnet wird; so etwa in der Erwähnung der *Lares Callaeciarum* in einer Inschrift aus Lugo, die von Saturninus – einem unter Augustus Freigelassenen afrikanischen Ursprungs – den *Numina* der *Augusti* (Septimius Severus, Caracalla und Geta), der Juno und der Venus, den Göttern aus seiner eigenen Heimat und noch weiteren Gottheiten gewidmet wurde. Die Erwähnung dieser einheimischen Lares ist verständlich, da

[19] Bischof von Dumio (lebte ca. 515-580).

Saturninus das Amt des *procurator Asturiae et Callaeciae* ausübte. Somit handelt es sich hier um ein anschauliches Beispiel für die angelaufene "politische" Öffnung, die das römische Religionssystem auszeichnet, von dem Belege wie diese Inschrift (*HE* 1, 1989, 457) existieren, die den Kult beschreiben, den Soldaten und Beamte mit den Hauptelementen der gängigen Religion und mit den Göttern aus ihrer Heimat, aber auch mit jenen der Gemeinden bzw. Provinzen, in denen sie ihren Dienst verrichteten, betrieben haben.

Die direkte Verbindung zwischen den Lares und einzelnen Familien wird in einigen interessanten Inschriften bezeugt (Beltrán Lloris 1993). Eine davon wurde in Oliva da Cáparra in Cáceres (CI II 804) gefunden und ist den *Laribus Gapeticorum Gentilitatis* gewidmet; in einer anderen aus Conimbriga werden die *Lares Lubanci Dovilonicorum horum* erwähnt, d. h. die Lares der am Herkunftsort der Ins*chriften ansässigen Doviloniker.*

Lokalgötter

Zahlreiche Inschriften zeugen von einzigartigen bzw. auf ein lokales Umfeld beschränkten Götternamen, von denen sich viele nur auf eine kleine Region beziehen. Dabei handelt es sich um ein Phänomen, das wir bereits aus anderen Teilen des keltischen Siedlungsraumes in Europa kennen, jedoch für den Westen und Nordwesten Hispaniens besonders charakteristisch ist. In Castro Arvelas (Bragança) sind vier einem *Deus Aernus* gewidmete Inschriften zum Vorschein gekommen, eine davon gestiftet von dem *Ordo Zoelarum* (Blázquez 1962, 65; *HE* 5, 1995, núm. 984). Hier hätte somit das Heiligtum der asturischen *zoelae* gestanden.

In manchen Fällen ist die Verbindung zu den Ortsnamen offensichtlich, und es wurden auch schon verschiedene Beispiele dafür geliefert. Aus Ronfe (Guimarães) stammt ein *Deo Durbedico* gewidmeter Altar (CIL II 5563), wobei sich aus der Ableitungsgrundlage des Theonyms auf die Verbindung mit einem Gewässer schließen läßt *(siehe unten)*. In der Nähe der Kultstätte von Garvão im Süden Portugals fand man das interessante Grabmal (*AE* 1984, 458) eines Ladronus, von dem angegeben wird, daß er aus Braga, und zwar *castello Durbede*, stammt: folglich haben wir hier den Fall einer Person, die aus einem Kastell stammt, das den gleichen Namen hat wie dessen offensichtlicher Schutzgott *Durbedicus*, aber dann in die Region Alemtejo ausgewandert ist. Die systematische Deutung der Götternamen aus den Toponymen scheint dann aber doch die etwas zu einfache Lösung zu sein, zumal wir auch Orts- bzw. Völkernamen kennen, die – im Gegensatz dazu – aus einem Theonym hervorgehen *(siehe oben)*. Der Fall von *Lugudunum* ist dafür ein typisches Beispiel.

Ein weiteres – mehr als passendes – Beispiel für identische Gottes- und Ortsnamen wird in einer kürzlich gefundenen Inschrift erwähnt, die ein Reiter einer nicht bekannten *Ala Lusitanorum* einer Göttin *Asturica* gewidmet hat. Es ist gut möglich, daß Mangas – Vidal (1984-85) damit recht haben, daß es sich um die Vergöttlichung des Namens der Stadt handelt, die unter Caracalla zur Hauptstadt von Gallaecia aufstieg; aber unter Berücksichtigung der Existenz einer – heute verschwundenen – Abkürzung *D(eae)* am Textanfang, müßte man wohl eher von einer einheimischen Gottheit ausgehen, die den gleichen Namen trägt wie das Zentrum der Romanisierung im Nordwesten und mit dem Fluß *Astura* in Beziehung zu setzen wäre. Die Göttin *Turculla*, die in Puerto de Santa Cruz (Cáceres) bezeugt ist, zeigt in ihrem Namen die gleiche sprachliche Wurzel wie jener der benachbarten Stadt *Turgallium* (Gimeno – Stylow 1993, 151)

Einige der zu dieser Gruppe gehörenden Gottheiten weisen eine eindeutige Verbindung zum Wasser auf. Dies trifft zu für das komponierte Theonym *Tameobrigus* (CIL II 2377), das ein keltisches Lexem als Hinterglied aufweist und auf einem am Zusammenfluß von Duero und Támega (abgeleitet von der gleichen Wurzel wie das Vorderglied des Theonyms) gefundenen Altar genannt ist. Dieser Fluß galt lange Zeit hindurch als heilig, und man weiß (Encarnação 1975, 278) von den Einwohnern des an seinem Ufer liegenden Ortes Marco de Canaveses, daß sie ihm ein junges Huhn opferten, wenn das Wasser wieder beunruhigend zu steigen begann (dieses Opfer ist überliefert bei Prudentius[20], *contra Symmachum* 2, 1006).

Eine Reihe von Theonymen (Albertos 1986, 262-63) weisen die indogermanische Wasser-Wurzel **ar-* auf, womit zahlreiche *Ara*-Hydronyme erklärt werden können, die auf die von Krahe als *Alteuropäisch* bezeichnete Sprachschicht zurückgehen: *Aracus Aranioecus* in Cascaes, *Arantius*, *Arentius* bzw. *Arentia* in der Region Beira Baixa und in Cáceres, *Aricona* in Talavera de la Reina, *Arus* in Castro Daire (Viseu), *Arescus* in Alcolea del Río (Sevilla), wobei letzteres eines der äußerst seltenen Zeugnisse einheimischer Gottheiten in der Provinz Baetica darstellt (Blázquez 1991 a, 160). Eine Inschrift aus Arroyomolinos de la Vera in der Provinz Cáceres (Albertos 1986, 262) ist gewissen *Arabo Corobeiecobo Talusico(bo)* geweiht, worin die gleiche einheimische Endung des Dativs Plural enthalten ist, wie wir sie beispielsweise von den *Lucubos* aus Lugo kennen.

Aus Villadepalos (Carracedelo, León) stammt eine *Deo Bodo* geweihte Inschrift (CIL II 5670). Die Annahme eines kriegerischen Charakters für diese Gottheit scheint angebracht, da bei diesem Theonym – genauso wie beim

---

[20] um 400.

gallischen *Mars Budenicus* – eine Verbindung zu dem lexikalischen Element keltisch **boudi-* „Sieg“ (altir. *buaid*) hergestellt werden kann, welches in den Namen bekannter Figuren aus den keltischen Gebieten in Europa – von *Boudicca*, Königin der britannischen Iceni bis zu hispanischen Anthroponymen des Typs *Boutius* – zu finden ist. Auf keltische Herkunft weist auch das Epitheton der in Cacabelos (Ponferrada) verehrten *Tutela Bolgensis* hin (Blázquez 1962, 63), auch wenn das zweite Element mit einer zum Teil angenommenen Präsenz von Belgiern im Nordwesten nichts zu tun hat und eher an die *Fir Bolg* der irischen Mythologie erinnert. Sehr interessant ist wiederum die Erwähnung von *Rego* (Dativ *Regoni*) "König" als Epitheton einer Gottheit in einer Inschrift aus Lugo (CIL II 2574), dessen Wurzel **reg-* im Keltischen gut vertreten ist: abgesehen von *rīx*, dem Königswort und dem Femininum *Rigani* „Königin“ in der Verbindung mit Rosmerta auf einer Schale aus Lezoux (Demarolle 1986, Tafel IV), sind *Rigisamus* und *Rigonemetus* gutbekannte Beinamen des einheimischen Mars in Britannien und Gallien (Olmsted 1994, 339-40). Es ist gut möglich, daß – worauf schon an anderer Stelle hingewiesen wurde – hinter dem Hoheitscharakter dieser Gottheit ein juridischer Begriff aus dem einheimischen Rechtswesen Hispaniens steckt, das – wie wir wissen – die Götter in die Verträge und Eide miteinbezog.

Sowohl angeblich in *Cabuniaeginus* aus Monte Cildá (Olleros de Pisuerga, Palencia) (Blázquez 1962, 109) als auch in *Vacocaburius* aus Astorga (CIL II 5666) haben wir ein Element *Caburius*, das sich in Gentilnamen aus Ávila wie *Caburicum* oder *Cabureticum* wiederfindet (Blázquez 1962, 113). Holder (I 667) stellte den Namen zu irisch *cobir* "Hilfe, Beistand, Unterstützung", wonach es sich hier um den Namen einer Schutzgottheit handeln, würde. Das erste Element des Theonyms aus Astorga erscheint im Namen des Gottes *Vagodonnaegus* wieder, mit dem dieselbe *Res Publica Asturica Augusta* (CIL II 2636) mit Hilfe zweier Beamter einen offiziellen Kult betrieb *(siehe oben)* und stellt außerdem einen Bestandteil zahlreicher Ethnika (wie *Arevaci, Bellovaci, Vaccaei, Vacoeci*) dar. Der bei vielen Gottheiten anzunehmende Schutzcharakter kann wiederum bei zwei weiteren Theonymen unterstellt werden, deren lexematische Grundlage idg. **teutā* "Volk" beispielsweise im Namen des gallischen *Teutates* enthalten ist; es handelt sich um *Toudopalandaigae* in einer Inschrift aus Talaván (Cáceres) und um *Crougin Toudadigoe* auf einem Altarstein von Mosteiro de Ribeira (Orense) (CIL II 2565). Eine *Dea Deganta* aus Cacabelos in Bierzo (CIL II 5672) wurde vom Stamm der Argaeli verehrt.

In Vila Nova da Mares (Braga) fand man einen dem *Candeberonius Caeduradius* gewidmeten Stein. Der Name dieses Gottes ist von unbezweifelbarem Interesse. Das erste Element weist ein Präfix *cande-* auf, das in anderen Inschriften als Epitheton von Jupiter wiederzufinden ist: etwa im Fall der *I. O. M. Candiedo* (CIL II 2599) gewidmeten galizischen Inschrift oder in jener – heute verschollenen – Inschrift, die *Iupiter Candamius* (CIL II 2695) geweiht ist und in der gebirgigen Gegend des Puerto de Candanedo (Asturien) gefunden wurde, die den Namen des antiken Gottes bis heute bewahrt hat. Wie unter anderen auch M. L. Albertos (1974) bemerkte, beinhaltet die Wurzel **cand-* die Bedeutung von „glänzen, strahlen", womit es sich hier also um eine lokale Gottheit handeln dürfte, die auf dem Gipfel des Berges verehrt worden ist und in den anderen epigraphischen Zeugnissen wegen ihrer herrscherlichen Erhabenheit als römischer Jupiter gedeutet wurde. Diese Verbindung zwischen dem römischen Jupiter und einer einheimischen Berggottheit, die sich in den Zeugnissen aus dem Nordwesten Hispaniens zeigt (Penas 1986, 137 ff.), dürfte sich auch in Nordkatalonien abzeichnen. Über die Beziehungen dieser Region mit dem Süden Frankreichs in religiöser Hinsicht – und zwar eher mit dem keltischen Teil im allgemeinen als mit dem iberischen – hat Prevosti (1996) gehandelt. Dabei geht es beispielsweise um die eingeschlossenen Schädel aus Ortschaften wie Puig Castellar *(siehe unten)*, um den bei Mela (*Chor.* 2, 9) erwähnten *Mons Iovis*, sowie um einheimische Theonyme mit wahrscheinlich keltischem Stamm wie *Herotoragus* (Rellinars) und *Seitundo* (El Coll, Susqueda), die in Inschriften belegt sind, welche in höhergelegenen Gebieten gefunden wurden. Die heutige Toponymie reflektiert die *cand*-Theonyme im Gebiet des Puerto de Pajares und des Puerto de Piedrafita (Candañedos), wie auch in der Bergregion von Candán in Orense. Das zweite Element von *Candeberonius* der Inschrift von Vila Nova da Mares, *Beronius*, ist in Gallien und im Ethnikon *Berones* bezeugt, die – wie wir wissen – in der heutigen Provinz Rioja anzusiedeln sind. Was nun *Caedoduradius* betrifft, so tritt das Element **dur-* in dem Theonym *Durbedicus* (CIL II 5563, Guimarães) bzw. im Namen *Duri* (nach Tovar 1949, 206 keltischer Dativ auf *-i*) aus Oporto (CIL II 2370) wieder auf, der von den meisten Autoren als Wasser- und Schutzgottheit des Flusses Duero angesehen wird. Diese Verbindung zum Wasser weisen die anderen Theonyme mit der indogermanischen Wurzel **dheu-* "fließen, laufen" (Pokorny 1959, 259) ebenso auf.

Eine weitere mit Bergen verbundene Gottheit ist der auf einem Altarstein aus San Millán de la Cogolla (Rioja) verehrte *Dercetius* (Espinosa 1986, 59-60), ein Homonym zu dem bei Braulius [21](*Vita S. Emil.* 4) erwähnten Berg *Dercetius*, welcher jener von San Lorenzo sein muß und die Wurzel **derk-* „erblicken" (Pokorny 1959, 213) enthält. Auch andere Götternamen sind in Namen von Bergen bewahrt; dies ist der Fall bei *Larocus* (bezeugt auf einem Stein aus dem

[21] Bischof von Caesaraugusta (631-651) und Freund von Isidorus.

Umkreis von Aquae Flaviae – Chaves und im Namen der Sierra de Larouco, zwischen Spanien und Portugal), bei dem schon erwähnten *Tilenus* (vgl. die Sierra de Tileno) oder bei *Tullonius,* dem ein Altar in Alegría (Álava) in der Nähe der heutigen Sierra de Toloño gewidmet wurde (Albertos 1974, 148-155).

María Lourdes Albertos (1975) hat unter diese Gottheiten mit einem gebirgigen kultischen Umfeld auch einige mit dem Element *ocelus* gereiht, welches mit den *Ocelum*-Toponymen (zu kelt. *uxello-* "hoch, erhöht") zusammenhängt. In Vila Real (Tras-os-Montes) ist der Kult um *Albocelus* belegt, dessen erstes Element – idg. **albho-* „weiß" – auch in *Albocus* auftritt, der in der Gegend um Valongos – einem Gebiet mit Goldvorkommen – verehrt wird. Das *Itinerarium Antoninum* erwähnt (434, 7) die gleichnamige Stadt *Albocela*, welche von den einen in Toro und von den anderen bei Segovia angesiedelt wird. *Ocelus* (Epitheton des einheimischen Mars in britannischen Inschriften aus Carlisle und Caerwent: Olmsted 1994, 326) findet sich auch in anderen kultischen Zeugnissen Hispaniens wieder, etwa in *(Mars Tarb)ucelus* in Montariol (Palmeira, Braga) (Tranoy 1981, 304), dessen erstes Element das bereits erwähnte gallische *tarvos* „Stier" repräsentiert, oder in den Namen *Arantius Ocelaecus* und *Arantia Ocelaeca* von einer Inschrift aus Covilha, die Albertos (1985) mit in einer Inschrift aus Mangualde (Beira Alta) erwähnten *Castellani Araocelenses* in Verbindung bringt, und nicht zuletzt in *Araugelensis*, Epitheton von Bandua in der Opferschale aus der Sammlung Calzadilla, oder im *Lar Ocaelaegus*, der auf einem Altarstein aus Sarraeus (Orense) erwähnt wird.

Zwei Altäre und ein damit in Zusammenhang stehendes Basrelief aus Lourizán (Pontevedra), von Bouza Brey (1946) bekanntgemacht, bezeugen den Kult um *Vestius Aloniecus*. Falls – was anzunehmen ist – die gemeinsam mit den Inschriften gefundene Figur auf dem rechtwinkeligen Granitblock sich auf diesen Gott bezieht, dann hat er ein Horn, trägt einen Bart, und seine offenen Arme münden in zwei gewaltigen Händen, wobei diese Darstellung in einem rohen Stil gehalten ist, der für das damalige Castrogeriz charakteristisch zu sein scheint. López Cuevillas (1951) deutete die Figur als eine Darstellung des Lugus, von dem eines der Epitheta aus den irischen Quellen *lámfada,* "der mit den langen Armen", ist. Blázquez (1962, 99 ff.), unter Hinweis auf die Keltizität des Theonyms, sah darin eine Kriegsgottheit, die in Anlehnung an die in den Pyrenäen gefundene Statuette des Mars (mit Darstellung eines Stieres auf der Rüstung und dreifachem Horn auf dem Helm) mit dem Stier in Zusammenhang stünde. Tranoy (1981, 290) erinnert an die Bögen und Hakenkreuze, die als dekorative Elemente die beiden Altäre zieren, und neigt eher zu der Ansicht, daß es sich um einen dem gallischen Cernunnos vergleichbaren Gott chthonischen und astralen Typs handele. Eigentlich kann keine dieser Deutungen, die sich durch ihre Widersprüchlichkeit selbst disqualifizieren, völlig ausgeschlossen werden

(Marco 1997 b). Die Darstellung von Göttern mit Hörnern, die auf der Iberischen Halbinsel auch im sogenannten "Janus von Candelario" (Salamanca) sowie in den beiden Reliefs von Ríotinto (Huelva), belegt ist, ist für bestimmte Regionen des antiken keltischen Siedlungsgebietes charakteristisch. Auch der Kessel von Gundestrup zeigt eine Figur, die einen Helm mit Hörnern trägt, wie er in der Themse unter der Waterloo-Brücke gefunden wurde. Das Motiv erscheint auf Münzen und Reliefen aus Gallien, Britannien und Ungarn und symbolisiert die Macht, die Aggression und die Männlichkeit, aber auch die Fruchtbarkeit, wie eindeutig ersichtlich bei Cernunnos ersichtlich (vgl. Green 1992, 120). In der irischen Heldensage erwächst Cú Chulainn als Folge der ungeheuren Energiekonzentration im *furor heroicus* eine Emanation aus der Stirn gleich einem feurigen Strahl, der sogenannte *lúan láith.*[22]

Aus der Häufigkeit der Theonyme und deren geographischer Zuordnung läßt sich, wie etwa bei der erwähnten Weihinschrift für die *Dea Asturica*, darauf schließen, daß es sich großteils um Schutzgottheiten handelt; und es scheint aus methodischer Sicht nicht zielführend, eine Klassifizierung der zahlreichen, speziell im Westen und Nordwesten der Halbinsel dokumentierten Theonyme nach den Kriterien des Erklärungsmodells der funktionalen Dreiteiligkeit *(idéologie tripartite)* vorzunehmen. Weder die Etymologie noch die uns zur Verfügung stehenden allgemeinen Informationen ermöglichen eine so exakte Spezifizierung der Funktionen der Götter, wie wir sie vom griechisch-römischen Pantheon her gewöhnt sind.

Ein Gutteil der Theonyme (wie wir gesehen haben sogar aus dem galizisch-lusitanischen Bereich) weist Bezüge auf zu den Keltengebieten im nördlicheren Europa, wo sich auch diese Beziehung der Götternamen zu den Namen der diese Götter verehrenden Gemeinschaften zeigt. Die Weihinschriften Ματρεβο Ναμαυσικαβο (Nemausus – Nîmes: Lejeune 1986, 273), Ματρεβο Γλανεικαβο (Glanum: Lejeune 1986, 75) sowie die Inschriften *Deo Alisano* (CIL XIII 5468: "dem Gott von Alesia"), *Deo Durotincio* ("dem Gott von Durotincium", der Hauptstadt der unabhängigen Lemovices: Lambert 1994, 147) stellen perfekte Entsprechungen zu den bereits erwähnten hispanischen Inschriften *Matribus Brigeacis* oder *Deae Asturice* bzw. zu dem auf einem Stein aus Indanha-a-Nova erscheinenden *Igaedus* – Eponym der *Civitas Igaeditanorum* (Encarnação 1975, no. 52) – dar. Dort verehrte man die Göttin – ihrem Beinamen nach ebenfalls Eponym – *Erbina Iaedis* (*HE* 5, 1995, núms. 992-993), die auch auf zwei Steinen (als *Aerbina* bzw. *Aervina*) aus Salvatierra de Santiago und Ibahernando (Cáceres) bezeugt ist (*HE* 5, 1995, núms. 214, 242).

[22] Diese schon in alter Zeit als „Mond des Kriegers" mißverstandene Wendung bedeutet in Wirklichkeit „Erscheinung der Raserei" (Meid 1997, 125 f.).

Rituale und Sakraler Raum

Ungeachtet der verschiedenen Bedeutungen, die den unterschiedlichen Kontexten innewohnen, in denen der Begriff verwendet wird, verweist „Ritus" auf ein stereotypisiertes Verhalten, das kollektiver Brauch ist und – zumindest teilweise – außerempirische Wirkung hat; das heißt, er unterscheidet sich von den Verhaltensweisen, die rational auf Nützlichkeit abzielen. Diese Art des Verhaltens gründet normalerweise auf der Einhaltung traditioneller Regeln und betrifft die Beziehungen, die zwischen Mensch und Übernatürlichem geknüpft werden. Wie Durkheim (1982) bemerkt, dienen die Riten dazu, das Heilige vom Profanen zu scheiden (Borgeaud 1994), andererseits aber auch dazu, das Heilige ins kollektive Leben zu integrieren, und zwar auf der Grundlage, daß das Heilige selbst der eigentliche hypostasierte gesellschaftliche Körper ist.

Ausgehend von Überlegungen wie denen von Turner (1969) könnte man das Ritual als eine symbolische Selbstdarstellung definieren, die den Übergang in eine außergewöhnliche Zeit und einen außergewöhnlichen Raum ermöglicht, und zwar mit dem Ziel, ein Idealbild der Gemeinschaft widerzuspiegeln und durch die Routine oder das Experimentieren die Erfahrung der Gemeinschaft zu schaffen, wodurch ebendiese Gemeinschaft im alltäglichen Leben gestärkt werden soll (Alexander 1991, 24). Wenn diese Idealbilder oder diese Erfahrung in einem letztgültigen Kontext stehen, hat das Ritual religiösen Charakter, und die Gemeinschaft betrachtet sich als heilige Vereinigung. Daher vor allem kommt es, daß das Ritual gesellschaftliche Veränderungen hervorruft: die zentrale Dynamik liegt, wie Turner (1969, 94) bemerkt, in der Liminalität, d. h. dem Überwinden der den alltäglichen sozialen und kulturellen Systemen innewohnenden Begrenzungen mit dem Ziel, ihre Neugestaltung herbeizuführen (Alexander 1991, 17, 20). Jedes Ritual beinhaltet, wie van Gennep (1960) ausführt, ein *limen*, eine Schwelle zwischen einem früheren und einem späteren Zustand, und als solche Schwelle trägt es die Zeichen der Ambiguität. Aber nicht nur diese Transition, sondern ebenso die Potentialität dessen, was *sein kann*, ist ein wesentliches Merkmal der Rituale, das tendenziell einen weniger entfremdenden und einen befriedigenderen Zustand der Gruppe anstrebt. Die *communitas*, verstanden als Gesamtheit der direkten oder egalitären Wechselbeziehungen, die in der rituellen Grenzhaftigkeit in Erscheinung treten, legt die den sozialen Strukturen innewohnenden Willkürlichkeiten offen und bietet neue Möglichkeiten an. Dient die soziale Struktur dazu, zu „bewahren", so ist das Ritual wesentliches Mittel für das „Wachsen" der Gruppe (Alexander 1991, 18-19).

Natürlich ist das Ritual in die Weltsicht der sozialen Gruppe eingebettet; diese Weltsicht bildet einen allgemeinen Bedeutungskontext, der seinerseits ein soziales „Ethos“ transportiert, indem er zeigt, wie die Werte besagter Gruppe als einzige dieser Weltanschauung optimal entsprechen.

Geht man davon aus, daß das Ritual einen Kontrast zum gewöhnlichen Leben ausdrückt, so wird verständlich, daß seine Macht darin besteht, zwar mit relativ alltäglichen Tätigkeiten in Verbindung zu stehen, die jedoch – und darin liegt der Unterschied – in einem außergewöhnlichen Raum stattfinden. In diesem Sinn kann man mit Smith (1987, 110) sagen, daß das Ritual die Beziehung zwischen unterschiedlichen „Seinszuständen“ ist (dem „Hier und Jetzt“ des alltäglichen Lebens und dem transzendenten Sein des rituellen Ortes). Im Ritual herrscht Gleichzeitigkeit – und nicht Koexistenz – zwischen dem „Hier“ und „Dort“. Was in der diesseitigen Welt des alltäglichen Lebens für die Unreinheit steht – z.B. das Blut –, ist in der jenseitigen Welt des rituellen Ortes ein wesentliches Mittel, sie zu eliminieren.

Dies bedeutet, daß das Wesentliche nicht – oder zumindest nicht nur – in den Gegenständen und ausgeführten Handlungen liegt, sondern vor allem im qualitativen Wechsel des Raums. Der Ort ist also eine wesentliche Komponente des Rituals, denn er leitet die Aufmerksamkeit. Wenn jemand eine Kultstätte betritt, so tut er dies in einem abgegrenzten Raum (der gebräuchliche griechische Begriff ist τέμενος, abgeleitet von τέμνω „abtrennen, abgrenzen“; Bergquist 1967; Ernout – Meillet 1979, 681; Reichenberger 1988), in dem (zumindest anfänglich) nichts zufällig ist. Im Raum der Kultstätte wird das Gewöhnliche allein schon durch die Tatsache, daß es dort stattfindet, bedeutend oder heilig. Aus diesem Blickwinkel heraus vertreten einige Gelehrte die Idee, daß nichts in sich heilig oder profan ist (*pro-fanum* – das, was sich *vor* dem besonderen Raum befindet). Dies seien keine eigenständigen, sondern eher situationelle Kategorien, d.h. die Sakralität wäre vor allem eine Kategorie der Örtlichkeit.

Einheimische Kultstätten

Auf diesen Grundlagen können wir eine Annäherung an die sakralen Räume der uns hier interessierenden einheimischen Religionen versuchen. Die archäologische Forschung hat für die Zeit vor der Romanisierung keine Tempel im eigentlichen Sinn (d. h. Gebäudekonstruktionen mit Mauern und Dach) entdeckt, und der gemeinsame Nenner ist die Kultstätte unter freiem Himmel, die von den klassischen Quellen erwähnt wird als *locus consecratus* (Cäsar, *BG* 6, 13 – der als Zentrum ganz Galliens erachtete Ort im Land der Carnuten, an dem sich jährlich die Druiden versammelten) oder ἱερόν (Dio Cassius 52, 7, 3 im Zusammenhang mit den Britanniern der Boudicca). Diese Situierung der Kultstätte im Freien ist überdies die Norm, und zwar nicht nur für die Völker der Iberischen Halbinsel oder für das Keltentum im allgemeinen (Brunaux 1986 und

1991; Haffner 1995; Webster 1995), sondern auch für die Mehrzahl der antiken Völker, die Griechen und Römer in den frühesten Epochen ihrer Geschichte eingeschlossen (und sogar bis in die Zeit der klassischen Religion ist dieses Merkmal weiterhin allgemein verbreitet); abgehoben wird dadurch ein Raum, in dem naturbezogene Kulthandlungen durchgeführt wurden (*Abb. 7*).

Der topographische Begriff, der im antiken Keltentum die Kultstätte schlechthin bezeichnet, ist *nemeton* (Piggott 1978; Lejeune 1985, 207 ff.; Reichenberger 1988). Er verweist auf die heilige Lichtung des Waldes, den die literarischen Quellen als Hauptstätte der Rituale und Unterweisungen der Druiden ausweisen. Die Kultstätte findet sich auch in Verbindung mit dem Element Wasser, oder auch auf dem Gipfel eines Berges oder auf einer Hügelkuppe. Es handelt sich hier also um Orte mit besonderer Topographie, welche die „Hierophanie", die Offenbarung des Heiligen, begünstigt. All diese Varianten haben eines gemeinsam: die Kultstätte unter freiem Himmel verstärkt den Symbolismus des Mittelpunktes, sie ist der *omphalos* (oder Nabel der Welt), an dem der Mensch in Kommunikation mit der Welt der Götter tritt (Le Roux – Guyonvarc'h 1978, 217).

Dieser Symbolismus der Mitte (der durch mehr als 60 Vorkommen des Toponyms *Mediolanum* in Europa bezeugt wird (Ptolemaios 2, 6, 57 erwähnt in Keltiberien ein *Mediolum*, vielleicht der Ort der Münzprägung mit der iberischen Legende *Metuainum*) und der in Namen wie *Medionemeton* "zentrale Kultstätte" (Larbert, Schottland; Holder II 712) klar zu Tage tritt, kennzeichnet einen Raum, in dem der Makrokosmos und der soziale Mikrokosmos durch spezifische Rituale artikuliert werden. Aufschluß darüber erhalten wir in der zweisprachigen, gallisch-lateinischen Inschrift von Vercelli (Gallia Cisalpina), auch wenn diese Quelle außerhalb des von uns hier untersuchten Bereichs liegt; in ihr wird erwähnt, daß ein gewisser Akisios Arkatokomaterekos mittels vier Grenzsteinen ein von ihm gestiftetes Areal als „Göttern und Menschen (*teuoxtonion*) gemeinsam" widmete (*comunem deis et hominibus* in der lateinischen Paraphrase). Die von Lejeune (1977; 1993, 99-100) auf ca. 100 v. Chr. datierte Inschrift verweist also auf eine als mystische Einheit von Göttern und Menschen verstandene Kultstätte.

Es fehlt nicht an literarischen Hinweisen auf heilige Räume dieser Art. Der aus Bilbilis stammende römische Dichter Martial verweist auf ein *sacrum Buradonis ilicetum* (4, 55, 23), d. h. einen heiligen Eichenwald von Buradón. Eichenwälder und -haine sind die charakteristischen Räume, die die rituelle Sakralität in der keltischen Welt stützen. In diesem Zusammenhang sei auf die berühmte Stelle bei Plinius über die Abnahme der Mistel durch die Druiden (*NH* 16, 249 ff.) verwiesen, oder auf das von Strabon erwähnte *Drunemeton*, das als Zentrum der politischen Aktivitäten der Galater in Kleinasien bezeichnet wird und bei dem es sich ohne Zweifel um einen Eichenhain handelt. Maximus Tyrius seinerseits bestätigte gegen Ende des zweiten Jahrhunderts (*Dissert.* 8, 8), daß die Eiche die sichtbare Repräsentation des höchsten Gottes der Kelten war, den er als Zeus deutet. Erinnert sei auch an die im Zusammenhang mit dem in San Esteban de Gormaz (Soria) belegten Theonym *Drusuna* (Gómez Pantoja – García Palomar 1995) aufgeworfene Möglichkeit einer Rückführung auf idg. **deru-*, **drū-* "Eiche".

Mit ihren tief in den Boden hinabreichenden Wurzeln und ihren in den Himmel ragenden Zweigen kann der Baum die Weltachse (*axis mundi*) symbolisieren (Cook 1974); neben diesem „dem Himmel zustrebenden" Wesen könnte er – da er im Herbst die Blätter verliert – auch für die Vorstellung der Wiedergeburt stehen (die sich im Frühling ereignet, nach ihrem „Tod" im Winter). Für diesen besonderen Stellenwert, den das *nemeton* (der heilige Hain) im religiösen System der Kelten innehat, findet sich eine bekannte Entsprechung im religiösen System der römischen Kultur. Der Begriff *lūcus*, mit dem der Hain bezeichnet wird (Scheid 1993; Coarelli 1993), verweist im eigentlichen Sinn auf den Einfall des heiligen Himmelslichtes, die Klarheit (*lūcus – lūx*), die in seinem Innersten herrscht, wo sehr alte Rituale stattfanden, wie uns durch die historischen Quellen bekannt ist (als exemplarisches Beispiel sei die Kultstätte der Diana in Aricia erwähnt). Und schließlich heben auch die irischen Quellen die Bedeutung des Baumes und des Waldes hervor. Einer der häufigsten Ausdrücke zur Bezeichnung des "Jenseits" ist *Tír na mBéo* "das Land der Lebenden", ein immergrüner Baum, der den glücklichen Raum in sich birgt, in dem die Götter leben und dem die Seelen der Toten zustreben (Czarnowski 1925, 11).

In gewissen Regionen des von uns hier untersuchten Raumes der Iberischen Halbinsel haben bestimmte mit Wald und Bäumen in Verbindung stehende Rituale bis in die jüngere Vergangenheit überdauert. Durch Martin von Braga (*de correctione rusticorum* 16) haben wir Kenntnis davon, daß es verboten war, in der Nähe von Felsen, Bäumen, Quellen oder Wegkreuzungen, Orten also, die in den alten Ritualen von besonderer Bedeutung sind, Kerzen zu entzünden, ebenso wie es verboten war, Brotopfer an den Quellen darzubringen. In Manjarrés (Rioja) wurden in einer von enormen Eichen gesäumten Wiese im Südosten des Dorfes – in einem authentischen *nemeton* also – weiterhin magische Kulthandlungen durchgeführt, was zur systematischen Verurteilung durch die Pfarrherren des Ortes führte. Und in Orten der Gegend von Nájera existierte der Brauch, Bilder der Jungfrau Maria in Hohlräumen von Baumstämmen zu befestigen, was von der Christianisierung sehr viel älterer Kulte zeugt, und laut Überlieferung haben die Engel das Bild der Jungfrau von Valvanera in eine Eiche gestellt (Valdivielso 1991, 82 ff.).

Die Kultstätte befindet sich manchmal auch auf einem Berggipfel. Martial (1, 49, 5) erwähnt die Kulthandlungen im heiligen Vadaverón in Keltiberien. Braulius (*Vita S. Emil.* 4) weist auf den heiligen Berg *Dercetius* hin, den man wahrscheinlich mit dem Berg von San Lorenzo gleichsetzen muß, dem höchsten der Sierra de la Demanda, und den eine in der Nähe aufgefundene Inschrift mit einem gleichlautenden Theonym reflektiert. Ein Text von Justin (*Epit. Hist. Phil.* 44, 3, 6) ist in diesem Zusammenhang ebenfalls von Interesse: er bezeugt die Heiligkeit eines Berges in Galizien, die nicht verletzt werden durfte, um dort mit Werkzeugen aus Metall Gold abzubauen. Hier finden wir den Glauben an die Tabuhaftigkeit des Eisens innerhalb der Welt der Kelten, der auch für viele andere Gebiete charakteristisch ist. Leite de Vasconcelos hat diesen Text mit der Bemerkung in Zusammenhang gebracht, daß eine Reinigung für das begangene Sakrileg durchgeführt werden mußte, wenn Bäume des heiligen Waldes von Arvaes mit Werkzeugen aus Eisen gefällt worden waren (Blázquez 1962, 38).

Wir wissen von anderen Kultstätten, die sich an höhergelegenen Orten befanden: Bekannt sind die Stätten auf dem Teleno, wo *Mars Tilenus* verehrt worden sein soll, oder jene der Sierra de San Vicente in der Nähe von Talavera de la Reina, die einer als Venus erwähnten Gottheit geweiht war, welche die Stelle einer einheimischen Göttin eingenommen haben soll. Die Fundstätte von Ulaca (Solosancho, Ávila) befindet sich auf einer imposanten Anhöhe hoch über dem Fluß Amblés, und auf der großen ebenen Fläche in ihrer Mitte befindet sich der von Gómez Moreno so bezeichnete „Opferaltar“ (*Abb. 8*). Auch unterirdische Felsheiligtümer fehlen nicht, wie beispielsweise jene von der Cueva de la Griega (Höhle der Griechin) in Pedraza (Segovia), in der verschiedene Inschriften erhalten sind, unter denen sich auch die bereits erwähnte des *Nemedus Augustus* befindet (Marco 1993 b).

Die Felskultstätte von Panoias (Vila Real, Tras-os-Montes) (Abb. 9) kann als Musterbeispiel der heiligen Stätten unter freiem Himmel angesehen werden, die wir bei den einheimischen Völkern finden (Rodríguez Colmenero 1993, 62 ff.; Alföldy 1997). Sie besteht aus einem enormen Felsen mit zwei verschiedenen Ebenen, die durch eine Rampe und eine in den Stein gehauenen Treppe verbunden sind und weist in den Fels gearbeitete Wannen und Reservoirs auf, die – folgt man einer der vorliegenden Inschriften (CIL II 2395 e) – dazu dienten, die zur Verbrennung bestimmten Eingeweide oder das Blut der dort geopferten Tiere aufzunehmen (siehe unten). An dieser Stelle sind fünf Inschriften (CIL 2395 a-e) gefunden worden, die dem frühen dritten Jahrhundert zugewiesen werden können, und die von G. C. Calpurnius Rufinus, der als *vir clarissimus* bezeichnet wird, allen Göttern und Göttinnen gewidmet wurde: allen Gottheiten und jenen der Lapithen, denen – neben einem Tempel – ein ewiges Becken geweiht war, in dem die Tieropfer verbrannt wurden (*Diis Deabusque aeternum lacum omnibusque*

Numinibus et Lapitearum cum hoc templo sacravit), sowie den *Diis Severis* (eine Bezeichnung, hinter der sich vielleicht Pluton und Proserpina, oder aber auch Isis und Serapis verbergen), den Göttern im allgemeinen und schließlich dem Serapis, der Moira (dem Schicksal) und den Mysterien. Es handelt sich folglich also um eine einheimische Kultstätte, in der – neben den in diesem Gebiet traditionellerweise verehrten – auch exotische Gottheiten verehrt werden, wie dies anhand des orientalischen Serapis deutlich wird: dies ist ein gutes Beispiel für den religiösen Synkretismus der Zeit des römischen Kaisertums; die Stätte wurde kürzlich von Alföldy (1997) als ein Mysterienheiligtum interpretiert. Die Erwähnung des Begriffs *templum* in drei der Inschriften wirft die Frage nach der Existenz eines Kultgebäudes auf, wobei allerdings von diesem keinerlei Spuren zu finden sind; es ist daher möglich, daß dieser Begriff auf die gesamte Anlage zu beziehen ist, wie García y Bellido (1967, 133) dies vorschlug.

Dem durch Panoias repräsentierten Typus der Felskultstätte mit verschiedenen Ebenen und *covinhas* oder in den Fels gehauenen Hohlräumen gehören auch andere an, die für den Nordwesten charakteristisch sind. So zum Beispiel die von Nogueira (Resende), Pias dos Mouros, Valpaços (die vielleicht in Verbindung stehen mit gewissen *Lares Cusicelenses*, die in einer Inschrift nahe von Argeriz erwähnt werden), Castelo do Mau Vizhino, Chaves (ebenfalls mit einer Reihe von Aushöhlungen, mehr als 30 in diesem Fall, und kleinen Kanälen, durch die sie verbunden sind, und die zweifellos dem Weiterleiten von Flüssigkeiten dienten), Vila de Castanheira (mit einer *Iovi O. M.* gewidmeten Inschrift) oder die Pena Escrita aus Vilar de Perdizes. In letzterer wurde *Larouc*us verehrt, und dort findet sich ein in den Fels gehauener Altar, zu dessen Füßen eine Quelle fließt (García 1991, 144 ff.; Blázquez 1995, 50 ff.). Auch wenn von den großen Reservoirs und Becken bestimmter Kultstätten im Nordwesten angenommen wurde, daß sie zum Speichern von Wasser, zum Keltern von Wein oder zum Schlämmen von Erz (Chaves, Castelo) verwendet wurden, oder auch als Grabstätten dienten (Monte da Saia), so besteht doch kaum Zweifel daran, daß der Großteil dieser Einrichtungen für Opfer- und Reinigungsriten bestimmt war, wie dies die erhaltenen Reste der Inschrift von Panoias bezeugen.

Auch Peñalba de Villastar (Teruel) (*Abb. 10*) ist in diese Kategorie der *loca sacra libera*, der Kultstätten unter freiem Himmel, einzuordnen, die für die einheimische Religion typisch sind (Marco 1986; 1996, 88 ff.). Hier handelt es sich um einen mit einer außergewöhnlichen Felswand aus weißem Kalkstein – daher das Toponym – aufragenden Berg neben dem Flußbett des Turia, in der sich zahlreiche Felsbilder und über zwanzig Texte in lateinischer Schrift finden.

Abb. 8. Heiligtum von Ulaca (Ávila) (Photo: M. Almagro Gorbea).

Abb. 9. Heiligtum von Panóias (Photo: F. Beltrán).

Die Mehrzahl der Texte ist in keltiberischer Sprache abgefaßt; es gibt aber auch iberische Texte und sogar eine lateinische Inschrift, die einer Passage von Vergils *Aeneis* (2, 268-69) entspricht (die *Aeneis* findet bekanntlich auch in anderen Felsstätten Erwähnung, so beispielsweise in der Cueva de Fortuna in Murcia). Unter all diesen Texten ist jene große Inschrift hervorzuheben, in der *Lugus* erwähnt wird, die wir bereits behandelt haben. Peñalba ist eine jener Felsanhöhen in der Nähe von Wasserläufen, die in vorzüglicher Weise zahlreiche rituelle Stätten im keltischen Raum charakterisieren können (in der Umgebung der Kultstätte von Teruel sind so bezeichnende Namen wie *Deva* oder *Riodeva* erhalten geblieben). Auch gibt es Vertiefungen und Wannen, die über Zu- und Ableitungsrinnen miteinander verbunden sind, die jenen der berühmten Felsenwannen des nordwestlichen Teils von Castrogeriz, von Asturien, Salamanca, Ávila oder Cáceres ähnlich sind, und auch Ähnlichkeiten mit jenen von Navarra (La Peña del Cuarto de Learza) oder des keltiberischen Raums selbst (Tiermes, Monreal de Ariza) aufweisen (Marco 1986, 746-47). In diesen sind wohl zeremonielle Tieropferungen durchgeführt worden, wie sie in den Inschriften von Panoias erwähnt wurden.

Abb. 10. Heiligtum von Peñalba de Villastar (Teruel) (Photo: F. Marco).

In einigen ruralen Kultstätten sind Felsinschriften erhalten (Cabeço das Fráguas, Panoias, Cueva de la Griega). Manchmal finden sich in der Umgebung Stelen mit lateinischer Inschrift, so z. B in Marecos (Peñafiel, Oporto) (Le Roux

– Tranoy 1974). Es sind dies authentische Stätten der Verehrung, zu denen die Gläubigen manchmal von sehr entlegenen Orten hinpilgerten. Zu diesen Stätten ist auch Peñalba de Villastar zu zählen, das in einer Gegend Keltiberiens liegt, in deren Umkreis Städte fehlen; die dort erhaltenen Inschriften bezeugen keltische, aber auch iberische Namen in lateinischer bzw. iberischer Schrift. Untermann (1995, 200) hat darauf hingewiesen, daß die nächstgelegenen Inschriften in keltiberischer Sprache 60 Kilometer nördlich (Caminreal), und in Richtung Westen in einer Entfernung erst von 120 Kilometern zu finden sind (in Segóbriga, Cuenca). All diese Fakten sprechen meiner Meinung nach für die Hypothese, daß es sich bei Peñalba de Villastar um eine liminale Kultstätte, ein "Grenzheiligtum" am Zusammenstoß mehrerer Gemeinden, handelt, ähnlich den ruralen Kultstätten der Gallier, die die Grenzen der *pagi* markieren, oder vielleicht sogar zentrale Orte darstellen, an denen auf neutralem Boden ritualisierte gesellschaftliche Wettkämpfe ausgetragen wurden, wie bei jenen Orten, die uns aus Griechenland bekannt sind und zu denen uns eine hervorragende Studie von de Polignac (1991) vorliegt.

Guadalupe López Monteagudo (1989a) hat hinsichtlich umgrenzter Plätze wie jenem von Tornadizos (Ávila) – einem rechteckigen Bereich mit abgerundeten Ecken, in dem an die 20 Eber abgebildet sind – auf einen Kultcharakter verwiesen, der jenem der *Viereckschanzen* des nördlichen Keltenraums (Reichenberger 1988; Buchsenschutz – Olivier 1989; Buchsenschutz 1991) ähnlich ist. Die Funde sind allerdings nicht sehr zahlreich, und in Untersuchungen jüngeren Datums wird die Auffassung vertreten, daß diese Plätze kollektiven und eher ephemeren Handlungen vorbehalten waren, wie beispielsweise Festgelagen oder Ratsversammlungen, und daß sie keinen zwingend religiösen Charakter aufwiesen. Ritueller Charakter müßte auch verschiedenen Plätzen in Castrogeriz zugeschrieben werden, wo Altäre, Eberköpfe oder Reliefs mit Hakenkreuzen, Triskelen und anderen Motiven gefunden wurden; dazu gehören beispielsweise die Plätze von Monte Mozinho oder Sanfins (Ferreira de Almeida 1986).

In der keltischen Miróbriga im Süden Portugals (Santiago do Cacém) fanden sich unter den kultischen Bauten des römischen Forums einige Mauerreste, die einem einheimischen Tempel mit hellenistischem Grundriß und hellenistischer Prägung entsprechen könnten, und die, nach Almeida (1964), aus dem ersten Jahrhundert v. Chr. stammen. Es handelt sich hierbei um ein rechteckiges, in mindestens zwei Innenräume unterteiltes Gebäude. Allerdings verbietet es der fragmentarische Charakter der Überreste, die, jüngsten Ausgrabungen zufolge, in das dritten Jahrhundert v. Chr. datiert werden müssen, von einem gesicherten religiösen Charakter des Gesamtkomplexes zu sprechen. Auch ist die Funktion anderer als Tempel gedeuteter Anlagen keineswegs klar. Dies ist der Fall bei dem rektangularen Gebäude mit zwei Räumen am Südhang von Numantia, welches Schulten (1931, 170) als Heiligtum interpretierte. Andere rechtwinklige Konstruktionen mit Eingang nach Osten und umgeben von einer Mauer finden sich in El Castillejo (Berrueco, Zamora) und Teso Redondo (Tardobispo, Zamora) (Sevillano 1978, 278 ff.). In El Cerrón (Illescas, Toledo) wurde ein rechteckiger Raum mit zentraler Feuerstätte und bemalten Wänden ausgegraben, der einen Fries enthielt, auf welchem zwei Wagenlenker in ihren Wagen und zwischen ihnen eine stehende Figur und dahinter ein Greif dargestellt sind. In der Kammer, die in das 4./3. Jahrhundert v. Chr. datiert wird, kam eine kleine Votivbronze zum Vorschein, die einen ithyphallischen Reiter darzustellen scheint (Valiente 1990). Im oberen Teil der keltiberischen Stadt von Tiermes kam ebenfalls ein rektangularer Raum mit drei Wänden zum Vorschein, der mit einigen Stufen in den Fels abschließt und der als Tempel gedeutet wird; er weist ein in den felsigen Boden eingelassenes Becken auf, welches wahrscheinlich zu Opfer- oder Reinigungsriten diente, was als charakteristischstes Element den religiösen Charakter des Komplexes zu bekräftigen scheint; das gleiche könnte für ein Gebäude mit in den Fels gegrabenen Stufen gelten, das neben einem der Eingänge zur Stadt erscheint (Argente et alii 1989).

„Pedras formosas" und einheimische Dampfbäder

Im Nordwesten Hispaniens befindet sich eine Reihe unterirdischer Monumente von großer Bedeutung. Es handelt sich hierbei um rechteckige, langgezogene Hypogäa, die in einen mehr oder weniger abgerundeten Raum münden, wie sie in den Anlagen von Briteiros, Sabroso, Sanfins, Monte da Saia, Castelo de Vermoim, Sardoura (Castelo de Paiva), Santa Marinha de Aguas Santas (Orense), Borneiro (La Coruña), Pendía und Coaña (Asturien) gefunden wurden.

Aufgrund ihres monumentalen Charakters können die Hypogäa von Briteiros und Sanfins als Prototypen angesehen werden (*Abb. 11*). Beide haben eine Länge von etwa zwölf Metern und eine identische Raumaufteilung: a) ein Atrium oder Vestibül mit Wannen und Becken, die von einem Kanal gespeist werden (diese Elemente sind auch in Monte da Saia, Santa Marinha y Coaña zu finden); b) ein Vorraum; c) eine große "pedra formosa" (die in Briteiros eine Höhe von 2,35 m hat) mit einem satteldachförmigen Abschluß, durch die man in die gedeckte Kammer gelangt, und zwar mittels einer Öffnung in ihrer Basis, die die Form einer halbkreisförmigen Tür hat (und die in Briteiros, wo Sonnenräder in die Steinoberfläche eingeritzt sind, 0,4 x 0,48 m mißt); d) die gedeckte Kammer mit doppelter Dachschräge; e) ein kreisförmiger oder elliptischer Raum, in den man durch eine andere Tür gelangt, mit Feuerspuren in Briteiros und Ascherückständen in Sanfins, die ihn als Brennofen ausweisen.

Abb. 11. Monument von Sanfins (Photo: F. Marco).

Was ist nun die Funktion dieser Bauwerke? Gemeinhin wurde angenommen, daß sie als Verbrennungsöfen zu Bestattungszwecken dienten (Cardozo 1976, 39 ff.; García y Bellido 1968; Tranoy 1981, 341 ff.), auch wenn vereinzelt eine „industrielle Nutzung“ dieser Bauten (Härtung von Eisenwaffen, Keramikofen) vertreten wurde (Fernández Fuster 1953). Es wurde auf die Reliefs von Monte da Saia hingewiesen, die Tieropfer zeigen, oder auf möglicherweise mit den im Atrium befindlichen Becken in Verbindung stehende Entsühnungsrituale; verwiesen wurde auch auf die Parallelitäten in der Ikonographie der “pedras formosas”, mit eindeutig astraler Symbolik, und jener der oikomorphen Grabsäulen der Werkstätten von Poza de la Sal (Burgos). Ich selbst habe die Hypothese vertreten, daß nach den rituellen Waschungen im Eingangsbereich des Raums die Übergabe des Leichnams des Verstorbenen vollzogen wurde, und zwar mittels der in die bestehende „Tür-Stele“ eingelassenen Öffnung: ein *rite de passage* zwischen der irdischen Welt und dem Leben im Jenseits, symbolisiert durch die erwähnte Astralsymbolik, der seinen Höhepunkt in der Verbrennung der sterblichen Überreste findet (Marco 1985, 53).

Eine detailliertere Untersuchung dieser Komplexe hat jedoch zu einer anderen Interpretation geführt: aufgrund neuerer Daten aus Sanfins und der Ausgrabung des Monuments von Santa María de Galegos sieht A. Coelho Ferreira da Silva (1986, 35-36) in ihnen – ebenso wie schon C. A. Ferreira de Almeida (1974) –

Bade-Einrichtungen, Thermalbäder letzten Endes, und zwar konkret „Dampfbäder“ oder „Saunen“.

Unlängst haben Almagro Gorbea und Álvarez Sanchís (1993) mit diesen Monumenten im Nordwesten ein zur Anlage von Ulaca (Ávila) gehörendes Bauwerk in Verbindung gebracht, das gemeinhin als „Schmiede“ bekannt ist, und das sich im Zentrum der großen Ebene der Fundstätte befindet und mit dem „Opferaltar“ in Zusammenhang steht. Es handelt sich um einen halbunterirdischen Bau, der in drei kleine Räume unterteilt ist und der dasselbe Grundschema aufweist wie die Hypogäa: eine „Vorkammer“, ein Raum mit in den Fels gehauenen Bänken, in den man durch eine kleine Öffnung von 45 cm Durchmesser gelangt, und schließlich der Ofen.

Bereits Coelho Ferreira da Silva (1986, 59-60) hat die Aufmerksamkeit auf einen bekannten Text Strabons über diese Völker (3, 3, 6) gelenkt:

> „Einige, die am Flusse Duero wohnen, sollen eine Lebensweise nach Art der Spartaner führen: Nachdem sie sich zweimal eingesalbt haben, nehmen sie mittels erhitzter Steine ein Schwitzbad und baden dann in kaltem Wasser, und sie nehmen einmal am Tag einfache, reine Nahrung zu sich.“

Almagro Gorbea und Álvarez Sanchís führen in ihrer Arbeit Parallelen zu Strabons Text an; hier sind die Aussagen über die Dampfbäder der Skythen bei Herodot (4, 73) und vor allem ein Text von Sidonius Apollinaris (*Ep.* 2, 9, 8-9) zu erwähnen, der bezeugt, daß die Galloromanen die Tradition derartiger Bäder bis in das fünfte Jahrhundert aufrechterhielten, und zwar in einfachen Bauten und mit sehr primitiven Techniken, die jenen entsprechen, die Strabon für die Lusitaner erwähnte, was dazu angetan ist, den vorrömischen Ursprung dieser Traditionen zu bestätigen. Die vom griechischen Geographen erwähnten Abfolgen des Dampfbads und des Kaltbads werden von Martial durch Bezug auf den *ritus Laconum* (6, 42, 16) ebenfalls bestätigt. Beide Autoren gelangen zum Schluß, daß die Verwendung dieser Monumente das rein Hygienische oder Nützliche überstieg und folgern, daß sie vielmehr eine rituelle Funktion hatten, was dadurch unterstrichen wird, daß sie sich in der Mehrzahl der Fälle am Eingang von Siedlungen befanden. Gemäß dieser Auslegung waren sie Schauplatz der Initiationsriten, denen sich die Bruderschaften der jungen Krieger unterzogen, und die auf dem Glauben an das Wasser als Kommunikationsmittel mit dem Jenseits basierten, der für die keltische Welt umfassend bezeugt ist; in unserem Fall würde diese Auslegung durch die Existenz von Wasserreservoirs in diesen Bauwerken erhärtet. Wasserreservoirs werden in den Inschriften von Panoias mit den Termini *lacus, laciculus, aeternus lacus* erwähnt, sowie in einigen Kultstätten, deren omphalischer und axialer Charakter (der beispielsweise im Teich von Bibracte in Gallien klar hervortritt: Almagro Gorbea – Gran-

Aymerich 1991) durch die Erwähnung des Ganzen als *templum* bestärkt würde. Der Glaube an das Wasser als Element des Zugangs zur anderen Welt erklärt ein typisches Ritual der Kelten: die Darbringung von Opfergaben – Waffen vor allem – an Seen, Sümpfen, Flüssen und Quellen. Das im Flusse Ulla gefundene und zur Zeit im Museum von Pontevedra aufbewahrte schöne Schwert (Ruiz Gálvez 1982) beweist die Verwurzelung dieser Bräuche auch bei den Völkern der Halbinsel.

Menschenopfer

Die Opferung, verstanden als rituelle Handlung, in deren Verlauf ein mit Leben ausgestattetes Wesen vernichtet wird, hat immer zwei Pole: einerseits das Opfer selbst, andererseits den Verlust dessen, was geopfert wird. Ihre Bedeutung in den unterschiedlichsten religiösen Systemen gründet darauf, daß sie nicht einen spezifischen Typus des Rituals mit sich bringt, sondern vielmehr eine ganze Reihe sehr verschiedener Typen: Dank- oder Bittopfer; individuelle oder – eher gebräuchlich – kollektive Sühneopfer; Weiheopfer oder Opfer der Einswerdung mit der Gottheit.

Die Heterogenität des Ritus selbst als auch der sozialen Rahmenbedingungen, in die er eingebettet ist, führen zu unterschiedlichen Deutungen der Opferung. Wo Strukturen der Kommunikation mit den übernatürlichen Wesenheiten vorherrschen, wird die Opferhandlung, dem Modell des *do ut des* folgend, vor allem als Austausch verstanden. Dort, wo Strukturen der Unterwerfung dominieren, wird die Opferung eher als Akt der Unterwerfung gegenüber der Gottheit aufgefaßt werden (Bastide 1980, 585). Durch die Erforschung der Rolle des Opferrituals bei den Dogon in Malí hat Griaule (1948) aufgezeigt, wie dieses der Realisierung der gesellschaftlichen Ordnung und der kosmischen Ordnung tatsächlich als Triebkraft dient, indem es die mystischen Kräfte nicht nur zum Nutzen des Menschen – wie in der für Hubert und Mauss (1970) typischen Interpretation – sondern auch der Götter strömen läßt. Durch die Darbringung des Opfers wird die in seinem Blut enthaltene Lebenskraft frei. Dieses Blut, das über dem Altar vergossen wird, ist Nahrung für die Gottheit, aber auch für den Vollzieher des Opfers und die Mitglieder der Gruppe. Der Ausdruck *dogon*, der die Opferung bezeichnet, bedeutet gleichzeitig auch "lebendig machen". Etwas Ähnliches werden wir bei der Besprechung der Textstellen einiger klassischer Autoren über das Trinken des Blutes der geopferten Tiere bei den Kantabrern finden.

Bekanntlich war die Durchführung von Menschenopfern der Hauptgrund für die Verfolgung des Druidentums durch die Römer, da darin für sie, als Vertreter der Zivilisation, das Barbarische und die Grausamkeit, die sie der Religion der

Kelten zuschrieben, ihren höchsten Ausdruck fanden.[23] Diese Praxis war jedoch nicht den Kelten allein vorbehalten, auch wenn die Durchführung von Menschenopfern bei ihnen nicht angezweifelt werden kann, wie der sensationelle Fund des „Lindow-Mannes", der einen „dreifachen Tod" starb, bezeugt (Stead – Bourke – Brotherwell 1986; Ross 1991). Die Religion der Römer selbst sah ein Ritual dieser Art vor, auch wenn es sich dabei um einen Ausnahmefall handelte. Neben den zwei gallischen und etruskischen Paaren, die im Jahre 216 im Forum Boarium lebendig begraben wurden, als das Überleben der *urbs* auf dem Spiel stand (dieses Ritual soll bereits 228 einmal stattgefunden, und sich 114 wiederholt haben) (Marco 1997), kann auch die Opferung zweier Soldaten erwähnt werden, die 46 v. Chr. auf Geheiß Cäsars unter Mitwirkung des *flamen Martialis* durchgeführt wurde, um eine Meuterei abzuwenden (Dio Cassius 43, 24, 2). Tatsächlich fand diese Opferhandlung noch nach dem Verbot von Menschenopfern statt, das – folgt man Plinius (*NH* 30, 12) – in Rom erst zu einem so späten Zeitpunkt wie 97 v. Chr. erlassen wurde.

Bei den Hispaniern ist diese Praxis für die Lusitaner (Livius, *Per.* 49; Strabon 3, 3, 6), die Bletonenses in der Gegend um Salamanca (Plutarch, *Quaest. rom.* 83) und die Bergvölker im Norden der Halbinsel (Strabon 3, 3, 7) überliefert. Aber ebenso wie im Falle von Rom hatte das Menschenopfer wohl auch bei den indogermanischen Völkern der Halbinsel Ausnahmecharakter.

Nach der Definition von Hubert und Mauss (1970, 155) ist die Opferung eine religiöse Handlung, die durch die Zueignung eines Opfers den moralischen Status jener Person, von der oder für die diese Handlung vollzogen wird, oder auch den Status bestimmter Objekte, die für diese Person von Bedeutung sind, verändert. Kernpunkt ist also die Zueignung, da sie den Übergang des Geopferten von der menschlichen in die göttliche Späre gewährleistet, und sie wird durch einen zentralen und dramatischen Akt vollzogen: den gewaltsamen Tod des Opfers. Die Menschenopferung ist also nicht als Ausdruck religiösen Barbarentums zu verstehen, sondern muß als kulturelle Manifestation angesehen werden, die auf detaillierte Weise sowohl die Wahl des Opfers als auch der spezifischen Umstände seiner Opferung festschreibt.

Die Kenntnisse, die wir von anderen Gesellschaften haben, lassen es möglich erscheinen, daß dieses Ritual wohl auch bei den indogermanischen Völkern Hispaniens ein enormes psycho-soziales Potential beinhaltete, und es erscheint angebracht, zwischen der Opferung eines Mitglieds der eigenen Gesellschaft und

---

[23] Die Bemerkungen von Poseidonios wurden von Diodor 5, 31, 3 und Strabon 4, 4, 5 aufgenommen. Vgl. ebenfalls Sopater von Paphos 193 K (bei Athenaios 4, 160 e); Cicero, *Pro Font.* 39; Lucan, *Phars.* 3, 399 ff.; Tacitus, *Ann.* 14, 30; Tertullian, *Apol.* 9; Minucius Felix 30; Ammianus Marcellinus 27, 44.

jener eines Feindes oder Kriegsgefangenen zu unterscheiden. Den letzten Fall beschreibt Strabon (3, 3, 7) für die Völker des Nordens: mit der Opferung eines Feindes wurde versucht, die von außen drohende Gefahr zu beschwören, sich der Niederlage des Feindes zu versichern und die Lebenskraft des Opfers, das symbolisch für seine Gruppe steht, dem eigenen Kollektiv und seinem Gott einzuverleiben. Die Opferung eines Mitglieds der eigenen Gemeinschaft ist noch von größerer Bedeutung, da sie dadurch der Gottheit das Beste anbietet, was ihr zur Verfügung steht – deshalb die sorgfältige Auswahl des Opfers, das der höchsten Gesellschaftsschicht angehört, wie das Beispiel von Lindow (Cheshire) zu beweisen scheint. Opferung also als Verlust des Kostbarsten.

Brelich (1987) interpretierte das Menschenopfer als Symbol eines Symbols: das Opfer repräsentiert die gesamte Gesellschaft, und der Ritus symbolisiert die vertragliche Beziehung zwischen dem Volk und der Gottheit. Der Opferpriester selbst hat, repräsentiert durch den Geopferten, einen Initiationstod erlitten, und das Ergebnis ist die Abwendung eines für alle verhängnisvollen Schicksals. René Girard (1983), der die herkömmliche Vorstellung der Opferung als Opfergabe kritisiert, sieht ihr Wesen in einer Ersatzgewalt. Mit der Opferung von Tieren oder sogar Menschen wird versucht, die Gewalt, die Lebewesen bedroht, welche man beschützen möchte, auf andere umzulenken, deren Tod weniger oder überhaupt nicht von Bedeutung ist. Die Opferung stellt also einen regelrechten kollektiven *Transfer* auf Kosten des Opfers dar, der auf die inneren Spannungen der Gemeinschaft einwirkt. Daher auch ihre soziale Funktion, denn sie verhindert, daß die Gewalt in der eigenen Gruppe zu etwas Immanentem und Wechselseitigem wird; durch die abgeschwächte Form der rituellen Opferung eines Sündenbocks wird die Gewalt nach außen verlagert, transzendent und heilsam. Und die Aufgabe der Gottheit ist es, das schlechte innerweltliche Sein zu "verdauen" und in eine gute Jenseitigkeit, d. h. in ihre eigene Substanz, zu verwandeln.

Über die Lusitaner und die Völker im Norden schreibt Strabon (3, 3, 6-7):

„Die Lusitaner vollziehen Opfer, wobei sie die Eingeweide schauen, ohne sie herauszuschneiden. Sie schauen so auch die Adern in der Brust und wahrsagen, indem sie sie befühlen. Sie machen auch die Eingeweideschau bei Kriegsgefangenen, indem sie sie mit Tüchern bedecken. Wenn die Eingeweide von dem Beschauer (dem ἱερόσκοπος) getroffen werden, wahrsagen sie zuerst nach dem, wie der Körper fällt. Sie hacken den Gefangenen die rechte Hand ab und bringen sie den Göttern dar."
„Sie nähren sich vor allem von Ziegen, und dem Ares opfern sie einen Ziegenbock, die Kriegsgefangenen und Pferde. Sie opfern in hellenischer Weise auch Hekatomben jeglicher Art – wie Pindar sagt, πάντα θύειν ἑκατόν."

Aus dem Livius-Text (*Per.* 49), der auf Berichte des Prätors Galba Bezug nimmt, geht hervor, daß die Lusitaner dem Beginn eines Kampfes ein charakteristisches Ritual vorausgehen ließen: die Opferung eines Pferdes und eines Menschen. Polybios führt an, daß die Mehrheit der Barbaren – es ist anzunehmen, daß er sich hierbei vor allem auf die Kelten bezieht – vor Beginn eines Krieges ein Pferd opfern, und aus der Art und Weise, wie das Tier stürzt, den Ausgang voraussagen. Für die in diesen Quellen beschriebenen Pferdeopfer finden sich Parallelen in ähnlichen Zeremonien, wie zum Beispiel in der des *October equos*, die in Rom am 15. Oktober die Kriegssaison beendete, oder im indischen *aśvamedha*. Auch die Skythen opferten ihren Göttern – insbesondere einer Gottheit, die Herodot (4, 62, 2–4) als Ares interpretiert (wie dies Strabon mit der Gottheit der Kantabrer tut) – Schafe, Pferde und einen Gefangenen, von dessen Leiche der rechte Arm abgetrennt wurde.

Trotz der von García Quintela (1991; 1992) hervorgehobenen Ähnlichkeiten zwischen der lusitanischen und der von den Skythen praktizierten Opferung besteht doch kein Zweifel daran, daß die engsten Parallelen bei den Kelten jenseits der Pyrenäen zu finden sind (Green 1992, 183-84; Brunaux 1996, 115-132). Sowohl Cäsar (*BG* 6, 16) als auch Diodorus Siculus (5, 32) haben, ebenso wie Strabon (4, 4, 5; 7, 2, 3), bei den Galliern Rituale beschrieben, die Ähnlichkeiten mit jenen aufweisen, die durch Strabon für die Völker im Norden der Halbinsel überliefert sind: sie opferten ihren Göttern Gefangene und im Krieg erbeutete Tiere. Das seherische Element, das – nach Strabon – der lusitanischen Opferhandlung innewohnt, wird auch von Diodor für die Gallier bestätigt, und zwar sogar in der spezifischen Form der Vorhersage, die auf dem Fall des Körpers des Opfers beruht. Dies darf nicht erstaunen, bedenkt man, daß beide Autoren direkte Informationen von Poseidonios von Apamea verarbeiten.

Die von diesen und anderen Schriftstellern den Druiden zugeschriebenen Menschenopfer stellen die Verkörperung der negativsten Seiten der keltischen Religion dar und sind folglich für Rom das Hauptmotiv für die Verfolgung der Druiden.[24] Der Cäsartext verweist darauf, daß die Druiden glaubten, die übernatürlichen Mächte könnten nicht befriedigt werden, ohne daß ein Menschenleben für ein anderes gegeben werde – dies geschah durch die Opferung von Verbrechern oder, wenn solche nicht zur Verfügung standen, von Unschuldigen.

[24] Zu diesen Fragen Zecchini (1984, 84), welcher auf den sacerdotalen Status einiger Führer von Aufständen, wie des Julius Sacrovir im Jahre 21, hinweist. Man muß jedoch die Wirksamkeit dieser Verfolgungen bezweifeln, da, wie King (1990, 232) betonte, es einen anscheinenden Widerspruch zwischen den literarischen Quellen, welche druidischen Widerstand gegen Rom suggerieren, und den archäologischen und epigraphischen Quellen gibt, welche eher im Sinne der Romanisierung aussagen.

Dies erklärt auch die einer Kampfhandlung vorausgehenden Menschenopferungen, die von unseren Quellen als charakteristisch für die Lusitaner bezeichnet werden. In diesen Opferungen schwingt die – vielen antiken Völkern gemeinsame – Vorstellung mit, daß die Götter die wahren Protagonisten von Krieg oder Frieden sind, was ihre Rolle in der Entstehung von Verträgen, der Entgegennahme von Kriegsbeute, die durch das Opferritual für die Gottheit verdaubar gemacht wird – *sacrum facere* –, oder in Ritualen wie jenem der römischen *evocatio* erklärt, in der ein Gott dazu aufgefordert wird, sein Volk zu verlassen und in den Kreis der römischen Götter überzutreten.

Gelehrte wie Salinas (1983) haben die Ansicht vertreten, die Existenz von Menschenopfern sei im keltiberischen Raum durch die archäologische Forschung belegt, doch haben sich Funde wie jene von Bilbilis als recht inkonsistent erwiesen: Die genauere Untersuchung des archäologischen Kontexts hat keine Beweise dafür geliefert, daß die Bestattung von Menschen unter einem Turm als Bestandteil eines zur Bauopfers anzusehen wäre. Ein solches Ritual haben Beirão, Silva, Soares, Gomes und Gomes (1987) für den Votivraum von Garvão (Ourique, Baixo Alemtejo) vermutet, wo eine Truhe mit einem menschlichen Schädel gefunden wurde, der Anzeichen einer Schädelöffnung aufwies. Nach den Resten gewisser ritueller Schächte zu urteilen, steht allerdings fest, daß die Bestätigung für diese These in anderen Gebieten des kontinentalen oder insularen Keltenraums gefunden werden kann. Selbst in der Mythologie Irlands findet das Menschenopfer Erwähnung: ein Text bezieht sich auf den als symbolisch zu verstehenden dreifachen Tod, den der König beim Fest von Samain – das am 1. November das keltische Jahr eröffnet – durch Feuer, Waffen und Wasser erleidet (Ward 1970, 137). Dies steht in vollkommener Übereinstimmung mit dem außerordentlichen Fund von Lindow oder den Berner Kommentaren zum berühmten Lukan-Text über die Menschenopfer, die Teutates, Esus und Taranis dargebracht wurden (*Phars.* 1, 444 ff.).

Tieropfer

Im Gegensatz zur Sonderstellung, die – wie erwähnt – die Menschenopferung wohl gehabt haben muß, ist das Tieropfer eines der bestimmenden Elemente des rituellen Horizonts der Völker des indogermanischen Hispaniens wie auch bei den Kelten gererell (Meniel 1992; Green 1992, 182; Brunaux 1996, 102-114); es charakterisiert andererseits jedoch die antiken Religionen im allgemeinen, jene der klassischen Welt inbegriffen, wie die griechische θυσία zeigt (Reverdin – Grange 1980; Vernant 1982 a); dies ist durch Funde sowohl in Kultstätten als auch im Umfeld von Grabstätten und Siedlungen dokumentiert.

Von Opferritualen mit Tieropfern sind aus diesem Grund zahlreichere Zeugnisse erhalten, auch wenn nicht jedes Ritual dieses Typs archäologisch verwertbare Spuren hinterlassen hat (dies ist bei den Brandopfern der Fall, bei denen die Tierkörper vollständig verbrannt wurden). Wie der Prometheus-Mythos für die griechische Welt exemplarisch belegt, wurde manchmal nur ein Teil des Opfertieres verzehrt, während der andere Teil den Göttern angeboten wurde. In anderen Fällen wurde das Opfertier nahezu vollständig konsumiert, oder – wie bei den bereits erwähnten Brandopfern – ganz der Gottheit zugeeignet; auch wurde das Opfertier als Gabe an die Gottheit der Unterwelt nicht verzehrt, sondern bestattet, was beispielsweise in der belgischen Kultstätte von Gournay-sur-Aronde bezeugt ist (Brunaux 1986; 1991). Das Problem besteht darin, daß es uns in gewissen Fällen nicht möglich ist, zwischen rituellem Festmahl und gewöhnlichem Verzehr zu unterscheiden. Wie in bezug auf die keltische Welt bereits angedeutet wurde, war das kultische Ritual keineswegs etwas Marginales, sondern ein zentraler Aspekt des täglichen Lebens, so daß es sich auch in nicht ausschließlich Kulthandlungen vorbehaltenen Räumen oder bei Bestattungen entfaltete, wie verschiedene andersartige Funde bezeugen; so sind charakteristisch für den Süden Englands Tieropfer in den Schächten von Getreidespeichern (Green 1992, 76) .

Die zahlreichen Varianten der Tieropferung sind durch die geringe Aufmerksamkeit, die dieser fundamentalen rituellen Ausdrucksform von den griechisch-lateinischen Schriftstellern entgegengebracht wurde – zweifellos deshalb, weil diese Form des Rituals auch Bestandteil ihrer eigenen Religion war –, in den uns durch die archäologische Forschung bekannten Fällen nur sehr schwer nachzuvollziehen. Einige Opferhandlungen dienten der Weissagung, wie dies etwa bei den Menschenopferungen der Lusitaner der Fall war (García Quintela 1991); andere wiederum waren Ausdruck der Dankbarkeit gegenüber der Gottheit, oder sie sollten den Gott geneigt machen, oder Schutz und Reichtum für die soziale Gruppe sichern. Wie auch immer, selbst in diesem grundlegenden Ritual sind auch wirtschaftliche Aspekte enthalten, zieht man die Bedeutung der Tiere im täglichen Leben in Betracht, und hier vor allem die der Rinderherden, die als Ausdruck des Reichtums galten. Aus dieser Sicht wird klar, daß der ökonomische Verlust, den die Gruppe durch die Opferung eines Tieres erleidet, gemäß dem Prinzip der Wechselseitigkeit von Gabe und Gegengabe aufgewogen wird durch die Überzeugung, daß die Götter der Gruppe als Gegenleistung höhere Fruchtbarkeit schenken werden. Diese Voraussetzungen liefern die Erklärung dafür, daß nahezu alle geopferten Tiere den Haustieren zuzurechnen sind, die dem Menschen in all seinen Tätigkeiten am nächsten sind, ihn bei seiner Arbeit unterstützen, ihm Nahrung oder Kleidung liefern, oder ihn in den Kampf tragen. Daraus ergibt sich auch die von einem Forscher angedeutete Möglichkeit, daß diese Tiere im Versuch, mit der Gottheit in Kontakt zu treten, stellvertretend für den Menschen geopfert wurden.

Die Bronzetafeln von Iguvium (Umbrien) sind ein Musterbeispiel für die Bedeutung der Tieropferung und der sorgfältigen Auswahl der Tiere in den Übergangs- und Reinigungsritualen. Die Stadt blieb nur dann angemessen geschützt, wenn an jedem seiner drei Tore die entsprechenden Tiere geopfert wurden: drei Rinder und drei trächtige Mutterschweine am ersten, drei Rinder und drei Milchschweine am zweiten, drei weiße Rinder und drei Lämmer am dritten. Die besondere Verletzlichkeit der drei Tore wurde durch die Opferung von – teilweise mit Fruchtbarkeit in Verbindung zu bringenden – Tieren geschützt, und verbot, wie Pucciarini (1990) unlängst deutlich gemacht hat, die Teilnahme von Fremden am Ritual, was eine qualitative Verschiedenheit zwischen diesen (Bewohnern einer "chaotischen" Peripherie) und den Bewohnern der Stadt, die die positiven Eigenschaften auf sich vereinigten, zum Ausdruck bringt.

In Kultstätten wie Picote (Tras-o-Montes, Portugal) sind Tieropfer durch Funde belegt; diesbezügliche Hinweise finden sich auch in den bereits erwähnten Inschriften von Marecos (Peñafiel) oder Cabeço das Fráguas. Der Text der Inschrift von Cabeço das Fráguas (*Abb. 3e*) lautet wie folgt:

Oilam Trebopala
indi porcom Laebo
comaiam iccona Loim
inna oilam usseam

Trebarune indi taurom
ifadem ///
Reue tre ///

Dies könnte folgendermaßen übersetzt werden: „Ein Schaf für Trebopala und ein Schwein für Laebo..., ein einjähriges Schaf für Trebaruna und ein zeugungsfähiger Stier für Reva".[25] Die bereits von Tovar (1967) hervorgehobene Bedeutung dieser Opferung besteht darin, daß genau dieselben geopferten Tiere angeführt werden wie in den römischen *suovetaurilia*, die anläßlich der Reinigung *(lustratio)* der Felder durchgeführt wurden, wie aus einer Textstelle von Cato (*De re rust.* 141) hervorgeht, und daß Parallelen zur indischen *sautrāmanī* (ein Sühneritual) ebenso wie zum persischen Ritual oder zu den τριτεῖαι der Griechen bestehen. Eine heute nicht mehr vorhandene Inschrift von Sagunt (CIL II 3820) führt für ein der Diana gewidmetes Opfer dieselben Tiere an, die auch in der lusitanischen Inschrift erwähnt werden, was möglicherweise einen Überrest dieser für das indogermanische Spanien typischen Rituale darstellt.

[25] Wie oben schon bemerkt, wird statt *Laebo* neuerdings *Labbo* gelesen.

Von außerordentlicher Bedeutung ist auch der Text der Inschrift von Marecos (Peñafiel, Oporto), die von Le Roux und Tranoy (1974) eingehend behandelt wurde:

O(ptimae) V(irgini) Co(nservatrici) ((vel Co(rnigerae)) et Nym(phae) Danigo/m Nabiae Coronae va/cca(m) bovem Nabiae agnu(m) / Iovi agnum / bove(m) la/ct(entem) (...)urgo agnu(m) Lidae Cor(nigeram (vel (Cor(nutam)) / ann(o) et dom(o) actum (ante diem) V (quintum) Idus Apr(ilis) La/rgo et Messalino co(n)s(ulibus) curator(ibus) / Lucretio Vitulino Lucretio Sab/ino Postumio Pelegrino.

In der durch den Konsul auf den 9. April 147 n. Chr. datierten Inschrift werden also verschiedene Tiere (eine Kuh, ein Ochse, Lämmer, ein Stier- oder Kuhkalb) erwähnt, die Gottheiten wie Nabia (Corona), Jupiter oder Leda geopfert wurden. Es handelt sich offensichtlich um eine alljährliche Zeremonie, deren Organisation zwei Personen als curatores übertragen wurde, nämlich Lucretius Vitulinus und Lucretius Sabinus Postumus Peregrinus, die ohne Zweifel der lokalen Aristokratie angehörten, und in deren domus das Ritual stattfand, das an jenes der römischen Fratres Arvales zu Ehren der Göttin Dia erinnert. Die Funde von Marecos bezeugen die Existenz einer ruralen Kultstätte mit synkretistischen Zügen, einem typischen Versammlungsort, an dem einheimische und fremdländische Gottheiten verehrt wurden, und der, wie die erwähnten französischen Forscher angedeutet haben, in der Verbreitung des römischen Organisationsmodells – parallel zu den Pakten, und nicht weniger wichtig als diese – eine nicht zu unterschätzende Rolle spielte.

In dem Felsheiligtum von Panoias (Portugal) wurde eine Reihe von in den Fels gearbeiteten Wannen freigelegt. Es besteht wenig Zweifel darüber, daß ihnen eine Funktion in den Opferungen zukam, wie aus dem Text einer dort vorhandenen Inschrift hervorgeht (Alföldy 1997, 244):

Diis [deabusque templi] / huius. Hostiae quae ca/dunt, hic inmolantur. / Exta intra quadrata / contra cremantur. Sanguis laciculis iuxta / superfunditur./ [G(aius C(---) Calp(urnius) Rufinus v(ir) c(larissimus)].

Die Inschrift, die bereits aus dem dritten Jahrhundert unserer Zeitrechnung stammt, bezieht sich auf die dort durchgeführten Opferungen: die Verbrennung der Eingeweide der Opfer in Reservoirs (quadrata) und das Auffangen des Blutes in laciculi genannten Wannen. Der Begriff hostiae bezeichnet den Göttern zugeeignete Sühneopfergaben, während die victimae Dankopfergaben sind. Dieselben Begriffe hostiae und lacus finden sich auch in einer weiteren Inschrift in Mougás, Pontevedra (Rodríguez Colmenero 1993, 93-96).

Opferhandlungen, wie sie in diesen Inschriften beschrieben werden, sind auf dem Heft des Votivdolchs, der sich im Instituto Valencia de Don Juan in Madrid befindet, wie auch in den kleinen Wagen von Costa Figueira und des Kastells von Moreira (Portugal) ikonographisch dokumentiert (Blanco 1957; Blázquez 1975, 62 ff.). Der Dolch zeigt einen Stierkopf und eine Opferszene, in der neben einem großen Kessel eine menschliche Figur mit Torques um den Hals dargestellt wird, deren rechte Hand auf einem Lamm ruht, an dessen Hals eine andere, ebenfalls mit Torques geschmückte Person ein Messer ansetzt; auch ein Lamm, ein Schwein und ein Ferkel sind abgebildet, sowie eine weitere Figur, deren Hände auf einem Schwein und einer Ziege liegen, die mit ihren Jungen dargestellt ist; ebenso eine vierte Figur, von der nur noch die Füße erkennbar sind, außerdem die Füße eines Hahnes und ein Bärenjunges, das, wie es scheint, von der vierten Figur an einem Seil geführt wird. Diese Opferszene zeigt Ähnlichkeiten mit der Bronze von Castelo Moreira (Portugal), die in einen Stierkopf und eine Hand endet, und in der sich eine Figur mit geschulterter Axt zu einer Reihe verschiedener Tiere gesellt; Ähnlichkeiten finden sich auch auf den Heften von zwei Ritualmessern, die in Stierköpfen enden, wobei eines davon zudem noch in eine Rindergestalt ausläuft. Besondere Aufmerksamkeit verdient auch der kleine Votivwagen von Costa Figueira, der im Museum von Guimarães aufbewahrt wird. Auf der Truhe, die von einer großen Schlange gebildet wird, deren Enden je ein Ochsengespann darstellen, sind sieben Menschenpaare zu sehen, von denen eines ein Tier opfert, bei dem es sich um eine Ziege handeln könnte. Die Bedeutung gewisser Tiere, so des Stiers, der in Bronzeabbildungen wie den vorher erwähnten zu sehen ist, wird durch bestimmte literarische Informationen belegt: so bestätigt z.B. Diodor (4, 18, 2), daß besagte Tiere in Iberien als heilig galten, da sie als Nachkommen der von Herakles einem König geopferten Tiere betrachtet und dieser Gottheit geweiht wurden.

Auch auf Vasenbildnissen finden sich Szenen mit Tieropferungen. Ein numantinisches Gefäß (Sopeña 1995, 293) zeigt eine Figur mit ausladender konischer Haartracht, die in ihrer Linken einen Krug – und nicht eine menschliche Statuette, wie immer wieder geschrieben wurde – hält, der zweifellos dazu diente, das Blut des Opfertiers – eines Vogels – aufzufangen, den sie mit der Rechten auf dem Altar festhält; auf der anderen Seite des Altars sind Reste einer weiteren Person zu sehen, die ein großes krummes Messer handhabt (*Abb. 12*).

Wir verfügen auch über literarische Hinweise auf allgemeine Opferhandlungen, aus denen nicht ersichtlich ist, ob es sich um Menschen- oder Tieropfer handelt, auch wenn aufgrund der fehlenden Konkretisierung wohl erwartet werden kann, daß auf letztere Bezug genommen wurde. Das ist bei den Segobrigensern der Fall, als Viriatus 147 v. Chr die Stadt betrat (Frontinus 3, 2, 4), oder bei Opferhandlungen anläßlich der Hochzeits- (Diodor 33, 7, 2) oder der Begräbnisfeierlichkeiten für den lusitanischen Heerführer, wobei bei letzteren eine Vielzahl von Opfern dargebracht wurde (Appian, *Iber.* 72).

Die Ausgrabung der Gräberstätte der Ilergeten von Vallfogona de Balaguer (Lérida) förderte die Gerippe geopferter Pferde zutage; solche Pferdeopfer sind auch für andere Begräbniszeremonien der Halbinsel oder der antiken Keltenwelt bezeugt, da diese Tiere eine besondere Bedeutung im Alltagsleben oder auch im Ausdruck des gesellschaftlichen Status dieser Menschen hatten (Sánchez Moreno 1995-96; Almagro Gorbea, im Druck). An einigen Stätten wurden Tierknochen gefunden, wie in der *favissa* oder im *bothros* von Garvão (Beirão et alii 1987) mit zahllosen Rinder- und Schweineknochen, oder in Picote (Tras-os-Montes); an anderen Stellen wurden Votivbildnisse aus Terracotta (Tiermes, Numancia, Castrejón de Capote, Garvão) oder aus Bronze gefunden; dies trifft sowohl für die von Leite de Vasconcelos behandelten Figuren kleiner Ziegen zu, die dieser Autor mit dem bekannten Strabontext (3, 3, 7) über die Opferung von Ziegenböcken in Zusammenhang bringt, als auch für die aus dem mittleren Guadiana-Becken stammenden Figuren (Abascal 1995, 89-90).

Verschiedene Autoren, unter anderen auch Meniel (1992) für die keltische Welt, haben darauf hingewiesen, wie wichtig es ist zu unterscheiden, ob die Tiere während der Opferhandlung verzehrt wurden oder nicht. So beweisen beispielsweise Funde aus Bliesbruck (Mosel), daß die besten Teile der geopferten Tiere in rituellen Zeremonien von der Gruppe verzehrt wurden, während die weniger genießbaren Teile – wie die Eingeweide – den Göttern dargebracht wurden; dies entspricht dem uns von der griechischen Welt wohlbekannten Grundmuster. In den Kultstätten, in denen rituelle Feste abgehalten wurden, bedeutete der Verzehr von Nahrungsmitteln in einem sakralen Raum eine Art Tischgemeinschaft zwischen den Opfernden und den Gottheiten, denen die Opfer dargebracht wurden. Für andere Kultstätten, wie jene von Gournay, ist sowohl bezeugt, daß das geopferte Tier zur Gänze der Gottheit dargebracht und in Folge in Gruben bestattet wurde, was bei Rindern und Pferden der Fall war (Meniel 1992, 47 ff.), als auch, daß die geopferten Tiere in einem rituellen Festmahl verzehrt wurden; solches betraf andere Tierarten, nämlich Schweine und Schafe (Meniel 1992, 102 ff.). Die Bestattung von Tieren in Gruben, wie sie in Gournay und anderen Kultstätten vorgefunden wurden (wie etwa im Süden Englands, wo die Wiederverwendung alter Kornspeicherschächte charakteristisch scheint) ist als chthonisches Fruchtbarkeitsritual interpretiert worden: das Tier wird von der Erde aufgenommen, damit es sie ernährt. Es bleiben jedoch zahlreiche Fragen offen, die sowohl die Periodizität der Opferungen als auch den Rhythmus der Hinterlegung der Opfer betrifft, wenn diese nicht verzehrt wurden (was beim Pferd der Regelfall ist); folgt man den von Meniel (1992, 141) für Gallien gesammelten Daten, so ist kein Fall bekannt, in dem der Verzehr eines Pferdes in Kultstätten oder Grabanlagen bezeugt wäre.

Abb. 12. Numantinische Keramik mit Opferszene (nach B. Taracena).

Es ist anzunehmen, daß die den Verzehr der Opfertiere zumindest teilweise implizierende Tieropferung verschiedene Erscheinungsformen hatte: An einigen Orten wurde die Schlachtung der Tiere an verschiedenen Stellen vollzogen, wobei in der Kultstätte nur bestimmte, ausgewählte Teile geopfert wurden; in anderen Fällen wurde die Opferhandlung dort durchgeführt, wobei danach das Fleisch für den Verzehr außerhalb der Kultstätte verteilt wurde. Wie auch immer, es ist angebracht, darauf zu verweisen, daß verschiedene Handlungen des Opferrituals keinerlei Spuren im archäologischen Register hinterlassen haben: so die Weihesprüche, die die Opferung begleiteten oder dem Verzehr vorausgingen, das Abhäuten, das Kochen oder Braten des Tieres, oder – was am wichtigsten erscheint – das Trankopfer mit dem Blut des Opfertiers. An dieser Stelle sei – als implizite Referenz auf die dem Tierblut zugesprochenen Lebenskräfte – auf die Stellen bei Horaz (*Od.* 3, 4, 34) oder Silius Italicus (3, 357 ff.) verwiesen, die den Brauch der konkanischen Kantabrer erwähnen, das Blut ihrer Pferde zu trinken.

In der Opferhandlung, ob sie nun den Verzehr des Opfers beinhaltet oder nicht, kommen immer wieder wirtschaftliche Momente zum Ausdruck. Autoren wie Meuli (1946) und Burkert (1972) haben darauf hingewiesen, daß der Ursprung der Opferhandlung in einer Analogie zur Jagd auf die frühesten Formen sozioökonomischer Organisation zurückgehen könnte, in denen der Jagd eine zentrale Bedeutung zukam. Aus psychoanalytischer Sicht konnte die Jagd im Jäger ein Schuldgefühl entstehen lassen, und da sein Handeln unvermeidbar war, wurde die Opferhandlung eingesetzt, um im Ritus dieses Schuldgefühl aufzuheben (vgl. in diesem Sinn auch Hamerton-Kelly 1987).

Domínguez Monedero (1985) hat diese wirtschaftlichen Implikationen anhand der Strabon-Passage über die – für einen Teil der Völker im Norden der Halbinsel bereits erwähnten – dem Ares gewidmeten Hekatomben hervorgehoben und darauf hingewiesen, daß das Fleisch der in so großer Zahl geopferten Tiere (Ziegenböcke und Pferde) nach der rituellen Verteilung wohl als Grundnahrung für jene Monate des Jahres diente, in denen die Kantabrer keine Eicheln aßen (was nach Strabon während drei Viertel des Jahres zutraf). Strabon selbst bezeichnet das Fleisch des Ziegenbocks als Ernährungsgrundlage der Kantabrer. Archäologisch dokumentiert sind die Hekatomben von Pferden in gallischen Kultstätten wie jener von Vertault (Meniel 1992, 71 ff.), wo ein gallo-römisches *fanum* über einem Graben errichtet wurde, der die Reste von etwa dreißig dieser Tiere enthielt, die dort, wie wir bereits erwähnt haben, nicht verzehrt wurden.

Opferung und kollektives Festmahl: Castrejón de Capote

Die von Luis Berrocal (1992; 1994) in der Anlage von Castrejón de Capote (Badajoz) im Herzen von Keltisch-Baeturien durchgeführten Ausgrabungen haben zu außerordentlich interessanten Ergebnissen geführt. Im Zentrum der Siedlung wurde ein einzigartiger architektonischer Komplex aufgedeckt (Berrocal 1994, 263 ff.): ein großer, zur Hauptstraße hin offener Raum mit podiumsartig erhöhtem Steinboden, drei durchgehenden Bänken entlang der drei Mauern und einem Steintisch in der Mitte. Der Raum, im Gegensatz zu den Wohnhäusern ohne festes Dachwerk, war mit Keramikbruchstücken, Knochenresten und Kohleteilchen angefüllt; er stand ab dem vierten Jahrhundert in Verwendung, bis zu seiner Zerstörung in der ersten Hälfte des zweiten Jahrhunderts v. Chr., in jener den lusitanischen Kriegen vorausgehenden Zeit der Unruhe, die durch die ersten römischen Interventionen zwischen 185 und 155 v. Chr. geprägt wurde.

Es handelt sich um einen richtiggehenden Brennpunkt, einen allgemein zugänglichen, öffentlichen Ort, an dem eine beschränkte Anzahl von Personen Handlungen vollzog, die von außen von einer Menge von einigen hundert Menschen beobachtet werden konnte. Auffallend ist die große Ansammlung von Gefäßen für den gemeinsamen Gebrauch und von Metallgegenständen, wie etwa Bratspießen, Messern oder Feuerrosten. Was die aufgefundenen Knochenreste betrifft, die verbrannt oder zumindest dem Feuer ausgesetzt wurden, so weist alles darauf hin, daß jene Teile der Opfertiere ausgewählt wurden, die am wenigsten für den Verzehr geeignet sind: Schädel, Unterkiefer, Teile der Extremitäten (letztere zerschlagen und mit Schnittspuren). Ebenfalls ist die Verbrennung von Safran in durchbrochenen Gefäßen durch die Funde bestätigt.

Nach Meinung des Ausgräbers handelte es sich um kollektive kulinarische Aktivitäten[26], die die Opferung von zweihundert Tieren (Kühe, Hirsche, Esel, Schafe und Ziegen, Schweine) – zu je zwei oder drei Tieren, wie bei den bereits erwähnten *suovetaurilia* – auf dem Altar umfaßten, welche von Personen mit hohem gesellschaftlichem Ansehen durchgeführt wurde, die auf den zu diesem Zweck aufgestellten Bänken Platz nahmen. In diesem Raum wurden wohl den Teren Schädel und Gliedmaßen abgetrennt, danach die Rümpfe der Tiere kurz dem Feuer ausgesetzt und dann nach draußen transportiert, wo der Bratvorgang abgeschlossen und das Fleisch in einem kollektiven Fest verzehrt wurde, an dem die Gesamtheit der erwachsenen Mitglieder des Dorfes teilnahm. Der Verzehr des Fleisches wurde möglicherweise vom Konsum einer Art lokal gebrauten Biers begleitet, wie dies Strabon für die keltiberischen Völker anführt (3, 3, 7), und dessen

---

[26] Für die griechische Welt vergleiche man Detienne – Vernant 1979.

Herstellung verschiedene Bauwerke zu bezeugen scheinen, die in Siedlungen wie jener von El Almarejo (Bonete, Albacete) vorgefunden wurden.

Als literarischer Beleg für diese Art von kollektivem Festmahl, die in Capote archäologisch dokumentiert ist, läßt sich eine bekannte Textstelle von Strabon anführen (3, 3, 7):

> „Sie trinken Bier, und wenn sie über den spärlich vorhandenen Wein verfügen, konsumieren sie ihn sogleich in großen Familienfesten. Statt Öl verwenden sie Butter. Beim Essen sitzen sie, gereiht nach Alter und Würde, auf Bänken, die entlang der Wände errichtet sind. Sie reichen die Nahrungsmittel im Kreis herum; während sie trinken, tanzen die Männer zu Trompetenklängen, springen in die Höhe und lassen sich dann in die Hocke fallen."

Auch wenn hier nicht der Schluß gezogen wird, daß diese Festmahle als Epilog zu den Opferungen stattfanden, so zeugt doch die früher erwähnte Strabon-Stelle über den Ziegenbock – der ein wesentliches Element in den Hekatomben ist – als grundlegenden Fleischlieferanten der Völker des Nordens davon, daß auch bei ihnen kollektive Ritualfeste abgehalten wurden, wie wir sie von den Kelten im Südwesten der Halbinsel kennen. Rituelle Festmahle dieser Art sind im keltischen Raum hervorragend dokumentiert: erwähnt sei nur ihre Rolle im Fest des *Samain*, mit dem am 1. November der Beginn des keltischen Jahres gefeiert wurde (dessen erster Monat im gallischen Kalender von Coligny mit *Samonios* bezeichnet wird). Und auch die Annahme Berrocals (1994, 275), daß die Kultstätte von Castrejón de Capote am Ende des Jahreszyklus genutzt wurde – ausgehend davon, daß der Raum, wie in anderen mitteleuropäischen Kultstätten nach Westen ausgerichtet war –, beinhaltet einen suggestiven Vorschlag seitens des Autors, auch wenn dieser nicht verifizierbar ist: in dieser "Opferküche" – um die bekannte, von Detienne und Vernant auf Griechenland angewandte Terminologie zu verwenden – sei die archäologische Entsprechung zu den zu Beginn des Samain abgehaltenen Ritualen zu sehen, die uns durch die irischen Quellen gut bekannt sind. Es ist durchaus möglich, daß einige an anderen Stellen der Halbinsel (wie etwa in Garvão, El Amarejo oder Alhonoz) gefundene Räume, oder die in Illescas (einer Kultstätte mit reliefgeschmückten Luftziegelbauten) oder in der Peña Negra von Crevillente (Berrocal 1994, 276) entdeckten Bauten genau auf die von uns beschriebenen rituellen Festmahle verweisen.[27]

---

[27] Zu den im Alpenraum, in Italien und Gallien bezeugten Brandopferplätze – Heiligtümer, die durch Reste von Scheiterhaufen über künstlichen Plattformen mit Tierknochen und Überbleibseln von Waffen charakterisiert sind – vgl. Kraemer 1966; Brunaux 1986, 17-20; Vitali 1991.

Das Priesteramt in den einheimischen Religionen

Es ist anzunehmen – und verschiedene Fachleute haben bereits darauf verwiesen – daß in den Anfängen der verschiedenen menschlichen Gesellschaften kein eigenes Priesteramt existierte, in dem Sinne, daß es keine eigentlichen Spezialisten für das Heilige gab, oder daß bestimmte Personen die priesterlichen Funktionen nur auf unbestimmte Zeit und mit Unterbrechungen übernahmen. Auch sind Völker bekannt, bei denen die Priester keinen eigenen Stand bildeten: jedes Mitglied konnte das Priesteramt übernehmen. Es ist auch bereits erwähnt worden, daß der Terminus „Priester" eigentlich nur auf große Gesellschaften mit Zentralgewalt, einem recht entwickelten kulturellen Niveau und einem organisierten Kultwesen mit klar ausformulierter Doktrin und feststehenden Ritualen zutreffend angewendet werden kann (Norbeck 1961, 103).

Ein bedeutender Teil der Geschichtsforscher hat die Meinung vertreten, daß bei den Völkern des indogermanischen Hispanien keine Priester existierten; so z.B. Blázquez (1962, 264-65), Urruela (1981) oder Alvar (1993). Die verwendeten Argumente könnten folgendermaßen zusammengefaßt werden: 1) keine Erwähnung durch literarische Quellen, im Gegensatz zur detaillierten Information, die über die Druiden in Gallien existiert; 2) die einheimischen Völker der Halbinsel hatten eine einfache und primitive Religion, der ein organisiertes Priesteramt kaum entsprochen hätte, dessen Aufgaben in Erziehung und Rechtsprechung – wie sie Cäsar für die gallischen Druiden erwähnt (*BG* 6, 13–14) – mit den sozio-ökonomischen und religiösen Organisationsformen der hispanischen Völker schwer in Einklang zu bringen gewesen wären; 3) nur wenige keltische Elemente bei diesen Völkern und Fortdauer früherer Kulturelemente; 4) schließlich Fehlen von Monarchien, die – wie aus dem erwähnten Cäsar-Text hervorgeht – im Verband mit dem Druidentum standen.

Die Schwäche dieser Annahmen hängt von zwei Faktoren ab: einerseits wird die Art der Autoren, die literarische Informationen über die Gegebenheiten der Halbinsel liefern, nicht angemessen berücksichtigt; andererseits wird die Analyse sowohl der literarischen als auch der epigraphischen Informationsquellen, die meiner Meinung nach von wesentlicher Bedeutung ist, vernachlässigt. Unberücksichtigt bleibt die Tatsache, daß unsere griechisch-römischen Autoren vor allem am Fortgang der römischen Eroberung und der Unterwerfung des Landes interessiert waren, wie auch der Umstand, daß sie über die Gallier nicht als Zeitgenossen, sondern mit beträchtlichem chronologischem Abstand berichteten, oder daß Hispanien nicht das Glück hatte, mit einem ethnographischen Exkurs wie jenem, den Cäsar den Galliern im vierten Band seiner Kommentare widmete, bedacht zu werden. Aber es wird auch übersehen, daß in den lateinischen Quellen nur einmal der Terminus *sacerdos* verwendet wird, um auf die Druiden Bezug zu nehmen: diese Stelle findet sich bei Cäsar (*BG* 7, 33, 4). Cäsar, als *Pontifex Maximus* hervorragender Kenner der römischen Religion, verwendete allerdings normalerweise zur Beschreibung ihrer Funktionen ein Vokabular, das eher aus der Sprache der Verwaltung oder der Rechtsprechung als dem eigentlich religiösen Bereich stammt: dies ist ein schönes Beispiel dafür, daß in seiner Sichtweise – wie auch in jener der anderen griechischen und römischen Autoren – die Druiden Funktionen innehatten, die die typischen Aufgaben des klassischen Priesteramts überstiegen.

Und es ist auch zu berücksichtigen, daß der allgemeine Gebrauch des Terminus „Priester“ ein sprachliches Problem aufwirft, da er zwei Elemente impliziert: einerseits wird er auf Personen, die in sehr unterschiedlichen Epochen und Gesellschaften Funktionen innehatten, so angewendet, als ob diese in weiterem Sinne äquivalent wären; andererseits wird angenommen, daß diese Funktionen spezifisch religiöser Natur waren. Nun müßten aber – wie Beard und North (1990, 2-4) angemerkt haben – gerade diese Funktionen einer neuerlichen Untersuchung unterzogen werden, denn die verschiedenen Gesellschaften differenzieren zwischen den verschiedenen Ämtern, die mit dem Kult und der Religion in Zusammenhang stehen, auf unterschiedliche Weise, und sie definieren den religiösen oder nicht-religiösen Inhalt dieser Funktionen gemäß ihrer eigenen Sichtweise. So wurde beispielsweise angenommen, daß zwei Wesenszüge den Priesterstand als besondere gesellschaftliche Gruppe definieren würden (Sabourin 1973, 6): die Priester stehen einerseits über den anderen Mitgliedern der Gesellschaft (da sie die Überlieferung für sich in Anspruch nehmen, und über höheres Wissen verfügen, das sie im allgemeinen sehr sorgfältig hüten); andererseits leben sie abseits der Gesellschaft. Es ist jedoch offensichtlich, daß die zweite Voraussetzung für die römische Welt nicht zutrifft.

Auch wenn mannigfaltige Variationen existieren, so scheint doch das Priesteramt des nicht-christlichen Altertums oft durch zwei Charakteristika bestimmbar zu sein: Als wesentliches Merkmal kann die Mittlerrolle zwischen Göttern und Menschen angeführt werden (Beard – North 1990, 7), und als weiterer Wesenszug die Durchführung der Tieropferung, die wir als zentrales Element in allen Ritualen finden. Es besteht kaum ein Zweifel daran, daß beide Merkmale in der Religion der Völker des indogermanischen Hispanien vorhanden sind.

Verschiedene Faktoren lassen vermuten, daß das Priesteramt hier sehr wohl die Wesenszüge des Druidischen trug (was natürlich nicht die Existenz eines organisierten Druidentums auf der Halbinsel impliziert); diese Annahme wird von verschiedenen Gelehrten auch hinsichtlich einiger Gebiete des Keltenraumes vertreten, für die die klassischen Quellen keinerlei Hinweise auf die Existenz von Druiden liefern, welche für Gallien und Britannien ausreichend belegt ist. Sehen wir nun, welche diese Faktoren sind.

Der grundlegende Strabon-Text über die lusitanische Opferhandlung bezeichnet den mit der Untersuchung der Eingeweide der Menschenopfer und der vom Fall des Körpers abhängigen Auslegung der Voraussage betrauten Fachmann als ἱεροσκόπος (3, 3, 6). Der Terminus findet seine genaue Entsprechung in der griechischen Religion im Priester, der die Voraussagungen trifft. García Quintela (1985; 1991; 1992) vertritt sogar die Ansicht, daß die charakteristische Zweiteilung der Herrscherfunktion in der antiken Keltenwelt – repräsentiert durch den Priester (Druiden) und den König – in Lusitanien mit einem Beispiel belegt sei, und zwar durch den ἱεροσκόπος des Strabon, den für die religiöse Interpretation zuständigen Experten, ebenso wie sie auch durch die Figur des Viriatus selbst, in dem García Quintela wesentliche Ähnlichkeiten mit den keltischen Königen zu erkennen glaubt, belegt werde. An dieser Stelle sei an die systematische Beziehung erinnert, die die klassischen Autoren zwischen den Druiden und den Menschenopferungen herstellen, die in ihrer Mehrzahl der Voraussage der Zukunft dienten, wie an früherer Stelle bereits erwähnt wurde.

Wohlbekannt ist auch die Dreiteilung, die Cäsar für die gallische Gesellschaft vornimmt: *druides, equites, plebs* (*BG* 6, 13 ff.). Es ist offensichtlich, daß erstere die gesamte Priesterklasse repräsentieren, mit Aufgaben in der Religion, der Rechtsprechung und der Lehre und Bewahrung der Überlieferung. Nun aber stellen die Autoren, die die älteren Angaben von Poseidonios referieren, Diodorus Siculus (5, 31, 2 ff.), Strabon (4, 4) und auch andere, nicht einhellig die gesamte Priesterklasse dem Rest der Gesellschaft gegenüber, sondern beschreiben die – im konkreten drei – Unterteilungen dieser Klasse: 1) die Druiden im eigentlichen Sinn, denen alles obliegt, was Religion, Philosophie, Rechtsprechung und Naturwissenschaft betrifft; 2) die Barden, deren Gebiet Gesang und Poesie umfaßt; 3) die Vaten (Seher oder Wahrsager), die mit den Opferhandlungen betraut sind. Autoren wie García Fernández-Albalat (1990, 45) oder García Quintela (1991, 34) haben – ausgehend von der sprachlichen Nähe zu den von Strabon (4, 4, 4) als οὐάτεις (Plural von kelt. **vātis*, vgl. altir. *fáith*) bezeichneten gallischen Priestern, die Fachleute für die Opferhandlungen waren und sich der Erforschung und der Auslegung der Naturphänomene widmeten – den in einer Inschrift aus Quieriz (Beira Alta) erwähnten *Ovatius* als Individuum mit priesterlichen Zügen interpretiert. Dies ist zwar eine interessante Hypothese, die jedoch durch die Natur der hispanischen Inschrift nicht ausreichend abgesichert ist.

Florus (1, 33, 13–14) bezieht sich auf die Revolte des numantinischen Heerführers Olyndicus (dessen Name bei Livius, *Per.* 43 als *Olonicus* wiedergegeben ist). Der Text lautet wie folgt:

„Trotzdem hätte es Auseinandersetzungen mit allen Keltiberern gegeben, wenn nicht das Oberhaupt dieser Rebellion, Olyndicus, am Anfang des Krieges gewaltsam bezwungen worden wäre. Dieser, der durch außerordentlichen Wagemut und List emporgekommen war, hatte, seine silberne Lanze, als ob sie vom Himmel gesandt sei, schwingend, die Aufmerksamkeit aller auf sich gezogen. Als er jedoch, mit ebensolcher Kühnheit, eines Nachts in das Lager des Konsuls eindrang, wurde er vor dessen Zelt von der Lanze eines Wächters durchbohrt."

Die Episode des Olyndicus wurde von García Moreno (1988) auf treffende Weise in den Kontext der "nativistischen Bewegungen" (Linton 1943) gestellt, die von charismatischen Führern gegen die Kolonialmächte (in diesem Fall Rom) organisiert und von kurz zuvor befriedeten Einheimischen getragen wurden (Dyson 1971).[28] Auf den ersten Blick scheint es sich um einen numantinischen Anführer zu handeln, und als solcher wurde seine Person üblicherweise auch betrachtet. Nun erscheint mir aber das wesentliche Element zu sein, daß er vom Himmel eine silberne Lanze erhalten haben soll, zusammen mit der Prophezeiung – der von Florus verwendete Ausdruck ist *vaticinanti* –, daß Rom durch sie besiegt werde. Diese Silberlanze erinnert sehr stark an den *Gae Bolga*, den silbernen Speer des Lug, einen der vier Talismane der Götter *(Túatha Dé Danann)* in Irland (O'Rahilly 1946, 58 ff.; Le Roux 1958, 382 ff.). Einer der Beinamen dieses Gottes in den mythologischen Texten lautet, zweifellos in Anspielung auf die Silberlanze, *Lonnbéimenech* – "jener, der gewaltig schlägt" (de Vries 1977, 61; Markale 1985, 73). Ebenso ist es möglicherweise kein Zufall, daß der Hauptbestandteil des Namens des numantinischen Heerführers mit dem ersten Glied des vornehmlichen Epithetons des Gottes Dagda identisch ist: *Ollathir* "Allvater" (aus indogermanisch **Ollopətēr*, vgl. altnord. *Alfǫðr*, Beiname des Odin).[29] Diese Elemente scheinen die Figur des Olyndicus mit sakralen Konnotationen zu versehen. In diesem Zusammenhang darf nicht vergessen werden, daß das Druidentum im gallischen Widerstand gegen Rom eine treibende Kraft war, und es ist möglich, daß Julius Sacrovir, der Heerführer der Aeduer, der den Aufstand anführte, welcher nach Tacitus (*Ann.* 3, 40–46) im Jahre 21 in *Cenabum* (genau im Zentrum des gallischen Druidentums) ausbrach,

---

[28] Es sei in diesem Zusammenhang an die religiöse Komponente im Aufstand der Boudicca in Britannien erinnert (Tacitus, Ann. 14, 35; Cassius Dio 62, 6).

[29] Das erste Element dieses Namens, **al-*, **ol-* (Pokorny 1959, 24) erscheint nicht nur in der Bezeichnung *ollam* (Superlativ) „Oberster, Höchster", welches der Titel des ranghöchsten Druiden in Irland ist, sondern auch im Namen von Gottheiten wie *Mars Olloudius, Olludius*, verehrt in Gallia Narbonensis und Britannien (CIL XII 166. 167; RIB 131) oder der *Matres Ollogabiae* bzw. *Ollototae* (CIL XII 6751 bzw. RIB 1030-32).

in Wahrheit ein Druide war (Zecchini 1984, 84). Ein weiteres bezeichnendes Beispiel findet sich im Namen eines anderen maßgeblichen Anführers des Aufstands der Biturigen und Carnuten im Jahre 51 v. Chr, nach dem Sieg Cäsars bei Alesia: Hirtius (*BG* 8, 38) nennt ihn *gutuater*. Und dies ist genau eine der spezifischen Gattungsbezeichnungen für den einheimischen Priester ("Vater des Anrufs"), die auch durch die gallischen Inschriften dokumentiert ist. Sogar das Appellativ *summus vir*, das Florus dem Olyndicus verleiht, scheint jenem *uiros ueramos* zu entsprechen, das sich in einer der Inschriften von Peñalba de Villastar, dem Zentrum des Luguskults, findet, und das sich auf einen gewissen *Turos Caroq(um)* bezieht (Tovar 1949, 172). Zusammenfassend kann also keineswegs ausgeschlossen werden, daß in besagter numantinischer Person nicht eine Priesterfunktion vorherrschend war.

Die einheimische Epigraphie, die uns durch etwa zwanzig *tesserae hospitales*, die drei Bronzetafeln von Botorrita (von denen die dritte kürzlich ediert wurde) oder die Inschriften von Peñalba de Villastar (Teruel) bekannt ist (de Hoz 1986 b; Meid 1993, 1994; Beltrán- de Hoz – Untermann 1996), beinhaltet einige Termini, die Hinweise auf sakrale oder priesterliche Funktionen enthalten können. Einen der interessantesten stellt der Terminus *teiuoreikiś* dar, der sich am Ende der Inschrift auf der Bronzetafel von Luzaga findet, und der bisher als Bezeichnung des mit der Vertragsverhandlung Beauftragten interpretiert wurde (Tovar 1948, 90; Meid 1996, 24). Es handelt sich um einen zusammengesetzten Namen (*Deivorēx* „Götterkönig"), dessen Bedeutung, wenn er eine menschliche Person bezeichnete, nicht im eigentlichen, sondern nur im übertragenen Sinne zu verstehen sein kann (Marco 1993 f, 48). Das erste Element findet sich auch im Namen des berühmten Druiden der Aeduer, *Diviciacus*, andererseits erscheint auf einer Inschrift aus Chaves (CIL II 2473) *Devorix* als Beiname des Hermes in seiner eigentlichen Bedeutung (Albertos 1956); wobei sich hinter Hermes = Merkur natürlich der keltische *Lugus* verbirgt (Meid 1996, 11).

Der Terminus *ueisoś* einer neugefundenen, von Burillo (1993) veröffentlichten *tessera* aus Arekorata, der als Beiwort für einen gewissen Bistiros dient und mit *ueisui* (Dativ) der Bronzetafel von Luzaga in Verbindung gebracht werden kann, läßt sich auf dieselbe Wurzel **u̯eid-* („sehen, wissen") zurückführen, aus der auch der Begriff 'Druide' (etymologisch der „sehr Weise", *siehe unten*) hervorgeht. Es erscheint also vernünftig, für den erwähnten Begriff auch religiöse Konnotationen geltend zu machen. *ueisoś* wird neuerdings als „Gastfreund" gedeutet (Gorrochategui 1993, 301-02; Meid 1994, 44).

Auf der Seite B der ersten, 1970 gefundenen Bronzetafel von Botorrita (de Hoz – Michelena 1974; Beltrán – Tovar 1982; Meid 1993) werden vierzehn

Personen mit der vollen Namenformel (Individualname, Gentilicium und Patronym) benannt sowie zusätzlich mit dem Appellativ *bintiś*, welches – aufgrund des Vergleichs mit den Funktionsangaben der lateinischen Bronzetafel von Botorrita *(Tabula Contrebiensis)* – als Amtsbezeichnung (im Sinne von *magistratus*) interpretiert wurde; nach dieser Auslegung würde dieses Appellativ als Ableitung aus der Wurzel idg. **bhendh*-bedeuten „einer, der bindet" (Meid 1993, 104). Die Wurzel **bhendh-* kann auch im Theonym *Bandua* enthalten sein. In einer anderen Arbeit habe ich, in Bezugnahme auf diese und andere Belege, die Möglichkeit in Betracht gezogen, daß wir es hier – in Entsprechung zur Beschäftigung mit Rechtsangelegenheiten der Druiden in Gallien (Cäsar, *BG* 6, 13) – mit Hinweisen auf juridische oder institutionelle Funktionen zu tun haben könnten, die von Personen wahrgenommen wurden, die – ähnlich dem gallischen *gutuater* – dem Bereich des Geheiligten angehörten (Marco 1993 f, 49). Diese Hypothese würde auch durch die Art der epigraphischen Quellen in Hispanien erhärtet, nämlich durch die *tesserae hospitales* (das sind Gastrechtsverträge, deren Garantie – folgt man Appian, *Iber.* 52 – letzten Endes in den Göttern wurzelt), sowie auch durch die erwähnte Bronzetafel von Botorrita, die mit Sicherheit Götternamen enthält und ihrem Charakter nach wahrscheinlich eine (von den betreffenden Personen sanktionierte) *lex sacra* darstellt.

Die dem *Endovellicus* zugeeignete Inschrift der Kultstätte von San Miguel da Mota (Encarnação 1984, 561 ff.; Garcia 1991, 310 ff.) zeugt von Orakel-Handlungen, die – aus den dort festgehaltenen Wendungen *(ex visu, ex iussu numinis, ex responsu...)* zu schließen – auf Formen von *incubatio* hinzuweisen scheinen, wie Mangas (1978, 590) festgestellt hat, und es ist augenscheinlich, daß ein kultisches Zentrum mit diesen Zügen, in dem Dutzende von Inschriften erhalten sind, einen wohlorganisierten Priesterstand verlangte. Dieser schuf wohl die Hymnen zu Ehren der Gottheit, auf die bestimmte epigraphische Fragmente rückschließen lassen (Encarnação 1984, 482).

Aber auch die ikonographischen Zeugnisse enthalten sehr interessante Informationen. Die an anderer Stelle bereits erwähnte Opferszene, die auf einem Gefäß von Numantia abgebildet ist, zeigt zwei Figuren – mit bis zu den Füßen reichender Robe und kegelstumpfförmiger Haartracht –, die den Altar flankieren und die, in diese besonderen Gewänder gehüllt, nichts anderes als Priester sein können (Sopeña 1993, Abb. 11). Eine weitere sehr bedeutende ikonographische Komposition (Marco 1993 e) findet sich auf einem Gefäß von Arcóbriga (Monreal de Ariza). Sie zeigt eine menschliche Figur innerhalb eines kleinen Tempels, der von zwei Säulen, von denen Efeublätter herabhängen, und einem auf einem Bogen befindlichen Tympanon gebildet wird, das eine Abbildung zeigt, die einer Sonnenscheibe ähnelt. Das Ganze wird von zwei gehörnten Schlangen und zwei Hähnen flankiert. Aber das wesentlichste Element ist vielleicht der Baum, der aus dem Kopf der stehenden Person emporwächst (*Abb. 13*). Insgesamt ist der ikonographische Diskurs durch Synkretismus geprägt, mit eindeutig importierten Elementen, wie der architektonischen Struktur oder den Efeublättern, die in der klassischen Welt deutlich regenerative Bedeutung haben. Die abgebildeten Tiere jedoch – der Hahn, vor allem aber die gehörnte Schlange – spielen in der Vorstellungswelt der keltischen Völker im allgemeinen, und jener der Halbinsel im besonderen, eine hervorragende Rolle (man denke nur an die Schlangen der keltiberischen Stelen der Werkstatt von Clunia: Abásolo – Marco 1995, 337).

Abb. 13. Gefäß aus Arcóbriga (nach Aguilera y Gamboa).

Dasselbe gilt für den Baum, dessen Bedeutung in der religiösen Anschauung der Kelten durch literarische Zeugnisse – wie etwa die berühmte Stelle von Plinius (*NH* 16, 249) über die Abnahme der Mistel in den Eichenwäldern –, epigraphische Quellen (Czarnowski 1925, 8 ff.), archäologische Funde – in Manching entdeckter Goldbaum mit Efeublättern; in Votivschächten deponierte Bäume, wie etwa in Holzhausen (Bayern) oder in Le Bernard (La Vendée, Frankreich) (Piggott 1974, 64 ff.) – oder auch durch das "Baumzentrum" (Ross 1986, 109) der Kultstätte von Emain Macha (Armagh, Irland) gut belegt ist. Besonders bedeutsam ist die Verbindung des Druiden zum Baum, zum Wald und zum Begriff *nemeton*, der für die keltische Kultstätte schlechthin steht (Marco 1993 e, 542). In einer gallo-römischen Werkstätte in Galane, Lombez (das alte Casinomagus), findet sich ein Bildnis, das aus semantischer Sicht mit jenem von Arcóbriga nahezu identisch ist, auch wenn die Abbildung umgekehrt ist: ein menschlicher Kopf schließt die Darstellung eines Baumes ab, der seinerseits von zwei Bäumen flankiert wird (Mesplé 1957, Taf. III, no. 48. Es scheint offensichtlich zu sein, daß dieses Modell von einheimischen Kunsthandwerkern hergestellt wurde, die auf gröberen Gefäßen die *terra sigillata* imitierten. Sicher ist, daß in beiden Fällen eine klare Verbindung besteht zwischen dem Baum – der das Symbol der Aszension *par excellence* darstellt und in wesentlichem Zusammenhang mit den Unterweisungen der Druiden steht – und dem Kopf, Sitz des Lebens und der spirituellen Prinzipien des Menschen in der alten Keltenwelt. An dieser Stelle möchte ich daran erinnern, daß – obwohl verschiedenen etymologischen Ursprungs – die Wurzel **u̯id-*, die dem Wort 'Druide' zugrunde liegt, im Keltischen homonym mit der Bezeichnung des Baumes ist (**u̯idu-*, irisch *fid*).[30] Es besteht eine mystische Verbindung zwischen der religiösen und magischen Wissenschaft und den Bäumen (der Erkenntnis), und die Druiden sind nicht nur „sehr weise", sondern auch – in diesem Sinn – „Menschen des Baumes", wie der erwähnte Plinius-Text klar aufzeigt.[31]

Die kriegerische Tugend: Ethos und Glauben

Wir haben die Religion als symbolisches System definiert, dessen Aufgabe die Verbindung der Wertvorstellungen *(Ethos)* und der Glaubensüberzeugungen, des Weltbildes eines Volkes ist. In diesem letzten Teil der Studie konzentriere ich mich auf die Analyse der sozialen Werte, die mit jenen der Führungsschicht übereinstimmen, und darauf, wie diese Werte mit den existierenden Glaubensüberzeugungen – z.B. bezüglich des Jenseits mit der kriegerischen Tugend als wesentlichem Bestandteil – in Beziehung stehen.

Zwar waren die aus den Inschriften gewonnenen Daten eine unverzichtbare Voraussetzung für die Kenntnis zumindest der Namen der Götter der Völker in dem indogermanischen Hispanien, wobei sich diese Götter gut in ein generelles Schema einfügen, das wir von den Kelten im allgemeinen kennen; und gerade die archäologischen Zeugnisse waren für die Rekonstruktion der Rituale von größter Bedeutung. Was wir aber über das Wertesystem und den Totenglauben im keltischen Hispanien wissen, fanden wir in den literarischen Quellen und in ikonographischen Analysen. (Der Terminus „keltisches Hispanien" ist dabei – wie wir uns erinnern – eher großzügig auszulegen, da nach Meinung der meisten Gelehrten noch andere indogermanische, aber nichtkeltische Sprachen, wie etwa das Lusitanische, dort angenommen werden müssen.)

---

30 Das *d* von **u̯id-* „wissen" repräsentiert idg. **d*, das von **u̯idu-* „Baum" idg. **dh*. Der Unterschied ist im Germanischen (wenn auch lautverschoben) deutlich zu erkennen: *witan* (got.) „wissen" – *widu* (altsächs.) „Baum". Im Keltischen sind idg. **d* und **dh* in *d* zusammengefallen, daher die lautliche Annäherung der beiden Wörter mit der Möglichkeit semantischer Assoziation.

31 Die eigentlich richtige Etymologie von 'Druide' (kelt. **dru-u̯id-*) ist „das Wissen von der Eiche habend", „eichenkundig" (mit dem indogermanischenWort für „Eiche", **drū-*, im Vorderglied); siehe Meid 1998.

In den klassischen Quellen (Kremer 1994) wurde immer die furchterregende Erscheinung der Kelten im Krieg betont; auch unterstrichen sie – ausgehend von der Beschreibung des keltischen Kriegers, die uns Polybios im zweiten und Poseidonios zu Beginn des darauffolgenden Jahrhunderts lieferten (diese Angaben wurden von Strabon und Diodorus Siculus übernommen) – neben den durch verschiedene ikonographische Zeugnisse bestätigten physischen Merkmalen, die von den eigenen Wertvorstellungen am weitesten entfernten Aspekte (worin die Dichotomie zwischen Zivilisation und Barbarentum zum Ausdruck kommt) wie Irrationalität, Prahlerei und Übertreibung, Leichtfertigkeit und Unüberlegtheit und vor allem die Wildheit und die Kriegsbegeisterung *(feritas, ferocia, belli furor)*, wie sie Titus Livius besonders in den Keltiberern sah. Und gleichzeitig wird in unseren Quellen überraschenderweise beharrlich auf den scharfen Verstand und die ihnen eignende natürliche Beredsamkeit und Intelligenz hingewiesen. Diese Betonung der *feritas celtica* (Marco 1993c) in den griechisch-lateinischen Quellen ist nicht verwunderlich, wenn man bedenkt, daß das römische Imperium vor allem deswegen möglich wurde, weil es sich die verschiedenen keltischen Völker in Europa unterwarf und sich dies als besondere Leistung anrechnete.

In gewisser Weise überrascht der Fortbestand bestimmter Wesenszüge, die die Quellen den schrecklichen keltischen Kriegern als Charakteristika zuweisen und die in anderem Zusammenhang explizit zum Ausdruck kommen: es herrscht eine augenscheinliche Koinzidenz zwischen Polybios' Beschreibung der gaesatischen Krieger in der Schlacht von Telamon 225 v. Chr. (2, 28 ff.), wo diese unbekleidet nur mit ihren Waffen und einer Torques um den Hals in den Kampf zogen, und der Statue auf dem Grabhügel von Hirschlanden aus dem sechsten Jahrhundert v. Chr. oder auch – um auf unser Gebiet zurückzukommen – den Figuren der asturischen Diademe aus Mones *(siehe unten)*. Diese Ähnlichkeiten erinnern daran, daß der Krieg eine wesentliche Beschäftigung der Kelten war, was seinen Einbezug in das Werte- und Glaubenssystem dieser Menschen erklärt. Diese Aspekte haben Gabriel Sopeña (1993) und Pilar Ciprés (1993) in hervorragender Weise beleuchtet.

Kriegerische Rituale: Gesänge und Tänze

Die Beziehung bestimmter in der Religion wurzelnder Praktiken zum Krieg wurde in bezug auf Rituale, wie etwa das Wahrsageopfer der Lusitaner, bereits besprochen, wobei in Verbindung mit Initiationsriten – wie sie etwa in den „Saunen" im Westen der Iberischen Halbinsel stattfanden – die Hypothese der Existenz von Kriegerverbänden aufgegriffen wurde. In den literarischen Quellen gibt es Hinweise auf das Vorhandensein von kriegerischen Tänzen und

Lobgesängen bei den einheimischen Völkern. So berichtet Silius Italicus (*Pun.* 346 ff.), daß die Galizier den Rhythmus hielten, indem sie mit der *caetra* schlugen, oder Diodorus Siculus (5, 34, 4), daß die Lusitaner in Friedenszeiten Tänze aufführten, und daß sie – dies erscheint, wie wir später noch sehen werden, noch bedeutender – im Krieg singend in den Kampf zogen und den Feind angriffen. Dieser interessante Hinweis, den wir zweifellos Poseidonios zu verdanken haben, wird von Appian bestätigt, der in einer Textstelle (*Iber.* 67) den Angriff erwähnt, den Viriatus mit 6000 Männern gegen die Truppen von Servilianus führte, bei dem nach seinen Angaben das für die Barbaren typische Durcheinander und Geschrei herrschte, wobei die Einheimischen – wie sie es bei Kämpfen immer taten – ihre Haare durcheinanderwirbelten, um dem Feind Angst einzuflößen. Auf den keltiberischen Keramiken finden sich Szenen dieser Art: z.B. in Izana (Soria) oder in Numantia, dem Fundort einiger Fragmente, auf denen tanzende Krieger mit Hörnern in den Armen zu sehen sind (Sopeña 1993, 289, Abb. 1).

Diese kriegerischen Tänze und Gesänge verfolgten einen doppelten Zweck: wie schon Appian erwähnt, dem Feind Angst einzuflößen, vor allem aber sollten sie den Kampfesgeist des Kriegers entflammen und ihn in Trance versetzen. Diese Kriegspraktiken sind von den Germanen (Tacitus, *Germ.* 3, 1–2) und von anderen keltischen Völkern hinlänglich bekannt. Polybios (2, 29) und Titus Livius (5, 37) beschreiben ausführlich den gallischen Brauch, vor dem Kampf zu tanzen und zu singen und dann mit dem ohrenbetäubenden Lärm von Trompeten und Hörnern in die Schlacht zu ziehen. Bei den hispanischen Keltiberern war es genauso: im Numantinischen Museum von Soria werden solche Kriegstrompeten aufbewahrt, wie sie in den Quellen beschrieben werden.

Der Zweikampf

Diodor (5, 29, 2) und Dionys von Halikarnaß (14, 9) überliefern auch noch einen anderen charakteristischen Brauch der Gallier: und zwar jenen des Zweikampfes der Tapfersten aus den Reihen der beiden Gegner, die dazu herausfordern, indem sie – ihre Waffen schwingend – in die Mitte der Tanzenden vordringen und mit Gesängen die Heldentaten ihrer Vorfahren preisen. Die hispanischen Kelten beteiligen sich aktiv an diesem Ritual, was Silius Italicus mit den Worten *sacra voluptas* (346 ff.) beschreibt. An Beispielen dafür mangelt es nicht (Sopeña 1995, 120 ff.). Im Jahr 151 v. Chr. wollte ein Vakkäer vor den Mauern von Intercatia wahllos einen der Römer herausfordern, um sich mit ihm zu messen; da aber keiner auf seine Provokation reagierte, machte er sich über sie lustig und zog sich nach einem Siegestanz wieder zurück. Schließlich nahm Scipio Aemilianus die Herausforderung an, und es gelang ihm, den Hispanier zu töten (Appian, *Iber.* 53). Von Plinius stammt ein sehr interessanter Hinweis zu diesem Thema; er gibt an, in verschiedenen Schriften gelesen zu haben, daß der Sohn des von Scipio getöteten Bürgers von Intercatia einen Sattel verwendete, in den eine Szene dieses Kampfes eingeritzt war. Im Jahr 143 oder 142 tötete Quintus Occius – der Legat des Metellus – einen jungen Keltiberer, der ihn zum Zweikampf herausgefordert hatte; in einem weiteren Kampf bereitete er einem keltiberischen Stammesführer namens Tiresius (oder Pirresus) eine vernichtende Niederlage: nachdem er die Überlegenheit des Römers eingesehen hatte, übergab ihm Tiresius sein Schwert und seinen Mantel, während Occius ihm versicherte, nach dem Kampf einen Freundschaftspakt *(hospitium)* mit ihm schließen zu wollen (Val. Max. 3, 2, 21; Liv., *Per.* 124).

Die irische Mythologie kennt sehr eindeutige Parallelen zum für die Kelten charakteristischen rituellen Tanz und Gesang; in diesem Zusammenhang wird es genügen, nur die bekanntesten Fälle zu erwähnen, wie z.B. Lug, bevor er gegen die Fomoire – dem personifizierten Chaos – in den Kampf zieht, oder Cú Chulainn, dessen Eigenschaft als gnadenloser Vernichter des Gegners in den Praktiken der Kriegerverbände der Fianna eine Entsprechung findet. Diese Verbindungen zur Welt der vorbildlichen Helden und der Götter selbst (vergleiche auch die bei Tacitus *Germ.* 3, 1 erwähnte Verherrlichung des germanischen „Herkules" vor der Schlacht) hat Sopeña (1993, 120 ff.) als Elemente gedeutet, die bestimmte, in einer sehr präzisen Symbolstruktur real ineinandergreifende, mythische Begebenheiten – die wir bedauerlicherweise nicht bestimmen können – hervorrufen, bei deren Aktualisierung die Frauen eine bedeutende Rolle spielen. Diese garantieren durch ihre Lieder nicht nur das Weiterbestehen der Tradition (wie Sallust in *Hist.* 2, 92 für Keltiberien schreibt), sondern spornen auch die Krieger – ihre Ehemänner – zu besonderen Leistungen an, was – abgesehen vom zuvor zitierten Autor – auch Plutarch für die Salmantinerinnen angibt (*de virtute mul.* 248 e). Ein weibliches *Ethos* also, das im wesentlichen mit den Informationen von Tacitus über die Germaninnen und ihren Mut im Kampf vergleichbar ist (*Germ.* 7, 3 und 8, 2).

Wir verfügen über ikonographische Zeugnisse, die den Zweikampf belegen: etwa der sogenannte numantinische "Kriegerbecher" mit einer Darstellung eines Zweikampfes, wobei der Kämpfer zur Linken – wie es bei den Kelten allgemein üblich ist – einen Helm mit der Spitze in Form eines Hahnes trägt und zur Betonung der Heldenhaftigkeit der Szene Seepferdchen eingesetzt sind (*Abb. 14*). Ein Becher aus San Miguel de Liria, der im Prähistorischen Museum von Valencia aufbewahrt wird, zeigt einen Zweikampf, bei dem die Krieger durch eine auf zwei Flöten spielende Frau und einen ein großes Horn blasenden Mann flankiert werden. Hier handelt es sich um die Darstellung eines Zweikampfes, der – wie schon Fernández Nieto (1992) bemerkt hat – den Einfluß einer hispanokeltischen Institution – nämlich jener des gerichtlichen Duells zur Schlichtung von Streitigkeiten und Meinungsverschiedenheiten – auf ein iberisches Umfeld im Osten widerspiegelt. Eine keltiberische Institution, die auch bei Titus Livius ein Echo findet, wenn er aus Anlaß des von Scipio zu Ehren seines Vaters und seines Onkels in Carthago Nova nach der Einnahme von Castulo im Jahr 206 v. Chr. abgehaltenen *munus gladiatorium* den Zweikampf zwischen den beiden Vettern ersten Grades Corbis und Orsua (Namen keltischer Herkunft) erwähnt, die – nachdem sie Mars als Richter bestimmt hatten – durch einen Kampf auf Leben und Tod die Nachfolge auf dem Thron ihrer Stadt regelten, wobei schließlich ersterer aufgrund größerer Erfahrung den Sieg errang (Liv. 28, 21, 6 ff.).

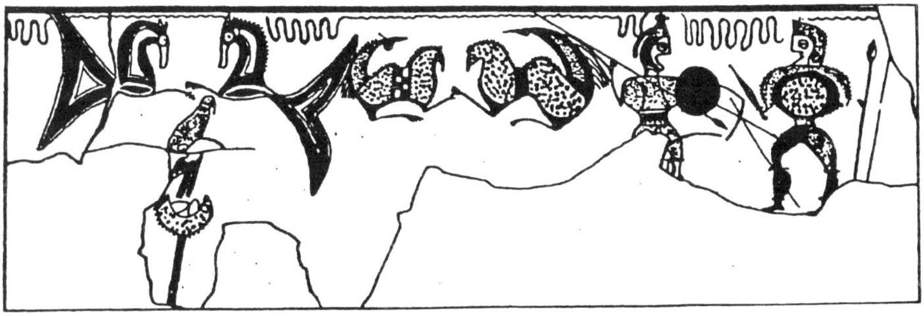

Abb. 14. „Vase der Krieger" aus Numantia (nach B. Taracena).

Wir haben somit Ausdrucksformen einer Ethik des Wettkampfes vor uns, die Sopeña (1995, 120 ff.) als Schlüsselelemente in der Anthropologie der Keltiberer ansah. Die Institution der Herausforderung und der Zweikampf stellen die hispanische Version eines keltischen Phänomens mit universellem Einflußbereich dar, und zwar jenes des im Irischen so genannten *fír fer* („Wahrheit der Männer"), des zur Schlichtung jeglicher Art von Auseinandersetzung dienenden Zweikampfes nach bestimmten Ritualen und Regeln des *fair play* (O'Leary 1987) – Zweikampf, wie er im wohlbekannten *topos* des Streites um die „Heldenportion" im Kreis der Festtafelrunden in der irischen Heldensage und schon bei Poseidonios vorkommt.

Enthauptung und Abtrennung der Hände

Durch Poseidonios von Apamea, den für unser Wissen über die keltische Ethnographie bedeutendsten Autor, ist uns ein für diese Völker charakteristischer Brauch überliefert, den die von ihm abhängigen Autoren in augustäischer Zeit aufgriffen. Beachtenswert ist dabei Diodorus Siculus (5, 29, 5):

> „Sie hauen den im Kampfe Erschlagenen die Köpfe ab und befestigen sie an den Mähnen ihrer Pferde .... Sie balsamieren die Köpfe ihrer prominentesten

Feinde in Zedernöl ein und bewahren sie sorgsam in einer Truhe auf. Voll Stolz zeigen sie sie fremden Besuchern; ein solcher Mann erklärt, daß weder einer seiner Ahnen noch sein Vater noch er selber auch noch so viel Geld dafür genommen hätte. Einige rühmen sich, daß sie auch das Gewicht des Kopfes in Gold abgelehnt hätten und beweisen damit eine barbarische Art von Seelengröße."

Und Strabon fügt hinzu (4, 4, 5):

„Poseidonios berichtet, daß er selber viele Male diesen Anblick gesehen habe, der ihn zuerst abstieß; dann aber habe er sich an den Brauch gewöhnt und ihn gelassen ertragen."

Es handelt sich hier um einen der charakteristischsten Bräuche der alten keltischen Völker (Reinach 1913; Onians 1951; Benoit 1948 und 1970, 21 ff.; Sopeña 1995, 149 ff.), zumal die literarischen Hinweise nicht nur von Seiten der Archäologie, sondern auch durch die zahlreichen Zeugnisse der irischen und walisischen Epik bestätigt werden. Daß besagter Brauch nicht nur bei den transalpinen Galliern üblich war, wird dadurch bewiesen, daß Titus Livius ihn den cisalpinen Kelten (10, 26, 11: über die Senonen in der Schlacht von Sentinum im Jahr 295; 23, 24, 6: über die Boii im Jahr 216, die den mit Gold überzogenen Kopf des römischen Konsuls Postumius Albinus als Kelch verwendeten) und den Galatern in Kleinasien (38, 24) zuschrieb, sowie durch den gleichlautenden Hinweis Justins bezüglich der Kelten in Makedonien (24, 5: der Heerführer Bolgios stellte den Kopf des enthaupteten Ptolemaios Keraunios auf der Spitze seiner Lanze zur Schau), oder auch durch die Berichte von Florus (3, 4, 1) und Ammianus Marcellinus (27, 4, 4) über die Skordisker (die mit Vorliebe aus den Schädeln der Erschlagenen tranken).

In keiner Quelle wird Ähnliches den hispanischen Kelten zugeschrieben, jedoch verfügen wir über archäologische Zeugnisse für die Völker der Iberischen Halbinsel. Eine Reihe von Fibeln (Almagro Gorbea – Torres Ortiz, im Druck), die für Keltiberien und die angrenzenden Gebiete charakteristisch sind (Soria, Guadalajara, Zaragoza, Burgos, León), weisen ein von einem Pferd – mit oder ohne Reiter – hängendes menschliches Haupt auf, worin – neben dem provenzalischen Relief von Entremont, das einen Reiter zeigt, an dessen Pferd ein Schädel hängt – der überzeugendste archäologische Beweis für dieses von den erwähnten Autoren überlieferte Ritual zu sehen ist (*Abb. 15*). Andererseits wurden in Numantia, in Dörfern des Nordostens wie Ullastret oder Puig Castellar und in Garvão (portugiesische Algarve) zum Teil mit Nägeln durchbohrte Schädel gefunden. Das Monument von Sant Martí Sarroca (Barcelona) zeigt eine sitzende Person assoziiert mit Köpfen an den Seiten (Guitart 1975). Diese

Materialien wurden vor kurzem von Almagro und Lorrio (1991) systematisch erfaßt und erinnern – zumindest was die Schädel betrifft – an die bekannten Anlagen von den keltischen und kelto-ligurischen Völkern aus der Languedoc und der Provence (Benoit 1970, 18 ff.; Arcelin – Dedet – Schwaller 1993) mit Kapellen und Säulengängen, in deren Nischen sich menschliche Schädel befinden (Ähnliches sieht man auch in Befestigungsanlagen wie jener von Cosgrove in Northamptonshire). Ebenso findet man in der Numismatik Darstellungen dieser Praktiken, wie z.B. eine Münze von Cunobelinus einen Krieger mit einem menschlichen Schädel zeigt. Die literarischen Quellen schreiben diese Praxis auch anderen antiken Völkern zu; man muß sich nur den Text von Tacitus in Erinnerung rufen, wo er beschreibt, welchen Eindruck der grausige Anblick der von den Bäumen herabhängenden Schädel am Schauplatz der Varus-Schlacht im Teutoburger Wald auf Germanicus gemacht hat (*Ann.* 1, 61).

In der irischen und walisischen Sage ist der Brauch des Abtrennens und Aufbewahrens des Kopfes des Besiegten umfassend belegt. In der *Táin Bó Cuailnge* enthauptet Cú Chulainn in der Ebene von Murthemne zwölf Feinde und reiht die Schädel auf Steinen aneinander; Conall Cernach, ein weiterer Held aus dem Ulster-Zyklus, brüstet sich in der Geschichte vom *Schwein des Mac Dathó* damit, daß er jede Nacht den Kopf eines erschlagenen Connacht-Mannes unter seiner Kniekehle liegen habe. Wenn es den Freunden eines im Kampf gefallenen Kriegers gelingt, ihm bei ihrem Rückzug den Kopf abzutrennen und darauf einen Grabhügel aus Steinen zu errichten, bewahren sie ihn davor, als Trophäe zu enden, da dieser Grabhügel als Heiligtum für die Gefallenen gilt und nicht ohne Schande entweiht werden darf. Der Glaube an die dem Schädel innewohnende Macht erklärt, warum die Krieger einem Gefallenen das Gehirn entnahmen, es mit Erde vermischten und anschließend als Kugel geformt wie ein Geschoß verwendeten. Die Beispiele ließen sich endlos fortsetzen, genauso wie die Fälle von Verehrung der mit magischen Fähigkeiten ausgestatteten Köpfe von Vorfahren. Das Beispiel findet sich im *Mabinogi* von Branwen: Bran, „der Gesegnete", befiehlt seinen Gefährten, ihm den Kopf abzutrennen, der sie dann sprechend und nicht verwesend solange begleitet, bis er auf dem „Weißen Hügel" von London mit dem Gesicht zum Festland gewandt – um jedes Unheil von Britannien abzuwenden – eingegraben wird.

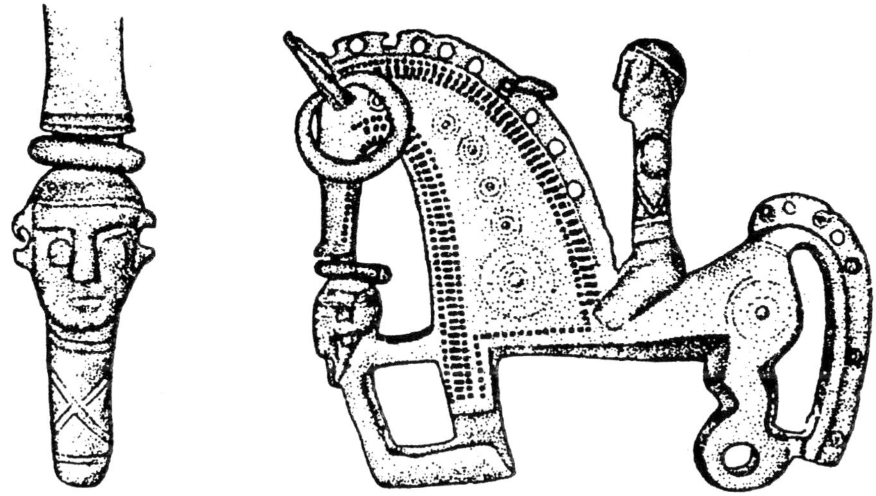

Abb. 15. Fibel unbekannter Herkunft (Museo Arqueológico Nacional de Madrid) (nach M. Lenerz de Wilde).

In der Sage *Cath Maige Tured* gibt *Dian Cécht*, der Gott der Heilkunst der *Túatha Dé Danann*, vor der Entscheidungsschlacht gegen die *Fomoire*, Lug den Hinweis, daß er jeden Mann heilen könne, solange dieser nicht enthauptet worden sei. Und wie bei anderen Völkern der Antike befindet sich auch für die Kelten das Zentrum des Lebens im Kopf (Onians 1951, 157). Dies erklärt die Allgegenwart des Kopfes in der keltischen Kunst – der „Kunst der Masken", wie sie Jacobsthal (1944) bezeichnete; natürlich beziehen sich nicht all diese zahllosen, in verschiedensten Darstellungen erscheinenden Köpfe auf das Ritual der Enthauptung.

Die von Blázquez (1958) und anderen Autoren gelieferten Deutungen der uns beschäftigenden Zeugnisse als Ausdruck von Menschenopfern scheinen nicht überzeugend zu sein. Wie Sopeña (1995, 152) bemerkte, lassen sich aus den literarischen Quellen zwei wesentliche Aspekte herauslesen. Einerseits ist die Enthauptung eine Schändung des besiegten Feindes; andererseits aber sind die abgeschnittenen Köpfe heilig und dienen der Abschreckung. Diese apotropäische Funktion dürfte sich auch in verschiedenen *Oppida* finden, wo beim Eingang der Befestigungsanlagen auf Pfählen Schädel ausgestellt wurden, wie es etwa in Bredon Hill oder in Stanwick (England) der Fall war.

In enger Verbindung mit jenem der Enthauptung steht ein weiteres, in unseren Quellen gut dokumentiertes Ritual: nämlich das des Abtrennens der rechten Hand, was im Text von Strabon über das lusitanische Opfer (3, 3, 6) erwähnt wird, der uns wiederum an den Bericht von Herodot über die Abtrennung des rechten Armes der von den Skythen geopferten Gefangenen erinnert (4, 62, 4). Das Abtrennen der rechten Hand der Besiegten dürfte bei der hispanischen Urbevölkerung schon seit alters her praktiziert worden sein (aus Diodor 13, 56, 5; 13, 57, 3 wissen wir, daß im Jahre 409, nach der Belagerung von Selinunt, die iberischen Söldner von Karthago die Köpfe der Gefangenen auf ihre Lanzen spießten und die abgetrennten Hände sammelten), und bei den Römern war es eine Form der Bestrafung. Im Jahre 141 ließ Servilianus im Zuge der Einnahme verschiedener von Viriatus besetzter Städte, wie Iscabia, Obulcola und Gemellae, 500 der Einwohner enthaupten und den Bewohnern von Conobia die Hände abhauen (Appian, *Iber.* 69), und Scipio tat das gleiche mit 400 Jugendlichen aus Lutia, um den Numantiner Rhetogenes[32] zu unterstützen (*ibid.* 93). Rechte Hände finden sich in Darstellungen auf Grabmälern Einheimischer in Alcañiz (Teruel) und insbesondere (Marco – Baldellou 1976) in Binéfar (Huesca) und bezeugen somit aus archäologischer Sicht diesen Brauch in der iberischen Region des Ebrotales, das dem Gebiet der hier behandelten Völker sehr nahe ist.

In einem Text von Florus wird darauf hingewiesen, daß für die Keltiberer Kapitulation gleichbedeutend war mit Handabhacken (1, 34, 3). Das heißt wohl, daß die rechte Hand alle Qualitäten des Kriegers in sich vereint und diese bei deren Verlust ebenfalls verlorengehen. Wir haben hier den Fall eines *pars pro toto*, der – wenn auch auf einer anderen Ebene – jenem ähnlich ist, der durch das Symbol der rechten Hand für Vertragstreue, Gastfreundschaft und Ehrlichkeit *(dextera hospitii)* ausgedrückt wird. Wenn nun die Hand das primäre Ausdrucksmittel für diese keltische Gastfreundschaft ist, von der Tacitus spricht (*Hist.* 1, 54), so ist es nicht verwunderlich, daß verschiedene einheimische *tesserae* diese Form haben. Wenn wir nun auf unser Interessensgebiet zurückkommen, so ist zu sagen, daß die rechte Hand mit der Waffe gleichgesetzt wird, welche sie führt. Dies erklärt, daß in der irischen Sage *Cath Maige Tured* der Gott der Heilkunst, *Dian Cécht*, die dem Nuadu abgeschlagene rechte Hand durch einen Silberarm ersetzen mußte, denn ohne diesen hätte dieser weder kämpfen noch regieren können. Und diese Eigenschaft der Abhängigkeit von der Hand ist für den Kopf noch stärker ausgeprägt: wenn man diesen dem Feind wegnimmt, so vernichtet

---

[32] Gräzisiert für echt keltiber. *Rectu-genos*.

man ihn vollständig, da man ihm die Grundlage seines Seins entzieht, so daß der Sieg für den anderen wiederum ein überwältigender ist. Hier liegen die Wurzeln für eine Praxis, die in den literarischen Quellen so deutlich hervorgehoben wird.[33]

Initiation und Devotio

Die enorme Bedeutung des Krieges bringt es mit sich, daß auch die bei Livius und anderen Autoren mit dem Terminus *iuventus* (νέοι bei Appian) bezeichnete Bevölkerungsgruppe im wehrfähigen Alter über eine gewisse Macht verfügt, wobei die Divergenzen zwischen dieser und dem politisch moderateren Stadtsenat in Episoden wie jener von Lutia (Appian, *Iber.* 94) oder Nertobriga offen zu Tage treten. Als die Bewohner von Nertobriga sahen, daß sie von den römischen Truppen des Marcellus belagert wurden, „schickten sie nicht einen Herold mit Heroldstab, sondern einen, der mit einem Wolfsfell bekleidet war und baten um Verzeihung“ (*Iber.* 48). Wie Pilar Ciprés (1993, 111) richtig vermutete, ist diese Textstelle dahingehend zu deuten, daß es den Älteren gelang, die *iuventus* zu überzeugen, besser um Gnade zu bitten. Auf der kantabrischen Stele von Zurita sieht man auf einer Seite die Sternensymbole, die wir zuvor angesprochen haben, und die andere, jene mit der Darstellung eines von Raubvögeln zerrissenen Leichnams, zeigt einen Reiter und mit dem Fell eines Caniden bedeckte Krieger (Sopeña 1993, 305, Abb. 48); auf einem numantinischen Tonkrug erscheint ebenfalls ein menschliches Haupt, das ebenso, anscheinend mit einem Wolfsfell bedeckt ist (Sopeña 1993, 300, Abb. 29). Dieses Fell könnte das Merkmal gewisser von Peralta (1990) bzw. B. García (1990) angenommener Kriegerverbände sein, die in der germanischen Welt den *berserkir* (den „Bärenhäutern“), Anhängern des Gottes Odin/Wodan, entsprechen, welcher mit einer dem gallischen Sucellos ähnlichen Unterweltsgottheit bzw. mit der von Cäsar als *Dis Pater* gedeuteten Gottheit vergleichbar ist (Boucher 1976).

Die durch Strabon (3, 35) und Diodorus Siculus (5, 34, 4) überlieferten Berichte des Poseidonios über das Räuberunwesen und den lusitanischen Raub, welche im Rahmen der für unsere Quellen typischen verleumderischen Tendenzen

---

[33] Ein Text von Sextus Aurelius Victor (*Vir.* Ill. 59), der sich auf Numantia im Jahre 137 v. Chr. bezieht, also auf den Höhepunkt der Kriege gegen Rom, die mit der totalen Zerstörung der Stadt endeten, ist dazu angetan, die früheren Berichte zu ergänzen. Der Vater eines Mädchens, das von zwei jungen Männern zugleich begehrt wurde, entschied, daß sie den ersten der beiden heiraten würde, der die abgehauene Rechte eines Feindes vorweisen könne: *Eo die Numantinis forte sollemni nuptum filias locabant; et unam speciosam duobus competentibus pater puellae condicionem tulit, ut ei illa nuberet qui hostis dexteram attulisset.*

(Ziprés 1993, 136) mit der Armut der Räuber erklärt werden, müssen auf der Grundlage des Textes von Diodor aus einer anderen Sichtweise heraus ebenfalls im Sinne einer religiösen Motivierung gedeutet werden. Solche Raubzüge als Initiationsriten der Jugendlichen, um den Status eines Kriegers zu erreichen, stellen ein typisches Element zahlreicher indogermanischer Gesellschaften dar (so etwa der germanischen Männerbünde oder der *Krypteia* im spartanischen Griechenland[34]). Autoren wie etwa Bruce Lincoln (1976) sahen in diesem „Mythos des Rinderraubes" den Ausdruck solcher Initiationspraktiken, welche durch die Episode von Herkules und den Stieren des Geryoneus sowie durch die irische Erzählung *Táin Bó Cuailnge* ("Das Wegtreiben der Rinder von Cuailnge") überliefert sind. Die Wanderung der Keltenfürsten Bellovesus und Segovesus nach Italien und zur Donau, die Titus Livius (5, 3, 4) als Erklärung für die keltische Expansion über ganz Europa hernimmt (Marco im Druck 4), erinnert – genauso wie die Wanderungen der Lusitaner – an die Institution des *ver sacrum* („gottgeweihter Frühling") bei den italischen Völkern (Heurgon 1957), bei dem eine aus dem eigenen Gebiet auswandernde Generation Jugendlicher sich dem Mars weiht.

Aus diesem Blickwinkel mit der Religion als Hintergrund und der kriegerischen Aktivität als verbindendem Glied müssen auch einige einheimische Formen ungleicher Beziehungen gesehen werden, bei denen die Untergebenen ihr Leben opfern – *devovere* –, wenn das Oberhaupt stirbt. Die *devotio* (Ciprés 1993, 124-29) scheint für die Völker des indogermanischen Hispanien charakteristisch zu sein. Sallust (*Hist.* 1, 125) und Valerius Maximus (2, 6, 16) erwähnen sie in Zusammenhang mit den Keltiberern, und Plutarch bringt sie in Verbindung mit der Person des Sertorius:

> „Es war der Brauch bei den Iberern, daß diejenigen, welche die Garde eines Generals bildeten, mit ihm untergingen, wenn dieser im Kampfe fiel; die Barbaren dieses Landes nennen es 'Weihe'. Anderen Anführern stellt sich nur ein kleines Häuflein von Bewaffneten und Gefährten zur Seite, welche das Gelübde abgelegt haben, für sie zu sterben. Dem Sertorius folgten jedoch mehrere tausend Männer, die entschlossen waren, sich für ihn aufzuopfern." (Sert. 14, 5-6)

Die Welt der Gallier und Germanen weist Parallelen zu einer solchen Beziehung auf, und zwar bei den von Cäsar erwähnten gallischen Söldnern (*BG* 3, 22, wo von Adiatuanus die Rede ist), oder auch bei dem *comitatus*, der nach den Angaben von Tacitus (*Germ.* 13, 2–4) dem *princeps* folgt, sowie im ältesten

[34] Dabei handelte es sich um überfallartige Unternehmungen der Jungmannschaft, deren Opfer gewöhnlich die Heloten waren.

Rom (ich verweise auf die einschlägigen Texte von Livius 8, 9 und anderer Autoren; vgl. Versnel 1976).

Indem die Treue zum Oberhaupt mit einer Aufopferung des eigenen Lebens verbunden wird, bewirkt der Mechanismus einer Institution wie jener der *devotio* eigentlich die Gleichsetzung der Religion mit der Macht mit dem Ziel, der herrschenden, auf der Hierarchie aufgebauten, Gesellschaftsordnung Gültigkeit zu verleihen. Hier sehe ich die ideologische Grundlage für die Ethik des Krieges, in der die von den *principes* vorgegebenen Werte zusammengefaßt sind: als Gegenleistung für eine als Selbstopfer verstandene *devotio* kann man durch einen – den Besten vorbehaltenen – „schönen Tod" den Eintritt in den Himmel erlangen (Ciprès 1993, 128). Hier liegt möglicherweise die äußerst praktische Seite einer religiösen Ideologie, welche sowohl dem Glauben als auch dem Ethos dieser Menschen Gestalt verleiht.

Die Heroisierung der einheimischen Principes: die Diademe von Mones und das Pektorale von Chão de Lamas

Die Heroisierung der einheimischen Honoratioren, die wir ohne Bedenken *principes* nennen können (ich nehme hier einen in Inschriften belegten Terminus, wo z.B. Nicer, Sohn des Clutosus auf der bekannten Stele von La Corredoira bei Vegadeo, als *princeps Albionum* – García y Bellido 1943 – oder Vecco in einer Inschrift aus Lugo als *princeps* der *Copori* bezeichnet werden), ist in verschiedenen Zeugnissen überliefert. Eine Deutung aus diesem Blickwinkel wäre angebracht für die heroisierten Individuen von den Skulpturen aus Lanhoso bei Ginzo de Limia (Orense) (Lenerz de Wilde 1991, Taf. 166) oder vor allem auch das Monument von Sant Martí Sarroca (Barcelona), dessen drei Köpfe auf der einen Seite an die plastische Darstellung erinnern, die bei den kelto-ligurischen Völkern der Provence gefunden wurde (Guitart Durán 1975), aber auch die mit Nägeln durchbohrten Schädel aus den näher gelegenen Anlagen von Ullastret und Puig Castellar.

Die Archäologie hat eine Reihe von außergewöhnlichen Fundstücken ans Licht gebracht, die ebenfalls mit der Heroisierung der einheimischen Eliten in Verbindung gebracht werden müssen, welche sich zum Teil in einer lückenlosen Ikonographie auf den hispanisch-römischen Stelen bis in die späte Kaiserzeit fortsetzt. Dabei handelt es sich um Prestige-Objekte. Dies ist der Fall bei den ziselierten Goldplättchen aus dem Lager von La Martela (Segura, Badajoz) im Herzen von Keltisch-Baeturien. Das sind drei trapezförmige Plättchen und ein Anhänger in Form einer Eichel, von denen angenommen werden muß, daß es Bestandteile von Halsbändern sind (Berrocal 1992, 144 ff. und Abb. 28). Da sie zwischen dem fünften und dem zweiten Jahrhundert v. Chr. datierbar sind, stellen sie ein interessantes ikonographisches Zeugnis dar. Neben offensichtlichen dekorativen Accessoires – Rosetten, Kügelchen und Kreise –, die jedoch wahrscheinlich Sonnensymbole darstellen, finden sich (in einer Anordnung, die wegen ihrer Ähnlichkeit mit dem, was Jacobsthal (1944) „Blätterkrone“ nannte, überrascht, in zahlreichen Darstellungen der La-Tène-Kunst präsent ist und in der einige Autoren Mistelzweige gesehen haben) von nach unten gerichteten Blättern umgebene menschliche Köpfe; auf einem der Fundstücke sind sie um die Vorderansicht eines Pferdekopfes gruppiert, der auf dem dritten Plättchen in dreifacher Ausführung wieder auftritt. Sowohl die Ikonographie als auch der Stil der Goldschmiedearbeiten weisen auf die Welt der Kelten hin.

Ähnlich gelagert ist der Fall der sogenannten "Lunula" aus Chão de Lamas (Miranda do Corvo, Conimbriga), die im Museo Arqueológico Nacional de Madrid aufbewahrt wird (*Abb. 16*). Gefunden wurde sie als Teil eines in der zweiten Hälfte des zweiten bzw. am Beginn des ersten Jahrhunderts v. Chr. verborgenen Schatzes, und es handelt sich dabei um ein silbernes Pektorale mit einer äußerst interessanten Ikonographie (Marco im Druck 2). Während die Enden mit zwei Schlangenköpfen abschließen, ragen im Inneren von Bronzemedaillons mit ziseliertem Rand als wesentliche Elemente zwei menschliche Köpfe heraus, die von zwei Raubvögeln, deren Greifarme gerade etwas zerreißen, und drei Wildschweinen flankiert werden, ganz links außen ist eine weitere als Vierfüßler gedeutete Figur mit einer darunterliegenden *caetra* zu sehen, von der ich allerdings glaube, daß sie eine menschliche Figur darstellen soll, deren Hände und untere Extremitäten verstümmelt sind. Zweifellos spiegelt dieses ikonographische Ensemble – eingebettet in ein Pektorale eines angesehenen Einheimischen – die gleiche Sphäre des Glaubens wider, die auch die bereits erwähnten Texte von Silius Italicus (*Pun.* 3, 340-43) und Aelianus (*de nat. anim.* 10, 22) über das Ritual der Aussetzung von Leichnamen von Kriegern beinhalten. Tatsächlich zeigt sich eine enge Parallele zwischen den zentralen Motiven dieses Fundstücks (Köpfe und Raubvögel) und jenen auf der Urne von Uxama.

Als wichtigsten Zeugen für die im indogermanischen Hispanien existierenden religösen Überzeugungen, die mit Prestigeobjekten der Führungsschichten in Zusammenhang stehen, wären noch die Golddiademe von Mones zu erwähnen (Piloña im Gebiet der asturischen Lugones), die traditionell mit Ribadeo und später mit S. Martín de Oscos im Westen Asturiens in Zusammenhang gebracht werden (López Monteagudo 1977). Die sieben Teilstücke werden im Museo Arqueológico Nacional (*Abb. 17*), im Instituto de Valencia de Don Juan (Madrid) und im Musée des Antiquités Nationales von St-Germain-en-Laye (Paris) aufbewahrt, und ein Text von Strabon über den Brauch der Völker im Norden, sich in der Stunde des Kampfes (3, 3, 7) die Haare mit einem Band zusammenzubinden, scheint zu bestätigen, daß es sich tatsächlich um Diademe handelt. Die Goldprägetechnik ist jener ähnlich, die beim Pektorale von Chão de

Abb. 16. Pectorale von Chão de Lamas (Photo: F. Marco).

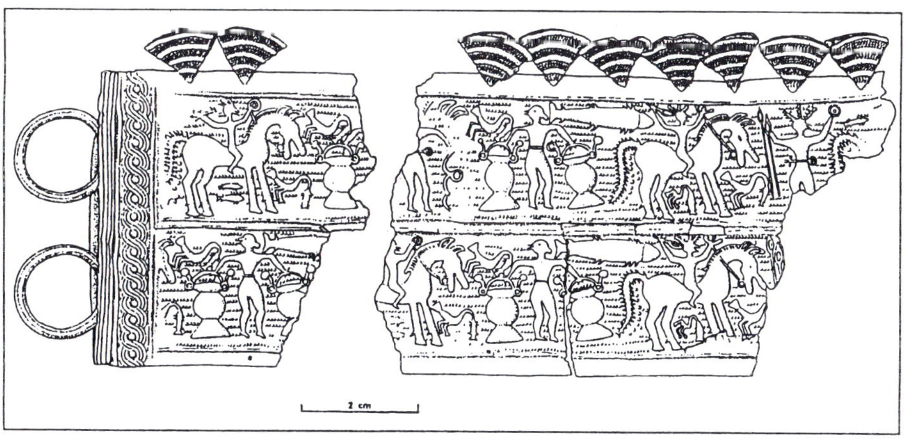

Abb. 17. Fragment eines Golddiadems von Mones (Piloña) (nach Anxo).

Lamas verwendet wurde, ebenso stimmt die Entstehungszeit überein (zweites bis erstes Jahrhundert). In anderen Arbeiten (Marco 1994 b) habe ich mich mit dieser Gruppe von Zeugnissen beschäftigt, die im Falle der asturischen Diademe einen unvergleichlichen ikonographischen Reichtum aufweist. Vor dem Hintergrund mehr oder weniger parallel laufender punktierter Linien, die auf ein Umfeld mit Wasser hinzuweisen scheinen, finden sich Kessel tragende Vogelkopffiguren ähnlich jenen von einigen Darstellungen auf keltiberischen Keramiken, stehende Krieger und Reiter (mit Hirschgeweihen oder Helmen mit drei Federbuschen auf dem Kopf, mit leichter Bewaffnung – Lanzen, kurze Schwerter, *caetrae* – und Torques, Wasservögeln, Fischen und Hunden aus der Vogelperspektive betrachtet). Diese Szenen, welche ikonographische Zeugnisse im keltiberischen und sogar im kontinentaleuropäischen Raum – wie etwa im Falle des Kessels von Gundestrup – aufweisen, reflektieren Schlüsselelemente der einheimischen religiösen Ideologie: im Konkreten, sie sind der Ausdruck der Heroisierung der Krieger und ihres Eingangs in das von der diesseitigen Welt durch Wasser getrennte Jenseits.

Die "lusitanischen Krieger"

Zur Zeit kennt man ca. 25 Statuen oder Fragmente von solchen, die bewaffnete stehende Personen darstellen, und zwar aus einer Region, die zwischen Miño und Duero den Norden Portugals und die spanische Provinz Orense umfaßt (Ferreira da Silva 1986, 291 ff.; Tranoy 1988). Die Funde können zwischen dem zweiten und ersten Jahrhundert v. Chr. datiert werden und sind infolgedessen unter dem Einfluß der Romanisierung entstanden, jedoch kann es auch sein, daß sie – wie Almagro Gorbea meint (im Druck 2) – mit der auf die Bronzezeit zurückgehende Tradition der Kriegerstelen im Westen der Iberischen Halbinsel in Zusammenhang stehen.

Offensichtlich handelt es sich um heroisierte einheimische *principes* (*Abb. 18*). Verschiedene Elemente sprechen für einen hispano-keltischen Charakter dieser Denkmäler, sowohl die Verwendung von Helmen im Stil der La-Tène-Kultur als auch das Vorkommen von Torques (eines der charakteristischen Elemente in der Ikonographie der großen alluvialen Steinblöcke, die von den Kantabrern in Vado als Grabmonumente verwendet wurden: Iglesias 1976, 89 ff.; Marco 1978, 59 und 109 ff.), Armbänder *(viriae)* oder die Anthroponyme selbst, die auf den Statuen vorkommen, auf denen ein lateinischer Text in die *caetra* bzw. in die Tunika der betreffenden Person eingraviert ist (Tranoy 1988, 223). Auf jener aus Castro de Rubias (Orense) wird *Adronus* – bzw. *Ladronus* –, Sohn des *Verotus* (idg. **u̯iros* "Mann", keltiberisch als *viros* bezeugt in Peñalba de Villastar; vgl. Untermann 1977), erwähnt; jene von S. Paio de Meixedo

Abb. 18. Lusitanischer Krieger von Lezenho (Photo: Palazzo Grassi, Venezia).

(Viana do Castelo) enthält in der vorderseitigen Inschrift den Namen *Clodamus* (wie *Clutosus* der Stele von Vegadeo von der idg. Wurzel **kleu-* "hören", **klutos* „berühmt" gebildet), Sohn des *Corocaudus*, und in der seitlichen Inschrift *L. Sestius Corocudius* – bzw. *Corocaurus* – (diese Namen enthalten idg. **koros* „Heer"); jene von S. Julião (Vila Verde) weist in der *caetra* den Namen *Malceinus*, Sohn des *Dovilo*, auf (Albertos 1966, 97). Diese Namen haben wie andere Personennamen aus dem indogermanischen Hispanien mit der gallischen Anthroponymie gemeinsam, daß sie auf die Kraft und Tapferkeit des Kriegers und auf die Welt des Krieges verweisen. Die normalerweise aus zwei Elementen bestehenden gallischen Namen betonen in ihren nicht unbedingt zu übersetzenden Zusammensetzungen den heroischen und kriegerischen Charakter dessen, der diese Namen trägt (*Caturix* „Kampfkönig", *Dumnorix* „Weltkönig", *Segomaros* „groß an Siegen", etc.). Das gleiche ist aus anderen indogermanischen Sprachen, wie etwa aus dem Germanischen oder dem Griechischen, bezeugt.

Auf dem Schild der in der Statue von Santa Comba (Refojos de Basto) dargestellten Person steht geschrieben *artifices Calubrigenses et Abianis f(aciendum) c(uraverunt)* (Tranoy 1988, 222), was die interessante Möglichkeit einräumt, daß es in der galizisch-lusitanischen Welt Wanderhandwerker gab, wie wir sie aus dem mitteleuropäischen keltischen Raum kennen (Megaw 1979). Es ist gut möglich, daß der Name des Adressaten auf der anderen dort gefundenen Skulptur zu finden ist.

Der Gedanke, daß – genauso wie bei der berühmten Statue von Hirschlanden – die Skulpturen der lusitanischen Krieger zur Markierung des Grabes des Stammesführers dienten, ist nicht von der Hand zu weisen und entspricht auch der Meinung von Leite de Vasconcelos (1913, 42-62, 615-616), die in der Folge auch von anderen Autoren vertreten wurde. Allerdings weist die Fundstätte am Eingang der Dörfer – wie etwa in Sta. Comba (Ferreira de Almeida 1981), Mozinho oder Sanfins (Ferreira da Silva 1986) – eher darauf hin, daß sie die Erinnerung an den Beschützer der Gemeinde wachhalten sollten. In diesem Sinne könnte man sehr wohl von einem „Ahnenkult" sprechen und diese Skulpturen mit jenen von den berühmten Säulengängen in Südfrankreich vergleichen. Es scheint hier angebracht, an den von Tertullian (*de anima* 57) aufgegriffenen Text des Nikandros aus Kolophon – ein Autor aus dem zweiten Jahrhundert v. Chr. – zu erinnern, der von dem Brauch der Kelten handelt, die Nacht bei den Gräbern ihrer Helden zu verbringen, wo sie dann Träume hatten, in denen sie vor bevorstehenden Gefahren gewarnt wurden (Grenier 1953).

So gesehen würden die sogenannten lusitanischen Kriegerstatuen eine Funktion des gesellschaftlichen Zusammenhalts ausüben, die jener ähnlich ist, welche im griechischen bzw. italischen Kontext der Held innehat, der einen „schönen Tod" stirbt (Vernant 1982, 45 ff.). Wie auch die Statuen der

Säulengänge und Nischen aus der Languedoc und der Provence (die sich in bestimmten Fällen – wie etwa in Nîmes und Entremont – schließlich in das städtische Umfeld einfügen) leisten diese Abbilder einerseits einen wichtigen Beitrag dazu, die Präsenz der verblichenen Heroen sinnfällig zu vergegenwärtigen; andererseits dienen sie aber auch – worauf Arcelin, Dedet und Schwaller (1993) im Zusammenhang mit den öffentlichen religiösen Räumen des französischen Südens hinwiesen – als sehr subtiles Element der hierarchischen Strukturierung des Gesellschaftslebens, denn in diesen findet die Oberschicht ein ideales Mittel für ihre Legitimierung. Da in diesem Typus einer Gesellschaft die kriegerische Funktion dominiert, ist die Heroisierung ausnahmsweise immer mit dem gesellschaftlichen Rang verbunden.

Möglicherweise stellen einige dieser Figuren nicht den Stammesführer, dessen Erinnerung mit den Statuen weiterlebt, selbst dar – dies scheint bei jenen mit lateinischer Inschrift und Angabe des Names der Person eindeutig zu sein –, sondern sollen eher die kriegerische Gemeinschaft symbolisieren, deren Stärke sich in der Darstellung eines anonymen Kriegers, eines exemplarischen Helden, zeigt, mit dem sich der Stammesführer identifiziert. Wie schon Tranoy meinte, sind wir in den Fällen, wo die onomastische Identität (zu Beginn der Kaiserzeit) bezeichnet ist – wie in S. Julião oder in S. Paio de Meixedo – im Besitz von Darstellungen einheimischer Honoratioren, die in traditioneller Art und Weise durch die Kollaboration mit Rom – in dessen Armee sie als Hilfstruppenführer fungierten – höheres Ansehen und Wertschätzung genossen. Dies trifft etwa zu für L. Sestius Corocaurus, dessen erste beiden Namen ihn mit L. Sestius Quirinalis in Verbindung bringen, einem Legaten, der in augustäischer Zeit eine überragende Position im Nordwesten innehatte (Tranoy 1988, 225). Allein die Verwendung der lateinischen Schrift zeigt die Integration dieser einheimischen Eliten; wie wir wissen, handelt es sich dabei um ein Schlüsselelement der Romanisation, das in anderen Regionen der Iberischen Halbinsel (man denke z.B. an die *Turma Salluitana* der Bronze von Ascoli: Criniti 1970) bzw. des Römischen Reiches zahlreich bezeugt ist.

Der Totenglaube: das Ritual des Aussetzens von Kriegern

Die Existenz dieses *Ethos*, dieser Werte, die durch die von uns geschilderten rituellen Elemente zum Ausdruck gebracht werden, ist nun verständlich im Zusammenhang mit religiösen Jenseitsvorstellungen, deren Quintessenz in einem Bestattungsritual zu finden ist, das den Besten, d. h. den auf dem Schlachtfeld gefallenen Kriegern, vorbehalten war. Hier sind die beiden folgenden literarischen Texte von erstrangiger Wichtigkeit:

Der erste stammt von Silius Italicus:

„Die Keltiberer betrachten den Tod im Kampf als eine Ehre und das Verbrennen des Leichnams des so Gefallenen als ein Verbrechen; denn sie glauben, daß seine Seele zu den Göttern des Himmels aufsteigt, wenn der Geier den gefallenen Körper verzehrt." (*Pun.* 3, 340–343)

Und der zweite von Claudius Aelianus:

„Die Vakkäer, ein Volk des Westens, schänden die Leichen derjenigen, die aufgrund einer Krankheit gestorben sind, da sie glauben, daß diese auf eine feige und weibische Art und Weise ums Leben gekommen sind, und werfen sie dann ins Feuer. Hingegen sind für sie jene nobel, tapfer und mutig, die ihr Leben im Kampf verloren haben, und diese werden dann den Geiern überlassen, die in ihren Augen heilige Tiere sind." (*de nat. anim.* 10, 22)

Diese beiden Texte sind von immenser Bedeutung, da sie den Glauben der hispano-keltischen Bevölkerung an ein Weiterleben nach dem Tod bezeugen. Dies hilft uns, den Grund des Rituals des Aussetzens zu verstehen, das eine im etymologischen Sinn des Wortes authentische "Opferung" darstellt, durch die der Krieger, dessen Körper der Geier als Psychopompos verschlingt und verdaut, in die geheiligte himmlische Sphäre aufgenommen wird (Sopeña 1987 und 1995). Gleichzeitig fügen sich diese Informationen in jene weitaus bekannteren über den keltischen Glauben an die Unsterblichkeit der Seelen[35] und scheinen das Jenseits in den Sternen zu lokalisieren; hier handelt es sich um ein Faktum, das von der charakteristischen Ikonographie der Grabstelen aus dem indogermanischen Spanien nicht zu trennen ist (Abásolo – Marco 1995).

Das Bild von Geiern bzw. Raubvögeln, die Leichen von toten Kriegern verschlingen – eine Bestätigung des Aussetzungsrituals –, erscheint nicht nur in Szenen der numantinischen Keramik (Sopeña 1995, 307), sondern auch auf Stelen und Grabmonumenten wie jenen von Zurita (Kantabrien: Sopeña 1995, 305, Abb. 48), El Palao (Alcañiz, Teruel: Marco 1976, 73 ff.) (*Abb. 19*) oder Binéfar (Huesca: Marco – Baldellou 1976, 117 ff.). Eine Urne aus Uxama (Soria) zeigt eine äußerst interessante Variante mit Raubvögeln in fischartigen Körpern neben viereckigen – anscheinend beflügelten – Gestalten, in deren Innerem ein Kopf zu sehen ist: zweifellos eine symbolische Darstellung der Himmelfahrt der Seele eines Toten, welche in der keltischen Welt am besten durch das Bild des Kopfes angedeutet wird (*Abb. 20*).

---

[35] Die Unsterblichkeit der Seele ist ein Schlüsselelement der druidischen Lehre, und im Einklang mit den Berichten der klassischen Autoren: Caesar, *B.G.* 6, 14; Diodor 5, 28; Pomponius Mela 3, 2; Lukan, *Phars.* 1, 450; Valerius Maximus 2, 6, 60.

Abb. 19. Ritual der Aussetzung und der Abtrennung der rechten Hand: Stele von El Palao (Alcañiz, Teruel) (Photo: M. Trasobares).

Abb. 20. Urne aus Uxama (Burgo de Osma, Soria) (nach C. García y Merino).

Allerdings scheint dieses Ritual nicht nur für die keltischen Gebiete in Hispanien und ihre Umgebung typisch zu sein. Durch Pausanias (10, 22) wissen wir vom Befremden, welches der Umstand, daß die Kelten des Brennus bei ihrer Invasion von Hellas im Jahre 280 die Leichen der im Kampf gefallenen Krieger nicht bestatteten, bei den Griechen hervorrief; und sowohl archäologische Funde (die menschlichen Knochenreste in belgischen Kultstätten wie Gournay-sur-Aronde oder Ribemont-sur-Ancre: Brunaux 1986, 1991; Cadoux 1991, 162) wie auch ikonographische Zeugnisse (beispielsweise Abbildungen auf der Urne von

Città delle Pieve, in der Gallia Cisalpina[36] , oder die Janus-Skulptur – in Verbindung mit dem Raubvogel – von Roquepertuse: Lescure 1991, 363) scheinen auf eine sehr viel weitere Verbreitung des Rituals der Aussetzung zu verweisen, als dies bis vor kurzem noch angenommen wurde. Dies könnte das sonderbare Fehlen von Nekropolen erklären, die von den Archäologen in anderen Gebieten des kontinentalen oder insularen Keltenraumes dokumentiert sind.

Somit kann man die Ursache des agnostischen *Ethos* besser verstehen, das von unseren Quellen oder auch den Informationen des Lukan dokumentiert ist, der berichtet, daß für die Gallier der Tod nur die Hälfte des Weges eines langen Lebens sei (*mors in media vita est: Phars.* 1, 468). Pomponius Mela (*Chor.* 3, 3) und Ammianus Marcellinus (15, 9, 8) weisen darauf hin, daß der den Toten beigegebene Hausrat ein Beweis dafür ist, daß die Kelten an die Unsterblichkeit der Seele glaubten, und Valerius Maximus (2, 6, 60) hebt hervor, daß die Gallier Geld verliehen, im Glauben daran, daß ihnen die Schulden in der anderen Welt zurückbezahlt würden, so wie auch Diodor berichtet, daß sie bei den Bestattungszeremonien an ihre Toten gerichtete Briefe ins Feuer des Scheiterhaufens warfen, in der Überzeugung, diese würden sie lesen (5, 28). Auch die den in den sehr reich ausgestatteten hallstattzeitlichen Grabanlagen (Vix, Hochdorf etc.) abgehaltenen Leichenbanketten zugrundeliegende Anschauung kann mittels dieser Sichtweise der Unvergänglichkeit der Seele bzw. des Weiterlebens in einer anderen Welt interpretiert werden.

Klassische Autoren wie Cäsar (*B.G.* 6, 14), Diodor (5, 28, 6), Ammianus Marcellinus (15, 9, 8) oder Valerius Maximus (2, 6, 60) bringen die Vorstellung von der Unsterblichkeit der Seele mit der pythagoreischen Theorie der Metempsychose oder Seelenwanderung in Verbindung. Jedoch scheint diese, verstanden als der Übergang psychischer Elemente von einem Körper in einen anderen, in der keltischen Welt nicht bezeugt zu sein; was hingegen – mit zahlreichen Beispielen in der insularen Literatur – sehr wohl dokumentiert ist, ist die Vorstellung der Metamorphose. Dies stimmt mit den Worten des walisischen Barden Taliesin überein: „Ich hatte eine Vielzahl von Gestalten, ehe ich meine endgültige Gestalt erreichte“. Etaín, die Gattin von Midir, dem Bruder des Dagda, ist einmal Frau aus der anderen Welt, Wasser, Wurm, Fliege und Schmetterling, ein andermal Wurm und irdische Frau (Le Roux – Guyonvarc'h 1978, 260 ff.). Diese Metamorphosen erklären die morphologische Instabilität,

[36] Dort hackt ein Raubvogel das Auge eines gefallenen Kriegers aus (Peyre 1979, 106 und Abb. 39). Es sei auch daran erinnert, daß in den irischen Sagentexten die Schlachtengöttin Bodb sowie die dämonische Morrigan häufig in Gestalt eines Raben oder einer Krähe erscheinen (Le Roux – Guyonvarc'h 1983; Green 1992, 38).

die die mythischen und göttlichen Personen kennzeichnet, und die den Glauben widerspiegelt, daß ihr Sein allen Reichen und Elementen des Kosmos zugehört.

Dieses Fließende der Vorstellungen, das für das keltische Denken, in dem es keine klare Trennung der Welten, hingegen sehr wohl eine Fusion des Physischen, Realen und Imaginären gibt, charakteristisch ist, scheint auch dem Weltbild der hispanischen Kelten Gestalt zu geben. Zumindest könnte dies aus der Untersuchung der keltiberischen Keramik abgeleitet werden, über deren Ausdrucksformen die Erzeugnisse von Numantia Aufschluß geben (Marco 1987). Auf diesen Gefäßen (Romero 1976), die – im Gegensatz zur herkömmlichen Annahme – erst nach der Zerstörung der Stadt entstanden sind (folglich aus der spätrepublikanischen Epoche und der frühen Kaiserzeit stammen) sind monstruöse oder hybride Gebilde in Szenen mit wahrscheinlich mythologischem Inhalt zu sehen, zu dem wir nur schwer Zugang finden. In einer Szene (Romero 1976, Taf. III, 22) ist ein großer Fisch mit offenem Schlund abgebildet, der dazu ansetzt, ein vor ihm stehendes Pferd zu verschlingen, dessen Schwanz in einen Stierkopf endet; auf einem anderen Kelch (Romero 1976, Taf. VIII, 82) ist im Hintergrund ein rechtsläufiges Hakenkreuz zu sehen, dessen Balken in Schwanenköpfe auslaufen (in den Erscheinungsformen des *Síd* in der insularen Mythologie spielt der Schwan unbestreitbar eine wichtige Rolle). Auf einem anderen Gefäß (Sopeña 1995, 289) ist eine mit Gürtel und Beinschienen ausgestattete menschliche Kriegerfigur mit Pferdekopf dargestellt, in einer seltsamen Umkehrung des Schemas zum Bildnis jener Gottheit, die in der gallischen Numismatik mit Pferdekörper und Menschenhaupt erscheint. Im schwierigen Versuch, die einheimische Weltsicht zu erschließen, erweisen sich die ikonographischen Zeugnisse – wie dies auch bei den Grabstätten der Fall sein wird – als Faktor von äußerster Wichtigkeit, und ihre Bedeutung verstärkt sich in Anbetracht der bereits erwähnten Spärlichkeit der literarischen Texte.

Die Ikonographie der Bestattung

Die mit Dekor versehenen Stelen aus dem Norden der Halbinsel (Abásolo – Marco 1995) stellen ein vorrangiges Forschungsgebiet für den doppelten Mechanismus der (einheimischen und römischen) *interpretatio* dar, der den Prozessen der Akkulturation innewohnte. Der besondere Charakter dieser durch die Romanisierung möglich gewordenen Monumente, die durch ihre Eigenwilligkeit aus dem Panorama der römischen Kunst der Provinzen des Okzidents hervorstechen, wurde gerade durch diese Fortdauer von Elementen des vorrömischen Kulturguts möglich. Wenn gewiß ist, daß die Typologie der Monumente oder bestimmter thematischer Motive nur durch die Einführung allochthoner Elemente erklärt werden kann – mit den militärischen Kontingenten als herausragenden Akteuren im von uns behandelten Gebiet –, so ist es ebenso unbestritten, daß die existierende Themenvielfalt oder die eindringliche Präsenz astraler Motive sich jener Möglichkeiten des Ausdrucks verdankt, die die Romanisierung den überlieferten Vorstellungen verleiht (was auch für die Wiedergabe der Theonyme in der Epigraphik gilt). In diesem Sinn drücken diese für das indogermanische Hispanien typischen Stelen die Ideologie des Totenkultes von Völkern aus, die sich zwar im Prozeß der Romanisierung befinden, deren autochthone Prägung jedoch – die auf einer anderen Ebene in der Onomastik vieler Inschriften sichtbar ist – im Gegensatz zum wahrnehmbaren Horizont ähnlicher Monumente im Süden oder Osten der Halbinsel steht (Marco 1985). Man könnte somit von einer „romano-keltischen" Kunst sprechen, die einen ziemlichen Abstand zur Gestaltung, dem begrifflichen Inhalt oder dem Realismus der Darstellung aufweist, die üblicherweise der funeralen Ikonographie der griechisch-italischen Welt Gestalt geben. Es handelt sich um Werke, die – angesichts der „römischen" Kultur, welcher die offiziellen Produkte oder ihre privaten Imitationen verpflichtet sind – eine einheimische Kultur widerspiegeln, welche mit den vorrömischen religiösen Traditionen sehr verwandt ist.

In Clunia befindet sich eine Werkstätte (Abásolo – Marco 1995, 335) mit klar einheimischer Produktion (aufgrund ihrer Bedeutung vergleichbar mit jenen von Bajo Aragón oder Katalonien, beide bereits im iberischen Raum), die eindeutig in der voraugustäischen Ära, zwischen dem ersten und zweiten Jahrhundert v. Chr., entstanden ist, und wo sich einige Inschriften in iberischem Alphabet finden – welches, wie wir bereits erwähnt haben, als „nationale Schrift" der hispanischen Kelten anzusehen ist, so wie es die griechische Schrift für die Kelto-Ligurer im Süden Frankreichs war. Die entscheidende ideologische Komponente besteht in der Heroisierung des Verstorbenen, und zwar durch Überhöhung seiner Kriegstaten. Die Reiter-Apotheose der Stelen von Clunia, Lara de los Infantes – Stele von Madigenus Calaetus – oder Bezares (Burgos) zeigt höchst interessante Parallelen zu den Bildnissen von Reitern auf den Münzen (vielleicht, wie Salinas de Frías 1994 vermutet hat, eine generische Darstellung der *nobiles equites*, die von den lateinischen Autoren erwähnt werden), und die Darstellung der vom Reiter als Trophäen vorgezeigten Schilde *(caetrae)* stellt einen weiteren Ausdruck des Rituals der abgeschlagenen Köpfe dar, das uns aus den literarischen Quellen oder den keltiberischen Fibeln selbst bekannt ist.

Die diskoide Typologie der Exemplare der Werkstätte von Clunia scheint eindeutig einheimisch zu sein und wiederholt sich auf den sogenannten kantabrischen „Riesenstelen" (Barros, Lombera, Zurita, mit Durchmessern bis zu zwei Metern), die eine sehr reichhaltige astrale Ikonographie aufweisen (Abásolo – Marco 1995, Taf. 12), in der sich Hakenkreuze und zunehmende Mondsicheln mit Kreisen verbinden – eine Verbindung, die sich bereits auf einigen hallstattzeitlichen Reliefs findet, oder auf weiteren keltiberischen und asturischen Stelen (Coaña, Aller, Duesos – Caravia –, mit Hakenkreuz und Bandmotiven, wie sie für die Reliefs aus Castrogeriz typisch sind). Denselben einheimischen Charakter weisen die anthropomorphen Stelen von Forniellu, Molleda oder Selorio in Asturien auf (Abásolo – Marco 1995, 336), in denen vielleicht eine Tradition aus der Bronzezeit andauern könnte, die sich durch allmähliche Anthropomorphisierung der Formen in die Eisenzeit fortsetzt – wie beipielsweise bei jenen von Faiões, Oporto oder Segura del Toro (Almagro Gorbea, im Druck 2).

Möglicherweise kann der außergewöhnliche Charakter der riesigen Monumente von Kantabrien besser erklärt werden, wenn man sie mit dem ungenannten Gott in Verbindung bringt, den – wie Strabon an der bereits erwähnten Stelle bemerkt (3, 4, 16) – die Keltiberer und ihre nördlichen Nachbarn verehrten *(siehe oben)*. Die für sie auf jeden Fall charakteristische Astralsymbolik wird eines der Unterscheidungsmerkmale zu den späteren hispano-römischen Stelen darstellen (mit der Hinzufügung – und dies setzt meiner Meinung nach eine einheimische Neuinterpretation allochthoner Elemente voraus, besonders in den Exemplaren aus dem Westen der nördlichen Meseta (Abásolo – Marco 1995, 340) – von Türen im unteren Teil der Monumente, welche manchmal, in einem eindeutig eschatologischen Symbolismus, in Verbindung mit Sternen, zunehmenden Mondsicheln oder Efeublättern auftreten, um die Vorstellung des Übergangs ins Jenseits wiederzugeben). Und wenn auch das Zusammenwirken bildhafter Modelle, die in anderen Teilen der römischen Welt in einigen Fällen bekannt sind, so scheint es doch offensichtlich, daß diese Astral-Ikonographie überlieferte Glaubensüberzeugungen der einheimischen Völker widerspiegelt[37]: den Glauben an die Unsterblichkeit der Seele und die astrale

[37] Eine ganz kürzliche Arbeit (Baquedano – Martín, im Druck) bringt die Planung der Nekropole von La Osera (Avila) im Territorium der Vettonen in Verbindung mit einer Serie von Stelen, welche eine astronomische Ausrichtung in Übereinstimmung mit dem Auf- und Untergang der Sonne an der Frühjahrs- und Herbst-Tag-und-Nachtgleiche sowie am 1. November (Samonios-Feier, irisch Samuin) und 20. Februar, unter Zugrundelegung der für 400 v. Chr. mittels informatischer astronomischer Programme errechneten Daten. Diese Daten astronomischer Orientierung wären (wie im Falle des Teiches von Bibracte: Almagro Gorbea – Gran-Aymerich 1991) eine archäologische Bestätigung für die Genauigkeit astronomischer Kenntnisse bei einer Minderheit von vermutlich sacerdotalem Charakter, vergleichbar in diesem Sinne mit den Druiden unserer klassischen Autoren. Als Ausnahme des charakteristischen Rituals der Einäscherung erscheint die Bestattung zweier Schädel, die mit den beiden zentralen Stelen, die die nördliche Himmelsrichtung markieren, aliniiert sind – möglicherweise ein Zeugnis einer rituellen Enthauptung in

Bestimmung der Toten, die durch die Geier ermöglicht wird, die der Text von Silius Italicus explizit erwähnt, und die durch die Kriegsszenen mit Raubvögeln, welche die Leichen der Gefallenen verschlingen, in der funeralen Ikonographie selbst bezeugt sind – so z.B. auf der kantabrischen Stele von Zurita oder auf einer weiteren aus der Werkstätte von Lara de los Infantes stammenden Stele (Sopeña 1995, 304-305).

Reiterdarstellungen, Kriegsszenen und Astralmotive in verschiedenen Grabmonumenten aus der Kaiserzeit in diesen Gegenden, von Portugal bis Navarra, verweisen folglich auf ein *Ethos* und auf überlieferte Glaubensüberzeugungen der einheimischen Völker, mit Verbindungen, die in weiteren ikonographischen Zeugnissen und anderen Belegen vorhanden sind. Dies ist bei den zwischen den Pferden und anderen Tieren mit Astralmotiven hergestellten Verbindungen in der numantinischen Keramik der Fall. Die Abbildung eines Caniden über einem Boviden auf einer der einheimischen Stelen von Clunia (Abásolo – Marco 1995, 337) verweist auf ähnliche Szenen, die uns aus der keltischen Welt bekannt sind (beispielsweise auf dem Kessel von Gundestrup), ebenso wie die dargestellten Fische auf die Golddiademe von Mones verweisen.

Dies ist nicht der Ort für eine eingehende Untersuchung dieser Fragen oder des symbolischen Inhalts vieler sinnbildlicher Elemente der Ikonographie; es soll genügen, auf die – ein gleichartiges geistiges Universum widerspiegelnde – Übereinstimmung verschiedener ikonographischer Elemente und ihrer Verbindungen, so wie wir sie von den voraugustäischen einheimischen und von den aus der imperialen Epoche stammenden hispano-römischen Grabstelen kennen, mit einer traditionellen, die Manifestation der Macht der einheimischen Aristokratie darstellenden Bildkunst hinzuweisen.*

Verbindung mit der Eingrenzung des sakralen Raumes der Totenstätte. Es wäre zu wünschen, daß künftige Untersuchungen diese Interpretationen bestätigen könnten. Über die Nekropolen im keltischen Hispanien siehe besonders Burillo 1990, Sopeña 1995, 210 ff. und Lorrio 1997, 111 ff.

* Dieser Text ist die überarbeitete Fassung, mit Korrekturen und Ergänzungen, von: "La religión indígena en la Hispanía indoeuropea" (Marco 1994a).

Für seine Revision der deutschen Übersetzung wie auch für seine Hinweise, die sprachwissenschaftliche Seite dieser Arbeit betreffend, bin ich Professor Wolfgang Meid sehr zu Dank verbunden.

Abkürzungen

AE	L'Année Épigraphique. Paris.
AEA	Archivo Español de Arqueología. Madrid.
AJA	American Journal of Archaeology. Princeton.
ANRW	Aufstieg und Niedergang der römischen Welt. Berlin – New York.
BAR	British Archaeological Report. Oxford.
BEP	Bulletin d'Études Portugaises. Paris.
BRAH	Boletín de la Real Academia de la Historia. Madrid.
BSAA	Boletín del Seminario de Arte – Arqueología. Valladolid.
CEG	Cuadernos de Estudios Gallegos. Santiago de Compostela.
CIL	Corpus Inscriptionum Latinarum. Berolini.
CLCP	Coloquio de Lenguas – Culturas Paleohispánicas.
CRAI	Comptes Rendus de l'Academie des Inscriptions et de Belles Lettres. Paris.
EAA	Estudios de Arqueología Alavesa. Vitoria.
EAC	Entretiens de l'Antiquité Classique. Vandoeuvres – Génève.
EC	Études Celtiques. Paris.
EE	Ephemeris Epigraphica.
HA	Hispania Antiqua. Valladolid.
HAE	Hispania Antiqua Epigraphica.
HE	Hispania Epigraphica. Madrid.
HEMP	„Historia de España" dirigida por R. Menéndez Pidal. Madrid.
HR	History of Religions. Chicago.
IBK	Innsbrucker Beiträge zur Kulturwissenschaft. Innsbruck.
IBS	Innsbrucker Beiträge zur Sprachwissenschaft. Innsbruck.
ILER	J. Vives, *Inscripciones latinas de la España Romana*, Barcelona, 1971.
JOEAI	Jahreshefte des Österreichen Archäologischen Instituts. Wien.
JRGZ	Jahrbuch des Römisch-Germanischen Zentralmuseums. Mainz.
JS	Journal des Savants. Paris.
LIMC	Lexicum Iconographicum Mythologiae Classicae. Zürich – Düsseldorf.
MEFRA	Mélanges d'Archéologie et d'Histoire de l'École Française de Rome. Roma.

MHA	Memorias de Historia Antigua. Oviedo.
MM	Madrider Mitteilungen. Mainz.
PBA	Proceedings of the British Academy. Oxford.
RA	Revue Archéologique. Paris.
RBPh	Revue Belge de Philologie et d'Histoire. Bruxelles.
RC	Revue Celtique. Paris.
RE	Real-Encyclopädie der Altertumswissenschaft. Berlin.
RG.	Revista de Guimarães. Guimarães.
RHR	Revue d'Histoire des Religions. Paris.
RIB	Collingwood, R.G. – Wright, R.P., *The Roman Inscriptions of Britain*, I, Oxford, 1956
RIG	Recueil des Inscriptions Gauloises. Paris.
RSL	Rivista di Studi Liguri. Bordighera.
STH	Studia Historica. Salamanca.
WJA	Würzburger Jahrbücher für die Altertumswissenschaft. Würzburg.
ZCP	Zeitschrift für celtische Philologie. Tübingen.
ZPE	Zeitschrift für Papyrologie und Epigraphik. Bonn.

Bibliographie

AA.VV. 1982
La religión romana en Hispania. Madrid.

AA.VV. 1986
Manifestaciones religiosas en la Lusitania. Cáceres.

ABASCAL, J. M. 1995
Las inscripciones latinas de Sta. Lucía del Trampal (Alcuéscar, Cáceres) y el culto de Ataecina en Hispania, *AEA* 68, 31-105.

ABÁSOLO, J. A. – MARCO, F. 1995
Tipología e iconografía en las estelas de la mitad septentrional de la Península Ibérica". In: Beltrán, F. (ed.), *Roma y las primeras culturas epigráficas del Occidente mediterráneo (ss. II a.e. – I d.e.)*. Zaragoza, 327-359.

AGUILERA – GAMBOA, E. 1909
El Alto Jalón. Madrid.

ALARCÃO, J. 1988
Roman Portugal, I. Warminster.

ALARCÃO, J. 1990
Divindades da Beira: Ensaio de geografia religiosa. *Arqueologia hoje. I. Etno-Arqueologia*. Faro, 146-169.

ALARCÃO, J. – ETIENNE, R. – FABRE, G. 1969
Le culte des Lares à Conimbriga. *CRAI*, 213-236.

ALBERTINI, E. 1923
Les divisions administratives de l'Espagne romaine. Paris.

ALBERTOS, M. L. 1952
Nuevas divinidades de la antigua Hispania. *Zephyrus* 3, 56 ss.

ALBERTOS, M. L. 1956
Mercurio, divinidad principal de los celtas peninsulares? *Emerita* 24, 294 ss.

ALBERTOS, M. L. 1974
El culto a los montes entre los galaicos, astures y berones y algunas de las deidades más significativas. *EAA* 6, 147-157.

ALBERTOS, M. L. 1975
Organizaciones suprafamiliares de la Hispania antigua. Studia Archaeologica 37, Valladolid.

ALBERTOS, M. L. 1977
Perduraciones indígenas en la Galicia romana: los castros, las divinidades y las organizaciones gentilicias en la epigrafía. *Actas del Coloquio Internacional sobre el Bimilenario de Lugo.* Lugo, 17 ss.

ALBERTOS, M. L. 1983
Teónimos hispanos. In: Blázquez, J. M. (ed.), *Primitivas religiones ibéricas. II. Religiones prerromanas.* Madrid, 477-478.

ALBERTOS, M. L. 1985
A propósito de algunas divinidades lusitanas (Arantius, Ocelaecus, Arantia Ocelaeca) y el elemento *Ocelum. Symbolae Ludovico Mitxelena Oblatae.* Vitoria, 469-494.

ALBERTOS, M. L. 1986
Spanische Götternamen. In: Blázquez, J. M. (ed.), Einheimische Religionen Hispaniens in der römischen Kaiserzeit. *ANRW* II, 18.1, 262-273.

ALEXANDER, B. C. 1991
Victor Turner revisited. Ritual as Social Change. Atlanta.

ALFÖLDY, G. 1985
Epigraphica Hispanica VI. Das Diana-Heiligtum von Segobriga. *ZPE* 58, 139-159.

ALFÖLDY, G. 1993
Tarraco y la Hispania romana: Cultos y sociedad. In: Mayer, M., Gómez Pallarés, J. (eds.), *Religio Deorum.* Sabadell, 7-26.

ALFÖLDY, G. 1997
Die Mysterien von Panóias (Vila Real, Portugal). *MM* 38, 176-246.

ALMAGRO GORBEA, M. 1993
Los Celtas de la Península Ibérica: origen y personalidad cultural. In: Almagro Gorbea, M. (ed.), *Los Celtas: Hispania – Europa.* Madrid, 121-173.

ALMAGRO GORBEA, M. 1995
El lucus Dianae con inscripciones rupestres de Segóbriga. In: Rodríguez Colmenero, A., Gasperini, L. (eds.), *Saxa Scripta (inscripciones en roca). Actas del Simposio Internacional ibero-itálico sobre epigrafía rupestre.* La Coruña, 61-97.

ALMAGRO GORBEA, M. im Druck 1
La estructura socio-ideológica de los *oppida* celtibéricos. In: Beltrán, F. (ed.), *VII CLCP. Zaragoza, 12-15 marzo 1997.* Salamanca.

ALMAGRO GORBEA, M. im Druck 2
Las estelas antropomorfas de la Península Ibérica. *115e. Congrès des Societés des savants.* Avignon 1990.

ALMAGRO GORBEA, M. (ed.) 1993
Los Celtas: Hispania – Europa. Madrid.

ALMAGRO GORBEA, M. – ALVAREZ-SANCHIS, J. R. 1993
La „fragua" de Ulaca: saunas castreñas y ritos iniciáticos en el mundo céltico. *Cuadernos de Arqueología de la Universidad de Navarra* 1, 177-253.

ALMAGRO GORBEA, M. – GRAN-AYMERICH, L. 1991
El estanque monumental de Bibracte (Borgoña, Francia). Memoria de las excavaciones del equipo franco-español en el Mont Beuvrey 1987-88. Complutum, extra 1. Madrid.

ALMAGRO GORBEA, M. – LORRIO, A. J. 1991
Representaciones humanas en el arte céltico de la Península Ibérica. *Actas del 2º Symposium de Arqueología Soriana.* Soria, 411-451.

ALMAGRO GORBEA, M. – MOLTÓ, L. 1992
Saunas en la Hispania prerromana. In: Pérex, M. J., Bazzana, A. (eds.), *Termalismo antiguo. Actas de la mesa redonda „Aguas mineromedicinales, termas curativas y culto a las aguas en la Península Ibérica.* Madrid, 67-102.

ALMAGRO GORBEA, M. – RUIZ ZAPATERO, G. (eds.) 1992
Paleoetnología de la Península ibérica. Madrid.

ALMAGRO GORBEA, M. – TORRES ORTIZ, M. im Druck
Las fíbulas de jinete y caballito. Aproximación a las élites ecuestres y su expansión en la Hispania céltica. Madrid.

ALMEIDA, F. de 1964
Ruinas de Miróbriga dos Célticos (Santiago de Caçém). Setúbal.

ALMEIDA, F. de 1965
Mais divindades lusitanas del grupo Band. *Revista da Faculdade de Letras de Lisboa* IIIª Serie, Nº 9, 19-31.

ALVAR, J. 1993
Problemas metodológicos sobre el préstamo religioso. In: Alvar, J. et al. (eds.), *Formas de difusión de las religiones antiguas. II Encuentro-coloquio de ARYS. Jarandilla de la Vera, diciembre 1990.* Madrid, 1-33.

ALVAR, J. 1996
Religiosidad y religiones en Hispania. In: Blázquez, J. M., Alvar, J. (eds.), *La romanización en Occidente.* UIMP, El Escorial, Madrid, 239-277.

ARCELIN, P. - DEDET, B. - SCHWALLER, M. 1993
Espaces publics, espaces religieux protohistoriques en Gaule méridionale. *Les dossiers des documents d'archéologie méridionale* 15. Lattes, 181 ss.

ARGENTE, J.L. et al. 1989
Tiermes. Guía del yacimiento arqueológico y museo. Soria.

ARIAS, F. - LE ROUX, P. - TRANOY, A. 1979
Inscriptions romaines de la province de Lugo. Paris.

ATRIÁN, P. et al. 1980
Carta arqueológica de España. Teruel. Teruel.

AUPERT, P. 1992
Les dieux guérisseurs du domaine celtique-romain. In: Landes Chr. (ed.), *Dieux guérisseurs en Gaule romaine.* Lattes, 59-75.

BALMORI, C. 1935
Sobre la inscripción bilingüe de Lamas de Moledo. *Emerita* 3, 214 ss.

BAÑOS, G. - PEREIRA, G. 1993
Novedades y correcciones en la teonimia galaica. In: Adiego, I., Siles, J., Velaza, J. (eds.), *Aurea Saecula. Studia Palaeohispanica et Indogermanica J. Untermann ab amicis hispanicis oblata.* Barcelona, 37-66.

BAQUEDANO, I. - MARTÍN, C. im Druck
Alineaciones astronómicas en la necrópolis de la Edad del Hierro de la Osera (Ávila, España). *Complutum.*

BASTIDE, R. 1980
„Sacrifice", *Encyclopaedia Universalis* XIV. Paris, 583 ss.

BAUCHHENS, G. - NEUMANN, G. 1987
Matronen und verwandte Gottheiten. Bonn.

BEARD, M. – NORTH, J. (eds.) 1990
Pagan Priests. Religion and Power in the Ancient World. London.

BEIRÃO, C. M. – SILVA, C. T. – SOARES, J. – GOMES, M. V. – GOMES, R. V. 1987
Um depósito votivo da II Idade do Ferro, no sul de Portugal, e as suas relações com as culturas da Meseta. *Studia Paleohispanica. Actas del IV CLCP.* Vitoria, 207-221.

BELTRÁN, A. – TOVAR, A. 1982
Contrebia Belaisca I. El bronce con alfabeto „ibérico" de Botorrita. Zaragoza.

BELTRÁN LLORIS, F. 1993
Culto a los Lares y grupos de parentesco en la Hispania indoeuropea. In: Mayer, M., Gómez Pallarés, J. (eds.), *Religio Deorum.* Sabadell, 59-71.

BELTRÁN, F. – de HOZ, J. – UNTERMANN, J. 1996
El tercer bronce de Botorrita (Contrebia Belaisca). Zaragoza.

BENOIT, A. 1948
La statuaire d'Entremont. Recherches sur les sources de la mythologie celto-ligure. *RSL*, 64-84.

BENOIT, A. 1952a
Le thème hellénistique de l'enchaînement d'Ogmios dans le cycle mythologique irlandais et gallois. *CRAI*, 110 ss.

BENOIT, A. 1952b
L'Ogmios de Lucien. *Festschrift für Rudolf Egger.* Klagenfurt, 147 ss.

BENOIT, A. 1959
Mars et Mercure. Nouvelles recherches sur l'interpretation gauloises des divinités romaines. Aix-en-Provence.

BENOIT, A. 1970
Le symbolisme dans les sanctuaires de la Gaule. Bruxelles.

BERGQUIST, B. 1967
The Archaic Temenos. Lund.

BERMEJO, J. C. 1978
La sociedad en la Galicia castreña. Santiago de Compostela.

BERMEJO, J. C. 1982
Mitología y mitos de la España prerromana I. Madrid.

BERMEJO, J. C. 1986

Mitología y mitos de la España prerromana II. Madrid.

BERROCAL, L. 1992

Los pueblos célticos del Suroeste de la Península Ibérica. Madrid.

BERROCAL, L. 1994

El altar prerromano de Capote. Ensayo etno-arqueológico de un ritual céltico en el suroeste peninsular. Madrid.

BIRLEY, A. 1986

The Deities of Roman Britain. *ANRW* II 18.1, 3-112.

BLANCO, A 1957

Exvoto con escena de sacrificio. *RG* 67, 514 ss.

BLANCO, A 1958

Pátera argentea com representação de uma divindade lusitana. *RG* 59, 453-461.

BLANCO, A 1962

El toro ibérico. In: *Homenaje al profesor Cayetano de Mergelina.* Murcia, 162 ss.

BLÁZQUEZ, J. M. 1958

Sacrificios humanos y representaciones de cabezas en la Península Ibérica. *Latomus* 17, 27-48.

BLÁZQUEZ, J. M. 1962

Religiones primitivas de Hispania. I. Fuentes literarias y epigráficas. Madrid.

BLÁZQUEZ, J. M. 1970

Culto al toro y culto a Marte en Lusitania. *Actas e Memorias do I Congreso Nacional de Arqueologia,* II. Lisboa, 147 ff.

BLÁZQUEZ, J. M. 1975

Diccionario de las religiones primitivas de Hispania. Madrid.

BLÁZQUEZ, J. M. 1977

Imagen y mito. Estudios sobre las primitivas religiones mediterráneas e ibéricas. Madrid.

BLÁZQUEZ, J. M. 1982

La religión indígena. *H.E.M.P.* II, 2. Madrid, 261-321.

BLÁZQUEZ, J. M. 1983

Primitivas religiones ibéricas. II. Religiones prerromanas. Madrid.

BLÁZQUEZ, J. M. 1985
Magia y religión entre los pueblos indígenas de la España antigua. *Religión, superstición y magia en el mundo romano.* Cádiz, 137 ff.

BLÁZQUEZ, J. M. 1986
Einheimische Religionen Hispaniens in der römischen Kaiserzeit. *ANRW* II, 18.1, 164-275.

BLÁZQUEZ, J. M. 1986-87
Nuevos teónimos hispanos. Addenda et corrigenda V. *Cuadernos de Prehistoria y Arqueología*, 13-14. Homenaje al Prof. Gratiniano Nieto II. Madrid, 141-161.

BLÁZQUEZ, J. M. 1987
Recientes aportaciones a las religiones primitivas de Hispania (Addenda et corrigenda). *Athlon. Satura Grammatica in honorem Francisci R. Adrados* II. Madrid, 69-84.

BLÁZQUEZ, J. M. 1991
Religiones en la España Antigua. Madrid.

BLÁZQUEZ, J. M. 1995
Algunos dioses hispanos en inscripciones rupestres. In: Rodríguez Colmenero, A. – Gasperini, L. (eds.), *Saxa scripta (inscripciones en roca). Actas del Simposio Internacional ibero-itálico sobre epigrafía rupestre (Anejos de Larouco, 2).* La Coruña, 47-57.

BLÁZQUEZ, J. M. 1996
Religiones indígenas en la Hispania Romana (addenda et corrigenda). *Gerión* 14, 323-362.

BLÁZQUEZ, J. M. – GARCÍA GELABERT, M. P. 1988
Nuevas aportaciones a las religiones primitivas de Hispania. *Espacio, Tiempo y Forma. Serie II, Ha. Antigua* I, 153-183.

BLÁZQUEZ, J. M. – GARCÍA GELABERT, M. P. 1991
Recientes aportaciones a las religiones primitivas de la Hispania Antigua. *Trabajos de Prehistoria* 48, 357-363.

BORGEAUD, Ph. 1994
Le couple sacré / profane. Genèse et fortune d'un concept „opératoire" en histoire des religions. *RHR* 211-4, 387-414.

BOSCH GIMPERA, P. 1942
Two Celtic Waves in Spain. *PBA* XXVI.

BOUCHER, S. 1976
Sucellus = Dis Pater? Remarques sur la typologie et les fonctions du dieu gaulois. *RBPh* LIV, 1, 66-77.

BOURGEOIS, C. 1991-1992
Divona. I. Divinités et ex-voto du culte gallo-romain de l'eau, II. Monuments et sanctuaires du culte gallo-romain de l'eau. Paris.

BOUZA BREY, F. 1946
Vestio Alonieco, nueva deidad galaica. *AEA* 19, 110-116.

BOVER, P. 1951
Cernunnos, Origin and Transformation of a Celtic Deity. *AJA* LV, 13 ss.

BRELICH, A. 1967
Presupposti del sacrificio umano. Roma.

BRELICH, A. 1968
Paides e Parthenoi. Roma.

BRUNAUX, J. L. 1986
Les Gaulois. Sanctuaires et rites. Paris.

BRUNAUX, J. L. 1993
Les bois sacrés des Celtes et des Germains. In: *Les bois sacrés. Actes du Colloque International organisé par le Centre Jean Bérard et l'École Pratique des Hautes Etudes (Ve. section).* Naples, 57-65.

BRUNAUX, J. L. 1996
Les religions gauloises. Rituels celtiques de la Gaule indépendante. Paris.

BRUNAUX, J. L. (ed.) 1991
Les sanctuaires celtiques et le monde mediterranéen. Paris.

BÚA, C. im Druck
Hipótesis para algunas inscripciones del ámbito religioso indígena del occidente peninsular. In: Beltrán, F. (ed.), *VII CLCP. Zaragoza, 12-15 marzo 1997.* Salamanca.

BUCHSENSCHUTZ, O. 1991
Viereckschanzen. In: Brunaux, J. L. (ed.), *Les sanctuaires celtiques et le monde mediterranéen.* Paris, 106-111.

BUCHSENSCHUTZ, O. – OLIVIER, L. 1989
Les Viereckschanzen et les enceintes quadrilaterales en Europe Celtique. Actes du 9eme Colloque de l'Association française pour l'étude de l'Age du Fer. Chateaudun, 16-19 mars 1985. Paris.

BURKERT, W. 1972
Homo Necans. Interpretation altgriechischer Opferriten und Mythen. Berlin.

BURILLO, F. 1988
Galos y celtíberos. In: Burillo, F. et al. (eds.), *Celtíberos*. Zaragoza, 25ss.

BURILLO, F. 1993
Una tésera de Arekorata. Un nuevo concepto volumétrico de las téseras de hospitalidad celtibéricas. In: *Homenatge a Miquel Tarradell.* Barcelona, 559-567.

BURILLO, F. (ed.) 1990
Necrópolis celtibéricas. II Simposio sobre los Celtíberos. Zaragoza.

BURILLO, F. 1998
Los celtíberos. Etnias y estados. Barcelona.

CADOUX, J. L. 1991
Organisation spatiale et chronologie du sanctuaire de Ribemont-sur-Ancre (Somme), In: Brunaux, J. L. (ed.), *Les sanctuaires celtiques et le monde mediterranéen*. 156-163.

CALLEJO, C. 1982
Teónimos falsos en Lusitania. In: *Homenaje a Sáenz de Buruaga.* Madrid, 329-337.

CARDIM, J. 1989
O teónimo Vasegus. *Conimbriga* 28, 121-156.

CARDOZO, M. 1976
Citãnia de Briteiros e Castro de Sabroso. Guimarães.

CARO BAROJA, J. 1976
Los pueblos de España. Madrid.

CIPRÉS, P. 1993
Guerra y sociedad en la Hispania indoeuropea. Vitoria.

COCCO, V. 1957
Flumen Banduje. Contributo allo studio dell'ambiente lingüistico della Lusitania. *Revista Portuguesa de Filologia* 8.

COLLINGWOOD R. G. – WRIGHT, R. P. 1956
The Roman Inscriptions of Britain I. Oxford.

COOK, R. 1974
The Tree of Life, Image of the Cosmos. London.

COARELLI, F. 1993
I luci del Lazio: la documentazione archeologica. In: *Les bois sacrés. Actes du Colloque International organisé par le Centre Jean Bérard et l'École Pratique des Hautes Etudes (Ve. section).* Naples, 45-52.

COROMINAS, J. 1976
Acerca de algunas inscripciones del Noroeste. *Actas del II Coloquio sobre Lenguas y Culturas prerromanas de la Península Ibérica.* Salamanca, 363-385.

CORREA, J. 1981
Nota a la inscripción tartesia G. M. II. *AEA* 54, 203-209.

CRINITI, N. 1970
L'epigrafe di Asculum di Gn. Pompeo Strabone. Milano.

CUNLIFFE, B. 1986
The Sanctuary of Sulis Minerva at Bath: a brief review. In: Henig, M. – King, A. (eds.), *Pagan Gods and Shrines of the Roman Empire.* Oxford, 1-14.

CZARNOWSKI, S. 1925
L'arbre d'Esus, le taureau aux trois grues et le culte des voies fluviales en Gaule. *Révue Celtique* 42, 1 ss.

DEMAROLLE, J.M. 1986
Ceramique et religion en Gaule romaine. *ANRW* II, 18.1, 519-541.

DETIENNE, M. – VERNANT, J.P. (eds.) 1979
La cuisine du sacrifice en pays grec. Paris.

DE VRIES, J. 1977
La religion des celtes. Paris (Stuttgart, 1961).

DEYTS, S. 1985
Le sanctuaire des Sources de la Seine. Dijon.

DÍEZ DE VELASCO, F. 1992
Divinités des eaux termales dans le Nord-Ouest de la provincia Tarraconensis et dans le nord de la provincia Lusitania: Une approche au phénomène du thermalisme romain dans l'Occident des Provinces Ibériques. In: Chevalier, R. (ed.), *Les eaux thermales et les cultes des eaux en Gaule et dans les provinces voisines. Actes du Colloque 28-30 septembre 1990, Aix-les-Bains.* Tours-Turin, 133-149.

DÍEZ DE VELASCO, F. 1998
Termalismo y religión. La sacralización del agua termal en la Península Ibéria y el norte de Africa en el mundo antiquo. 'Ilu Revista de Ciencias de las Religiones. Monografías 1, Madrid.

DOMINGUEZ MONEDERO, A. 1985
Algunas interpretaciones en torno a la religiosidad de los pueblos prerromanos del área cántabro-astur. *In memoriam A. Díaz Toledo.* Granada, 53-64.

DOPICO, M. D. 1988
La tabula Lougeiorum. Estudios sobre la implantación romana en Hispania. Vitoria.

DUMÉZIL, G. 1958
L'idéologie tripartie des Indo-Européens. Paris.

DUMÉZIL, G. 1977
Mito y epopeya. I. La ideología de las tres funciones en las epopeyas de los pueblos indoeuropeos. Barcelona (Paris, 1968).

DURKHEIM, E. 1982
Las formas elementales de la vida religiosa. Madrid.

DUVAL, P. M. – PINAULT, G. 1986
Les Calendriers (Coligny, Villars d'Heria). RIG III. Paris.

DYSON, L. 1971
Native Revolts in the Roman Empire. *Historia* 20, 240 ss.

EGGER, R. 1943
Aus der Unterwelt der Festlandkelten. *Jahreshefte des Österreichen Archäologischen Instituts* 35, 99-117.

ENCARNAÇÃO, J. de 1975
Divindades indigenas sob o dominio romano en Portugal. Lisboa.

ENCARNAÇÃO, J. de 1984
Inscriçôes romanas del Conventus Pacensis. Coimbra.

ENCARNAÇÃO, J. de 1985a
Divindades indigenas da Lusitania. Coimbra.

ENCARNAÇÃO, J. de 1985b
Ficheiro epigrafico (Suplemento de „Conimbriga“) 14, inscrip. 59-63.

ENCARNAÇÃO, J. de 1987-88
Divindades indígenas da Lusitania, *Conimbriga* 26-27, 5-37.

ENCARNAÇÃO, J. de 1988
Divindades indigenas peninsulares: problemas metodológicos do seu estudo. *Estudios sobre la Tabula Siarensis*. Madrid, 262-276.

ENCARNAÇÃO, J. de 1993a
Interpretatio romana. Materiaux pour l'étude de l'acculturation réligieuse en Lusitanie. *Actas del V CLCP*. Salamanca, 281-288.

ENCARNAÇÃO, J. de 1993b
A propósito de „religiôes pre-romanas". In: Adiego, I., Siles, J. – Velaza, J. (eds.), *Aurea Saecula. Studia Palaeohispanica et Indogermanica J. Untermann ab amicis hispanicis oblata*. Barcelona, 129-138.

ERNOUT, A. – MEILLET, A. 1979
Dictionnaire étymologique de la langue latine. Paris.

ESPÉRANDIEU, E. 1908
Recueil général des bas-reliefs, statues et bustes de la Gaule romaine. Paris.

ESPINOSA, U. 1986
Epigrafia romana de La Rioja. Logroño.

EVEN, A. – LE ROUX, F. 1952
Notes sur le Mercure celtique. *Ogam* 4, 296 ss.

FABRE, G. 1993
Les divinités „indigènes“ en Aquitanie mérodionale sous l'Empire romain. In: Mayer, M., Gómez Pallarés, J. (eds.), *Religio Deorum*. Sabadell, 177-192.

FERREIRA de ALMEIDA, C. A. 1974
O monumento con forno de Sanfins e as escavaçôes de 1973. *III Congreso Nacional de Arqueología*, 149-172.

FERREIRA de ALMEIDA, C. A. 1981
Nova estátua do guerreiro galaico-minhoto (Refojos de Basto). *Arqueologia*, 3, 111-116.

FERREIRA DA SILVA, A. C. 1986
A cultura castreja no Nororeste de Portugal. Paços de Ferreira.

FERREIRA DA SILVA, A. C. – MARTINS, M. 1984
A estátua de guerreiro galaico de S. Julião (Vila Verde). *Cadernos de Arqueologia*. Série II, vol. I, 29-47.

FERNÁNDEZ FUSTER, L. 1953
Sobre la interpretación de los monumentos con „pedras formosas". *AEA* 26, 379-384.

FERNÁNDEZ NIETO, F. J. 1992
Una institución jurídica del mundo celtibérico. *Estudios de arqueología ibérica y romana. Homenaje a Enrique Pla Ballester.* Valencia, 381-384.

FITA, F. 1991
Tres lápidas romanas de Mosteiro de Riveira. *BRAH* 58, 513 ss.

FLOBERT, M. P. 1968
Lugdunum: une étymologie gauloise de l'empereur Claude (Sénèque, *Apoc.*, VII, 2, vers. 9-10). *RHR* 46, 264 ss.

GARCIA, J. M. 1987-88
Da epigrafia votiva de Conimbriga – Observaçôes e novos monumentos. *Conimbriga*, 26-27, 39-5

GARCIA, J. M. 1991
Religiôes antigas de Portugal. Aditamentos e observaçôes às "Religiôes da Lusitania" de J. Leite de Vasconcelos. Fontes epigráficas Lisboa.

GARCÍA-BELLIDO, A. 1943
Los albiones del NO. de España *y* una estela hallada en el occidente de Asturias. *Emerita* 11, 418-430.

GARCÍA-BELLIDO, A. 1967
Les religions orientales dans l'Espagne romaine. Leiden.

GARCÍA-BELLIDO, A. 1968
Cámaras funerarias d ela cultura castreña. *AEA* 41, 16-44.

GARCIA FERNANDEZ-ALBALAT, B. 1990
Guerra y religión en la Galicia y la Lusitania antigua. La Coruña.

GARCIA MORENO, L. 1988
Hispaniae tumultus. Rebelión y violencia indígena en la España romana de época republicana. *Polis* 1, 85 ss.

GARCIA MORENO, L. 1993
Organización sociopolítica de los celtas en la Península Ibérica. In: Almagro Gorbea, M. (ed.), *Los Celtas: Hispania y Europa.* Madrid, 327-356.

GARCIA QUINTELA, M. V. im Druck
Viriathe, chef lusitanien, et l'idéologie trifonctionnelle indo-européenne. *Ogam* 37-38 (1985-86).

GARCIA QUINTELA, M. V. 1991
El sacrificio adivinatorio céltico *y* la religión de los lusitanos. *Polis* 3, 25-37.

GARCIA QUINTELA, M. V. 1992
El sacrificio lusitano: estudio comparativo. *Latomus* 51/2, 337-354).

GEERTZ, C. 1966
Religion as a cultural system. In: Banton, M. (ed.), *Anthropological Approaches to the Study of Religion.* London, 28 ss.

GIMENO, M. - STYLOW, A. 1993
Juan Pérez Holguín y la epigrafía trujillana. *Veleia* 10, 117-177.

GIRARD, R. 1983
La violencia y lo sagrado. Barcelona.

GÓMEZ PANTOJA, J. im Druck
Las Madres de Clunia. In: Beltrán, F. (ed.), *VII CLCP Zaragoza, 12-15 marzo 1997.* Salamanca.

GÓMEZ PANTOJA, J., - GARCÍA PALOMAR, F. 1995
Nuevas inscripciones latinas de San Esteban de Gormaz (Soria). *BSAA* 61, 185-196.

GONZÁLEZ, M. C. 1986
Las unidades organizativas indígenas del área indoeuropea de Hispania. Vitoria.

GONZÁLEZ, J. 1993
Divinidades prerromanas en Andalucía. In: Mayer, M., Gómez Pallarés, J. (eds.), *Religio Deorum.* Sabadell, 271-282.

GOODY, J. 1977
The domestication of the Savage Mind. Cambridge.

GOODY, J. 1986
The Logic of Writing and the Organisation of Society. Cambridge.

GORROCHATEGUI, J. 1987
En torno a la clasificación del lusitano. *Studia Palaeohispanica. Actas del IV CLCP. Veleia* 2-3, 77-91.

GORROCHATEGUI, J. 1990
Consideraciones sobre la fórmula onomástica y la expresión del origen en algunos textos celtibéricos menores. In: Villar, F. (ed.), *Studia Indogermanica et Palaeohispanica in honorem A. Tovar et L. Michelena.* Salamanca, 291-312.

GORROCHATEGUI, J. 1991
Descripción y posición lingüística del celtibérico. In: Lakarra, J. A. (ed.), *Memoriae L. Mitxelena magistri sacrum.* San Sebastian, 3-31.

GORROCHATEGUI, J. 1993
Las lenguas de los pueblos paleo-hispánicos. In: Almagro Gorbea, M. (ed.), *Los Celtas. Hispania y Europa.* Madrid, 409-429.

GOUDINEAU, Chr. – FAUDUET, I. – COULON, G. 1994
Les sanctuaires de tradition indigène en Gaule romaine. Actes du Colloque d'Argentomagus (Argenton-sur-Creuse / Saint Marcel, Indre), 8, 9 et 10 octobre 1992. Paris.

GREEN, M. 1986
The Iconography and Archaeology of Romano-British Religion. *ANRW* II, 18. 1, 119-120.

GREEN, M. 1989
Symbol and Image in Celtic Religious Art. London.

GREEN, M. 1992a
Dictionary of Celtic Myth and Legend. London.

GREEN, M. 1992b
Animals in Celtic Life and Myth. London – New York.

GREEN, M. 1995
Celtic Goddesses. Warriors, Virgins and Mothers. London.

GRENIER, A. 1953
Sanctuaires celtiques et tombe du héros. *CRAI*, 360 ss.

GRENIER, A. 1954
Aspects de la religion romaine en Provence. *CRAI*, 328-335.

GRIAULE, M. 1948
Dieu d'eau. Paris.

GROENMAN-Van WAATERINGE, W. 1979
Urbanization and the North-West Frontier of the Roman Empire. In: Handson W. S., Keppie, L. J. F. (eds.), *Roman Frontier Studies, BAR.* Oxford, 1037-1044.

GUITART, J. 1975
Nuevas piezas de escultura prerromana en Cataluña. Restos de un monumento con relieves de Sant Martí Serroca (Barcelona). *Pyrenae* 11, 71 ss.

GUYONVARC'H, C. 1960
Notes d'étymologie et de lexicographie celtiques et gauloises. *Ogam* 12, 49 ss.

GUYONVARC'H, C. 1966
Gaulois Gutuater (druide) invocateur. *Ogam* 18, 104-109.

GUYONVARC'H, C. 1967
Notes d'étymologie et de léxicographie gauloise et celtique 121: L'inscription du Cabeço das Fraguas. *Ogam* 19, 253-262.

GUYONVARC'H, C. 1978
Textes mythologiques irlandaises I. Rennes.

GUYONVARC'H, C. – LE ROUX-GUYONVARC'H, F. 1986
Remarques sur la religion gallo-romaine: rupture et continuité. *ANRW* II, 18.1, 423-455.

HAFFNER, A. (ed.) 1995
Heiligtümer und Opferkulte der Kelten. Stuttgart.

HAMERTON-KELLY, R.G. (ed.) 1987
Violent Origins. Walter Burkert, René Girard, and Jonathan Z. Smith on Ritual Killing and Cultural Formation. Stanford.

HATT, J. J. 1989
Mythes et dieux de la Gaule. I. Les divinités masculines. Paris.

HAWKES, C. F. H. 1973
Cumulative Celticity in Pre-Roman Britain. *EC* 13. 2, 607-628.

HEICHELHEIM, F. 1930
Matres. *RE* 14, cols. 2213-2250.

HENIG, M. 1984
Throne, Altar and Sword: Civilian Religion and the Roman Army in Britain. In: Blagg, T. F. C., King, A. C. (eds.), *Military and Civilian in Roman Britain. BAR Int. Series* 136, Oxford, 232 ss.

HEURGON, J. 1957
Trois études sur le „ver sacrum“. Coll. Latomus 26, Bruxelles.

HOLDER, A. 1896-1911
Alt-celtischer Sprachschatz. 3 vols., Leipzig.

HOZ, J. de 1986a
La religión de los pueblos prerromanos de Lusitania. *Manifestaciones religiosas en la Lusitania.* Cáceres, 31 ss.

HOZ, J. de 1986b
La epigrafía celtibérica. In: *Reunión sobre epigrafía hispánica de época romano-republicana.* Zaragoza, 43-102.

HOZ, J. de 1988
Hispano-Celtic and Celtiberian. *Proceedings of the First North American Congress of Celtic Studies.* Ottawa, 191-207.

HOZ, J. de 1993
Testimonios lingüísticos relativos al problema céltico en la Península Ibérica. In: Almagro Gorbea, M. (ed.), *Los Celtas. Hispania y Europa.* Madrid, 357-407.

HOZ, J. de 1995
Panorama provisional de la epigrafía rupestre paleohispánica. In: Rodríguez Colmenero, A., Gasperini, L. (eds.), *Saxa Scripta (inscripciones en roca). Actas del Simposio Internacional ibero-itálico sobre epigrafía rupestre.* La Coruña, 9-33.

HOZ, J. de – MICHELENA, L. 1974
La inscripción celtibérica de Botorrita. Salamanca.

HUBERT, H. – MAUSS, M. 1970
De la naturaleza y de la función del sacrificio. In: Mauss, M. (ed.), *Lo sagrado y lo profano. Obras I.* Barcelona (= *L'Année Sociologique* 2, 1899).

IGLESIAS, J. M. 1976
Epigrafía cántabra. Santander.

JACOBSTHAL, P. 1944
Early Celtic Art. Oxford.

KING, A. 1990
The Emergence of Romano-Celtic Religion. In: Blagg, Th., Millet, M. (eds.), *The Early Roman Empire in the West.* Oxford, 220-241.

KOCH, J. T. 1991
Further to *tongu do dia toinges mo thuath*, etc. *EC* 28, 249-262.

KRAHE, H. 1964
Unsere ältesten Flußnamen. Wiesbaden.

KRAEMER, W. 1966
Praehistorische Brandopferplätze. *Helvetia Antiqua. Festschrift E. Vogt.* Zürich, 11 ss.

KREMER, B. 1994
Das Bild der Kelten bis in augusteische Zeit. Stuttgart.

LAMBERT, P.-Y. 1994
La langue gauloise. Paris.

LAMBRECHTS, P. 1954
L'exaltation de la tête dans la pensée et dans l'art des celtes. Brugge.

LAMBRINO, S. 1951
Le dieu lusitanien Endovellicus. *BEP* 15, 93-147.

LAMBRINO, S. 1957
La déesse celtique Trebarune. *BEP* 20, 87-109.

LAMBRINO, S. 1965
Les cultes indigènes en Espagne sous Trajan et Hadrien. *Les empereurs romains d'Espagne.* París, 223-242.

LAMBRINO, S. 1966
Le dieu celtique Dulovius. *Hommages A. Piganiol* III. Paris, 1353-1357.

LANDES, Chr. (ed.) 1992
Dieux guérisseurs en Gaule romaine. Lattes.

LAVAGNE, H. 1979
Les dieux de la Gaule Narbonaise: „Romanité et romanisation". *JS*, juillet-septembre, 155-197.

LE CONTEL, J. M. – VERDIER, P. 1997
Un calendrier gaulois celtique. Le calendrier gaulois de Coligny. Paris.

LEITE DE VASCONCELOS, J. 1887-1913
Religiões da Lusitania, 3 vols. Lisboa.

LEJEUNE, M. 1955
Celtiberica. Salamanca.

LEJEUNE, M. 1977
Une inscription gauloise-latine à Verceil. *CRAI*, 583 ss.

LEJEUNE, M. 1986
RIG. Vol. I. Textes gallo-grecs. Paris.

LEJEUNE, M. 1993
„Enclos saxcré" dans les épigraphes indigènes d'Italie. In: *Les bois sacrés. Actes du Colloque International organisé par le Centre Jean Bérard et l'École Pratique des Hautes Etudes (Ve. section).* Naples, 93-102.

LENERZ DE WILDE, M. 1991
Iberia Celtica. Archäologische Zeugnisse keltischer Kultur auf der Pyrenäenhalbinsel. 2 vols., Stuttgart.

LE ROUX, F. 1958
De la lance dangereuse, de la femme infidèle et du chien infernal: La fatalité et la mort dans une légende religieuse de l'ancienne Irlande. *Ogam* 10, 380-412.

LE ROUX, F. – GUYONVARC'H, C. 1978
Les druides. Rennes.

LE ROUX, F. – GUYONVARC'H, C. 1983
Morrígan – Bobd – Macha. La souveraineté guerrière de l'Irlande. Celticum 25, Rennes.

LE ROUX, F. – GUYONVARC'H, C. 1991
La societé celtique. Rennes.

LE ROUX, P. 1994
Cultes indigènes et religion romaine *en* Hispania sous l'Empire. In: Bohec, Y. le (ed.), *L'Afrique, la Gaule, la Religion à l'époque romaine. Hommages à la mémoire de M. Le Glay*, Bruxelles, 560-567.

LE ROUX, P. – TRANOY, A. 1974
Contribution à l'étude des régions rurales du NO hispanique au Haut-Empire: Deux inscriptions de Peñafiel. *Actas do II Congresso Nacional de Arqueologia.* Porto, 249 ss.

LESCURE, B. 1991
The Hillfort and Sanctuary at Roquepertuse. In: Moscati, S. (ed.), *The Celts.* Milano, 362-63.

LINCOLN, B. 1976
The Indoeuropean Cattle-Raiding Myth. *HR* 15, 42-56.

LINTON, R. 1943
Nativistic Movements. *American Anthropologist* 45, 230-240.

LÓPEZ CUEVILLAS, F. 1951
Esculturas zoomorfas *y* antropomorfas de la cultura de los castros. In: *CEG* 19, 193-195.

LÓPEZ MELERO, R. 1986
Nueva evidencia sobre el culto de Ategina: el epígrafe de Biuenvenida. In: *Manifestaciones religiosas en la Lusitania.* Cáceres, 94-114.

LOPEZ MONTEAGUDO, G. 1977
La diadema de San Martín de Oscos. *Homenaje a García y Bellido* III, Madrid, 99 ss.

LOPEZ MONTEAGUDO, G. 1982
Las esculturas zoomorfas célticas de la Península Ibérica *y* sus paralelos polacos. *AEA* 55, 3-25.

LOPEZ MONTEAGUDO, G. 1987
Las „cabezas cortadas" en la Península Ibérica, *Gerión*, 5, 245 ss.

LOPEZ MONTEAGUDO, G. 1989a
Esculturas zoomorfas celtas de la Península Ibérica. Madrid.

LOPEZ MONTEAGUDO, G. 1989b
Avance sobre el culto a Marte indígena en la Península Ibérica. In: *Estudios sobre la Antigüedad. Homenaje al profesor Santiago Montero Díaz, Gerión, Anejos II.* Madrid, 327 ss.

LORRIO, A. J. 1997
Los Celtíberos. Alicante.

LOTH, J. 1914
Le dieu Lug, la Terre mère et les Lugoves. *RA* II, 205-210.

LUZÓN, J.M. 1975
Antigüedades romanas en la provincia de Huelva. In: *Huelva, Prehistoria y Antigüedad.* Madrid, 305 ss.

MAGGI, D. 1983
Sui teonimi Trebopala e Iccona nell'iscrizione del Cabeço das Fraguas. In: Campanile, E. (ed.), *Problemi di lingua e di cultura nel campo indoeuropeo.* Pisa, 54-60.

MANGAS, J. 1978
Religiones indígenas en Hispania. *Historia de España Antigua. II. Hispania romana.* Madrid, 579-611.

MANGAS, J. 1986
Die römische Religion in Hispanien während der Prinzipatzeit. *ANRW* II, 18.1, 276-343.

MANGAS, J. – VIDAL 1984-85
La Dea Asturica. *STH* II-III. 1, 305-314.

MARCO, F. 1978
Las estelas decoradas de tradición indígena de los Conventos Cesaraugustano y Cluniense. Zaragoza.

MARCO, F. 1985
La mentalidad funeraria en el norte de la Península Ibérica en época romana. In: *Asimilación y resistencia a la romanización en el Norte de Hispania.* Vitoria, 47-77.

MARCO, F. 1986
El dios céltico Lug y el santuario de Peñalba de Villastar. *Estudios en homenaje a Antonio Beltrán.* Zaragoza, 731-759.

MARCO, F. 1987
La religión de los celtíberos. *I Symposium sobre los Celtíberos*, Zaragoza, 55-74.

MARCO, F. 1989
Lengua, instituciones y religión de los celtíberos. In: *Los celtas en el Valle Medio del Ebro.* Zaragoza, 99-129.

MARCO, F. 1990
Los celtas. Madrid.

MARCO, F. 1993a
La individuación del espacio sagrado. Testimonios cultuales en el Noroeste hispánico. In: Mayer, M. – Gómez Pallarés, J. (eds.) *Religio Deorum*. Sabadell. 317-324.

MARCO, F. 1993b
Nemedus Augustus. In: Adiego, I. et al. (eds.), *Studia Palaeohispanica et Indogermanica J. Untermann ab amicis hispanicis oblata.* Barcelona, 165-178.

MARCO, F. 1993c
Feritas Celtica: Imagen y realidad del bárbaro clásico. In: Falqué, E., Gascó, F. (eds.), *Modelos ideales y prácticas de vida en el mundo clásico.* U.I.M.P. Sevilla, 141-166.

MARCO, F. 1993d
La religión en la Céltica hispana. In: Almagro Gorbea, M. (ed.), *Los Celtas: Hispania y Europa*. Madrid, 477-512.

MARCO, F. 1993e
Iconografía y religión celtibérica. Reflexiones sobre un vaso de Arcobriga. In: *Homenatge a Miquel Tarradell.* Barcelona, 537-552.

MARCO, F. 1993f
Reflexiones sobre el hecho religioso en el contexto social de la Celtiberia. In: Gonzáles, M. C., Santos, J. (eds.), *Revisiones de Historia Antigua. 1. Las estructuras sociales indígenas del norte de la Península Ibérica.* Vitoria, 35-50.

MARCO, F. 1994a
La religión indígena en la Hispania indoeuropea. In: Blázquez, J. M. et al. (eds.), *Historia de las religiones de la Europa antigua.* Madrid, 313-400.

MARCO, F. 1994b
Heroización y tránsito acuático: Sobre las diademas de Mones (Piloña, Asturias). In: Mangas, J., Alvar, J. (eds.), *Homenaje a J.M. Blázquez* II. Madrid, 318-348.

MARCO, F. 1996
Integración *interpretatio* y resistencia religiosa en el Occidente del Imperio. In: Alvar, J., Blazquez, J. M., Alvar, J. (eds.), *La romanización en Occidente.* Madrid, 217-238.

MARCO, F. 1996
Romanización *y* aculturación religiosa: Los santuarios rurales. In: Reboreda, S., López Barja (eds.), *A Cidade e o mondo: Romanización e cambio social.* Xinzo de Limia, 81-100.

MARCO, F. 1997a
Romano sacro. Las ceremonias de noviembre y la apertura del mundus. In: Schrader, C., Ramón, V., Vela, J. (eds.), *Plutarco y la historia. Actas del V Simposio Español sobre Plutarco. Zaragoza 20-22 de junio de 1996.* Zaragoza, 271-281.

MARCO, F. 1997b
Vestius Aloniecus. *LIMC* VIII/1, 236.

MARCO, F. 1997c
Volcas en Hispania? A propósito de Livio, 21, 19, 6. *EC* 32, 43-49.

MARCO, F. im Druck 1
Interpretatio Romana y interpretatio indigena: Recursos en la identificación de los dioses ajenos. In: *II Colóquio Internacional de Epigrafia: Divinidades indigenas e interpretatio romana.* Sintra, 16-18 março de 1995.

MARCO, F. im Druck 2
Texto y imagen, *ethos* y creencias en la Hispania indoeuropea de época republicana. *III Congreso hispano-italiano: „Italia e Hispania en la crisis de la Republica".* Toledo 20-24 de septiembre de 1993.

MARCO, F. im Druck 3
Deis Equeunu(bo). In: Beltrán, F. (ed.), *VII CLCP.* Salamanca.

MARCO, F. im Druck 4
Velut ver sacrum. La *iuventus* céltic y la mística del centro, en *XXIV Coloquio G. I. R. E. A: Grupos de edad y relaciones de dependencia.* Madrid, 1997.

MARCO, F. – BALDELLOU, V. 1976
El monumento ibérico de Binéfar (Huesca). *Pyrenae* 11, 91-116.

MARKALE, J. 1985
Le druidisme. Traditions et dieux des celtes. Paris.

MARTIN, J. 1946
Ogmios. *WJA*, 359-398.

MAYER, M. – GÓMEZ PALLARÉS, J. (eds.) 1993
Religio Deorum. Actas del Coloquio Internacional de Epigrafia "Culto y Sociedad en Occidente". Sabadell.

MEGAW, V. J. 1979
Celtic Art, Product of Travelling Craftsmen or Chieftainly Vassals?. In: *Les Mouvements Celtiques*. Paris, 49 ss.

MEID, W. 1993
Die erste Botorrita-Inschrift. Interpretation eines keltiberischen Sprachdenkmals. IBS. Innsbruck

MEID, W. 1994
Celtiberian Inscriptions. Archaeolingua, Series Minor 5. Budapest.

MEID, W. 1995
Mars Latobius. In: *Studia Onomastica et Indogermanica. Festschrift für F. Lochner von Hüttenbach*. Graz.

MEID, W. 1996
Kleinere keltiberische Sprachdenkmäler. IBS. Vorträge und Kleinere Schriften, Innsbruck.

MEID, W. 1997
Die keltischen Sprachen und Literaturen. Ein Überblick. IBK–Archaeolingua Series Minor 8. Budapest.

MEID, W. 1998
Eichenkundliches. In: *Ir sult sprechen willekomen. Grenzenlose Mediävistik. Festschrift für H. Birkhan*. Bern, 107-114.

MELENA, J.L. 1984
Un ara votiva romana de El Gaitán (Cáceres). *Veleia* 1, 233-260.

MENIEL, P. 1992
Les sacrifices d'animaux chez les gaulois. Paris.

MESPLÈ, P. 1957
L'atelier de potier gallo-romain de Galane à Lombez (Gers). *Gallia* 15, 41-62.

MEULI, K. 1946
Griechische Opferbräuche. *Philobolia. Festschrift für P. von der Mühll*. Basel, 185-228.

MOSCATI, S. (ed.) 1991
The Celts. Milano.

NORBECK, E. 1961
Religion and Primitive Society. New York.

OAKS, L. S. 1986
The Goddess Epona: Concepts of sovereignity in a changing landscape. In: Henig, M., King, A. (eds.), *Pagan Gods ads Shrines in the Roman Empire*. Oxford, 77-84.

OLMSTED, G. S. 1994
The Gods of the Celts and the Indo-Europeans. Archaeolingua, Budapest.

ONIANS, Ch. B. 1951
The Origins of European Thought. Oxford.

O'LEARY, Th. 1987
Fír fer, an internalized ethical concept in early Irish Literature? *Éigse. A Journal of Irish Studies* 22, 1-14.

O'RAHILLY, Th. F. 1946
Early Irish History and Mythology. Dublin.

PENAS, M. A. 1986
Los dioses de la montaña. In: Bermejo, J. C. (ed.), *Mitología y mitos de la Hispania prerromana*. Madrid, 117-140.

PERALTA, E. 1990
Las cofradías guerreras indoeuropeas en la España antigua. *El Basilisco* 3, Oviedo, 49 ss.

PEREIRA, G. 1985
La inscripción de la „Fonto do Ídolo“ de Braga In: Melena, J. L. (ed.), *Symbolae Ludovico Mitxelena septuagenario oblatae*. Vitoria, 531-535..

PÉREX, M. J. – BAZZANA, A. (cds.) 1992
Termalismo antiguo. Actas de la mesa redonda „Aguas mineromedicinales, termas curativas y culto a las aguas en la Península Ibérica. Madrid.

PLACIDO, D. 1988
La conquista del Norte de la Península Ibérica: sincretismo religioso *y* prácticas imperialistas. *Mélanges P. Lévęque* I. Besançon, 229-244.

PEREIRA, G. 1985
La inscripción del Ídolo da Fonte, Braga. CIL II 2419. In: Melena, J. L. (ed.), *Symbolae Ludovico Mitxelena septuagenario oblatae.* Vitoria, 531-535.

PEYRE, C. 1979
La Cisalpine gauloise du IIIe. au Ier. siècle avant J.-C. Paris.

PIGGOTT, S. 1974
The Druids. Harmondsworth.

PIGGOTT, S. 1978
Nemeton, temenos, bothros: Sanctuaries of the Ancient Celts. In: *I Celti e la loro cultura.* Roma, 38-47.

POLIGNAC, F. de 1991
Convergence et competition: aux origines des sanctuaires de souveraineté territoriale dans le monde grec. In: Brunaux, J. L. (ed.), *Les sanctuaires celtiques et le monde mediterranéen*, Paris, 97-105.

POLOMÉ, E. C. (ed.) 1996
Indo-European Religion after Dumézil. Journal of Indo-European Studies, Monograph Series 16. Washington.

POKORNY, J. 1959
Indogermanisches etymologisches Wörterbuch. Bern.

PORTELA, M. I. 1984
Los dioses lares en la Hispania romana. *Lucentum* 3, 153-180.

PRONTERA, F. (ed.) 1984
Strabone. Contributi allo studio della personalità e dell'opera, Perugia.

PROSDOCIMI, A. 1991
The Language and Writing of the ancient Celts. In: Moscati, S. (ed.), *The Celts.* Milano, 55 ss..

PRÓSPER, B. 1994
El teónimo paleohispano Trebarune. *Veleia* 11, 187-196.

PREVOSTI, M. 1996
El *Mons Iovis* de Mela i el culte solar de Montigalà dins el panorama religiós de l'àrea iberoromana catalana. *Fonaments* 9, 77-120.

PUCCIARINI, M. 1990
Riti, sacrifici e dèi nelle Tavole Iguvine. In: Sbicca, A. (ed.), *Umbria, diversità nell'armonia. Le tavole Eugubine e il Mondo Religioso Umbro-Italico*, Perugia, 19-32.

RAEPSAET-CHARLIER, M. TH. 1975
La datation des inscriptions latines dans les provinces occidentales de l'Empire Romain avec des formules *in h(onorem) d(omus) d(ivinae) et d(eo), d(eae)*. *ANRW* II.3, 232-282.

RAMIREZ SÁDABA, J. L. 1991
Las creencias religiosas, pervivencia última de las civilizaciones prerromanas en la Península Ibérica. *La religión romana en Hispania.* Madrid, 223-252.

REICHENBERGER, A. 1988
Temenos–Templum–Nemeton–Viereckschanze. Bemerkungen und Bedeutung. *JRGZ* 35. 1, 285-300.

REINACH, S. 1913
Les têtes coupées et les trophées en Gaule. *RC* 34, 38-60, 253.286.

REVERDIN, O. – GRANGE, B. (eds.) 1980
Le sacrifice dans l'Antiquité, EAC 27, Vandoeuvres–Genève.

RIX, H. 1954
Zur Verbreitung und Chronologie einiger keltischer Ortsnamentypen. *Festschrift für P. Goessler.* Stuttgart, 99-107.

RODRÍGUEZ COLMENERO, A. 1987a
Aquae Flaviae. I. Fontes Epigráficas. 2 vols. Braga.

RODRÍGUEZ COLMENERO, A. 1987b
Un importante grupo de nuevos teónimos galaicos. *Actas del IV CLLP.* Vitoria, 327-354.

RODRÍGUEZ COLMENERO, A. 1993
Corpus-catálogo de inscripciones rupestres de época romana del cuadrante noroeste de la Península Ibérica. La Coruña.

ROMERO, F. 1976
Las cerámicas polícromas de Numancia. Soria.

ROSS, A. 1986
The Pagan Celts. London (1979).

ROSS A. – ROBINS, D. 1989
Life and Death of a Druid Prince. The Story of Lindow Man, an Archaeological Sensation. London.

RUDHARDT, J. 1992a
De l'attitude des grecs a l'égard des divinités étrangères. *RHR* 209.3, 219-238.

RUDHARDT, J. 1992b
Notions fundamentales de la pensée religieuse et actes constitutifs du culte dans la Grèce classique. Paris.

RUDHARDT, J. – REVERDIN, O. (eds.) 1981
Le sacrifice dans l'Antiquité, Vandoeuvres–Genève.

RUIZ GALVEZ, M. 1982
Nueva espada dragada en el río Ulla. Armas arrojadas a las aguas. *Homenaje a A. García Alén, El Museo de Pontevedra* 36, 181-196.

RUIZ ZAPATERO, G. 1993
El concepto de celtas en la Prehistoria europea y española. In: Almagro Gorbea, M. (ed.), *Los celtas: Hispania y Europa*. Madrid, 23-62.

SABOURIN, L. 1973
Priesthood. A Comparative Study. Leiden.

SALINAS de FRIAS, M. 1983
El culto del dios celta Lug y la práctica de sacrificios humanos en Celtiberia. *Studia Zamorensia*, 303 ss.

SALINAS de FRIAS, M. 1985
La religión indígena en la Hispania central y la conquista de Roma. *Studia Zamorensia*, 261 ss.

SALINAS de FRIAS, M. 1994
El toro, los peces y la serpiente. Algunas reflexiones sobre la iconografía y la religión de los celtíberos en su contexto histórico. In: Mangas, J., Alvar, J. (eds.), *Homenaje a José Ma. Blázquez* II. Madrid, 509-519.

SÁNCHEZ MORENO, E. 1995-1996
El caballo entre los pueblos prerromanos de la Meseta occidental. *Studia Historica. Historia Antigua* 13-14, 207-229.

SANZ VILLA, J. R. 1996
Los dioses astures. León.

SCHEID, J. 1992
Épigraphie et sanctuaires guérisseurs en Gaule. *MEFRA* 104-1, 25-40.

SCHEID, J. 1993
Lucus, nemus. Qu'est-ce qu'un bois sacré?. In: *Les bois sacrés. Actes du Colloque International organisé par le Centre Jean Bérard et l'École Pratique des Hautes Études (Ve. section)*. Naples, 13-22.

SCHMIDT, K. H. 1957
Die Komposition in gallischen Personennamen. *ZCP* 26, 33 ss.

SCHMIDT, K. H. 1985
A contribution to the identification of Lusitanian. *Actas del III CLCP*. Salamanca, 319-341.

SCHMOLL, U. 1959
Die Sprachen der vorkeltischen Indogermanen Hispaniens und das Keltiberische. Wiesbaden.

SCHULTEN, A. 1931
Die Stadt Numantia II. München.

SEVILLA, M. 1979
Posibles vestigios toponímicos de cultos célticos en el norte de la Península Ibérica. *MHA* III, 261-272.

SEVILLANO, V. 1978
Testimonio Arqueológico de la provincia de Zamora, Zamora.

SOLANA, J. M. – SAGREDO, L. – HERNÁNDEZ GUERRA, L. 1995
Epifragía y numismática de Atapuerca (Burgos). *HA* 19, 193-194.

SMITH, J. Z. 1987
To Take Place. Towards a Theory in Ritual. Chicago – London.

SOPEÑA, G. 1987
Dioses, ética y ritos. Aproximaciones para una comprensión de la religiosidad de los pueblos celtibéricos. Zaragoza.

SOPEÑA, G. 1995
Ética y ritual. Aproximación al estudio de la religiosidad de los pueblos celtibéricos. Zaragoza.

STEAD, I. M. – BOURJKE, J. B. – BROTHERWELL, 1986
Lindow Man. The Body in the Bog. London.

STYLOW, A. 1983
Inscripciones latinas del sur de la provincia de Córdoba. *Gerión* 1, 295 ss.

TARACENA, B. 1943
Cabezas-torfeo en la España céltica. *AEA* 16, 151-171.

THEVENOT, E. 1955
Sur les traces des Mars Celtiques, Dissertationes archaeologicae Gandenses III, Brugge, 12-13.

THEVENOT, E. 1962
L'interprétation „gauloise" des divinités romaines: „Mars", gardien des calendriers celtiques. *Hommages à Albert Grenier* 3, Bruxelles, 1476-1490.

THOLLARD, P. 1987
Barbarie et civilisation chez Strabon. Étude critique des livres III et IV de la Géographie, Paris.

TOUTAIN, J. 1920
Les cultes pad'ens dans l'Empire romain. Première partie: Les provinces latines III, Paris.

TOVAR, A. 1948
El bronce de Luzaga *y* las téseras de hospitalidad latinas *y* celtibéricas. *Emerita* 16, 75-91.

TOVAR, A. 1949
Estudios sobre las primitivas lenguas hispánicas. Buenos Aires.

TOVAR, A. 1955-56
La inscripción grande de Peñalba de Villastar y la lengua celtibérica. *Ampurias* 17-18, 159-168.

TOVAR, A. 1959
Las inscripciones celtibéricas de Peñalba de Villastar. *Emerita* 27, 341-365.

TOVAR, A. 1981
El dios céltico Lugus en España. In: *La religión romana en Hispania.* Madrid, 277-282.

TOVAR, A. 1985
La inscripción del Cabeço das Fráguas y la lengua de los lusitanos. *Actas del III CLCP.* Salamanca, 227-254.

TOVAR, A. – NAVASCUES, J. M. 1950
Algunas consideraciones sobre los nombres de divinidades del Oeste Peninsular. *Miscelánea F.A. Coelho.* Lisboa, 178-191.

TOYNBEE, J. M. C. 1964
Art in Britain under the Romans. Oxford.

TRANOY, A. 1981
La Galice romaine. Paris.

TRANOY, A. 1984
Enigmes épigraphiques et nouveaux cultes indigènes dans le conventus de Braga. *RG* 94, 443-52.

TRANOY, A. 1988
Du heros au chef. L'image du guerrier dans les societés indigènes du nord-ouest de la Péninsule Ibérique (IIe siècle avant J.-C. – Ier. siècle après J.-C. In: *Actes du Colloque "Le Monde des Images en Gaule et dans les provinces voisines", Sèvres 16-17 mai 1987. Caesarodunum* XXIII, 219-227.

TURNER, V. 1969
The Ritual Process. Chicago.

UNTERMANN, J. 1975
Monumenta Linguarum Hispanicarum I. Die Münzlegenden. Wiesbaden.

UNTERMANN, J. 1977
En torno a las inscripciones rupestres de Peñalba de Villastar. *Teruel* 57-58, 5-21.

UNTERMANN, J.1985
Los teónimos de la región lusitano-gallega como fuente de las lenguas indígenas. In: *Actas del III CLCP.* Salamanca, 343-363.

UNTERMANN, J. 1987
Lusitanisch, Keltiberisch, Keltisch. In: *Studia Palaeohispanica. Actas del IV CLCP. Veleia* 2-3. Vitoria, 57-76.

UNTERMANN, J. 1995
Epigrafía indígena y romanización *en* la Celtiberia. In: Beltrán, F. (ed.), *Roma y el nacimiento de la cultura epigráfica en Occidente.* Zaragoza, 197-208.

URRUELA, J. J. 1981
Religión romana *y* religión indígena: el problema del sacerdocio en los pueblos del norte. *La religión romana en Hispania.* Madrid, 255-262.

VALDIVIELSO, R. M. 1991
Religiosidad antigua y folklore religioso en las sierras riojanas y sus aledaños. Logroño.

VALIENTE, S. 1990
Estado actual de las excavaciones de El Cerrón (Illescas, Toledo). *Actas del primer congreso de arqueología de la provincia de Toledo.* Toledo.

VAN GENNEP, A. 1960
The Rites of Passage. London (Paris, 1909).

VENDRYES, J. 1935
L'unité en trois personnes chez les Celtes. *CRAI*, 324-341.

VENDRYES, J. 1948
La religion des Celtes. Paris.

VERNANT, J. P. 1982a
Théorie générale du sacrifice et mise à mort dans la *Thusia* grecque. In: Gnoli, G., Vernant, J. P. (eds.), *La mort, les morts dans les societés anciennes.* Cambridge–Paris, 1-21.

VERNANT, J. P. 1982b
La belle mort et le cadavre outragé. In: Gnoli, G., Vernant, J. P. (eds.), *La mort, les morts dans les societés anciennes.* Cambridge–Paris, 45-72.

VERSNEL, H. S. 1976
Two Types of Roman Devotio. *Mnemosyne* 29.4, 365-410.

VILLAR, F. 1993-95
Un elemento de la religiosidad indoeuropea: Trebarune, Toudopalandaigae, Trebopala, Pales, Vispala. *Kalathos* 13-14, 355-388.

VILLAR, F. 1996
El teónimo lusitano *Reve* y sus epítetos. In: Meid, W., Anreiter, P. (eds.), *Die größeren altkeltischen Sprachdenkmäler*, Innsbruck, 161-211.

VILLARONGA, J. 1994
Corpus nummum Hispaniae ante Augusti aetatem. Madrid.

VITALI, D. 1991
Rituels et sanctuaires celtiques dans la région des Boiens d'Italie. In: Brunaux, J. L. (ed.), *Les sanctuaires celtiques et le monde mediterranéen*, Paris, 79-96.

WARD, D. 1970
The Threefold Death: An Indo-European Trifunctional Sacrifice?. In: Puhvel, J. (ed.), *Myth and Law among the Indo-Europeans*, Los Angeles. 123-142.

WEBSTER, J. 1995
Sanctuaires and sacred places. In: Green, M. (ed.), *The Celtic World.* London – New York, 445-464.

WOOLF, G. 1994
Power and Spread of Writing in the West. In: Bowman, A. K., Woolf, G. (eds.), *Literacy and Power in the Ancient World.* Cambridge, 84-98.

ZECCHINI, G. 1984
I druidi e l'opposizione dei celti a Roma. Milano.

ZWICKER, J. 1934
Fontes Historiae Religionis Celticae. Berlin.

ARCHAEOLINGUA

Publikationen in Auswahl

Hauptreihe

2. Stefan Schumacher: **Die rätischen Inschriften. Geschichte und heutiger Stand der Forschung.** 1992. 292 S., einschließlich Karten und Abbildungen. DM 100.-. ISBN 963 7391 61 4.
4. **Die Indogermanen und das Pferd. Akten des Internationalen interdisziplinären Kolloquiums, Freie Universität Berlin, 1.-3. Juli 1992.** Herausgegeben von Bernhard Hänsel und Stefan Zimmer. 1994. 272 S. DM 140.-. ISBN 963 8046 03 1.
6. Garrett S. Olmsted: **The Gods of the Celts and the Indo-Europeans.** 1994. XVI, 493 S. DM 190.-. ISBN 963 8046 07 4.
7. **Die Osthallstattkultur. Akten des Internationalen Symposiums, Sopron, 10. - 14. Mai 1994.** Herausgegeben von Erzsébet Jerem und Andreas Lippert. 1996. 588 S., mit zahlreichen Abbildungen. DM 200.-. ISBN 963 8046 10 4.
8. **Man and the Animal World. Studies in Archaeozoology, Archaeology, Anthropology and Palaeolinguistics in memoriam Sándor Bökönyi.** Edited by Peter Anreiter, László Bartosiewicz, Erzsébet Jerem and Wolfgang Meid. 1998. ca. 800 S., ca. DM 240.-. ISBN 963 8046 15 5.
9. **Archaeology of the Bronze and Iron Age – Environmental Archaeology – Archaeological Parks. Proceedings of the International Archaeological Conference, Százhalombatta, 3-7 October, 1996.** Edited by Erzsébet Jerem and Ildikó Poroszlai. ca. 600 pp., ca. DM 180.-.

Series Minor

1. Wolfgang Meid: **Gaulish Inscriptions. Their interpretation in the light of archaeological evidence and their value as a source of linguistic and sociological information.** 1992. Second, revised ed. 1994. 58 S., mit zahlreichen Abbildungen. DM 36.-. ISBN 963 8046 06 6.
5. Wolfgang Meid: **Celtiberian Inscriptions.** 1994. 62 S., mit Abbildungen. DM 40.-. ISBN 963 8046 08 2
6. Marija Gimbutas: **Das Ende Alteuropas. Der Einfall von Steppennomaden aus Südrußland und die Indogermanisierung Mitteleuropas.** 1994. 135 S., mit zahlreichen Abbildungen. DM 60.-. ISBN 963 8046 09 0.
8. Wolfgang Meid: **Die keltischen Sprachen und Literaturen. Ein Überblick.** 1997. 83 S., mit Abbildungen. DM 40.-. ISBN 963 8046 17 1.
9. Peter Anreiter: **Breonen, Genaunen und Fokunaten. Vorrömisches Namengut in den Tiroler Alpen.** 1997. 173 S., mit Abbildungen. DM 60.-. ISBN 963 8046 18 X.
13. Peter Raulwing: **Horse, Chariots and Indo-Europeans. Problems of Chariotry Research in the View of Indo-European Linguistics.** ca. 120 pp., with illustrations. ca. DM 60.-.